송나라 식탁 기행

LET'S HAVE A FEAST IN THE SONG DYNASTY
吃一場有趣的宋朝飯局

Copyright © 2014 by Li Kaizhou

Published in agreement with China Times Publishing Company c/o The Grayhawk Agency through Danny Hong Agency.
All rights reserved.

Korean translation copyright © 2019 by Thinking & Paper.

이 책의 한국어판 저작권은 대니홍에이전시를 통해 저작권사와 독점 계약한 생각과종이에 있습니다. 저작권법에 의해 한국 내에서 보호를 받는 저작물이므로 무단전재와 복제를 금합니다.

송나라 식탁 기행

吃一場有趣的宋朝飯局

리카이저우 지음
한성구 옮김

생각&종이

일러두기

1. 이 책에 등장하는 중국의 인지명은 신해혁명을 기준으로 하여 그 이전의 것은 한자를 훈음하고, 이후의 것은 현대 중국어로 표기하는 것을 원칙으로 하였다. 단, 우리 독자에게 보다 익숙한 표현일 경우, 그리고 이 분류 방식을 엄격하게 적용하기 어려운 부분에서는 이 원칙을 따르지 않았다. (예: 김용金庸, 사천/쓰촨)

2. 본문의 각주는 대부분 옮긴이의 주석으로, 지은이의 주석은 따로 '지은이'라고 부연해 밝혀두었다.

머리말

자칭 베테랑 식객으로서 내가 여러 미식가들에게 한마디 권할 말이 있다면 바로 이것이다. 만약 과거로 돌아갈 수 있다면 송나라로 가라.

만약 다른 왕조로 간다면 음식이 낯설 뿐만 아니라 심지어 먹지 못할 수도 있다.

한漢나라를 예로 들어보자. 조리법이 지나치게 단순한 것은 그렇다 치더라도 의자 없이 밥을 먹어야 하니 그야말로 고역일 것이다. 한나라 사람들은 좌식 생활을 했다. 따라서 식사 때 반시간가량 무릎을 꿇고 밥을 먹어야 한다(우리가 일본 사람도 아닌데 견뎌낼 수 있겠는가?).

위진남북조시대에는 개인별로 음식이 차려진 작은 식탁을 받아 각자 먹는 '분찬제分餐制'가 크게 유행했다. 그래서 누구와 음식을 두고 다툴 일이 없었을 뿐만 아니라 겉보기에도 상당히 위생적이었다. 그러나 술을 마실 때는 그렇지 않았다. 큰 잔이나 술 국자 하나를 서로 돌려가며 '너 한 모금' '나 한 모금', 주거니 받거니 하는 것이 오늘날의 러브샷과 다를 바가 없었다. 잔치가 무르익어갈수록 주고받는 술잔이 늘어나니(사실 돌아가면서 서로의 타액을 나눠먹는 것이다) 열애에 빠진 연인이 아닌 다음에야 누가 이것을 좋아하겠는가?

그나마 당唐나라 때는 조금 나았다. 식탁도 점차 높아졌고 의자도 많아졌다. 현대인처럼 편안하게 앉아서 밥을 먹고 더 이상 술잔도 돌리지 않았다. 그러나 오랑캐의 풍습이 크게 유행하면서 술자리에 노래와 춤이 빠지질 않았다. 주인이 흥분제에 취한 것처럼 말 춤에 권주가까지 부르며 내 앞으로 다가온다면 나도 일어나서 함께 춤을 추거나 답가를 불러 주인에게 예를 표해야 하지 않을까? 하지만 당나라 노래나 춤을 모르니 난감할 뿐이다(그렇다고 저우제룬周杰倫의 〈쌍절곤〉[1]을 부를 수는 없다. 다른 사람들에게 얻어맞지 않으면 다행이다).

원명청元明淸시대 역시 식객의 입장에서 보면 불편한 점이

---

[1] 2001년 타이완의 인기 남성 가수 저우제룬이 직접 작사 작곡한 랩송이다. 이웃집 무술도장의 아들이 쌍절곤 하는 모습을 보고 쌍절곤을 좋아하게 된 '나'의 이야기로, 강렬한 비트와 신나는 리듬으로 중독성이 강하다.

있다. 원나라 고급 연회에는 시큼한 마유주馬乳酒[2]가 어김없이 등장했고, 명나라 고급 연회에는 양기를 북돋우고 정력 강화에 좋은 호랑약虎狼藥[3]이 항상 올라왔다. 청나라 때 만주족의 결혼 피로연에는 엄청난 양의 돼지비계가 올라왔는데, 다이어트가 생활화되어 있는 현대인이라면 그것을 보는 것만으로도 혈압이 상승할 것이다.

그러므로 만약 여러분이 편안하고 건강하게 먹고 오려면 이 시대들로는 절대 가지 말고 송나라 때로 가길 권한다. 송宋나라 때야말로 식객들이 호사를 누릴 수 있는 시대이기 때문이다. 알다시피 잔, 접시, 공기, 젓가락 같은 식기들이 그때 비로소 갖추어졌고, 지지고 볶고 삶고 튀기는 조리법도 완비되었다. 무, 배추 등 채소가 보급되기 시작한 것도, 사천四川(쓰촨) 요리가 두각을 나타내기 시작한 것도 송나라 때이다. 오늘날 채식 요리 전문점을 가득 채우고 있는 식물성 고기(방훈식품仿葷食品)[4] 또한 송나라

---

2 '마내주馬奶酒' 또는 쿠미스kumys라고도 한다. 소와 말의 젖을 발효시켜 만든 몽고술이다.

3 조설근曹雪芹의 소설 『홍루몽紅樓夢』에 나오는 약. 시녀 청문이 병이 나자 가보옥은 조용히 의원을 모셔와 병을 보게 했다. 나중에 보옥이 처방을 보니 거기에 지실枳實이니 마황麻黃이니 하는 독성 강한 약재가 포함되어 있었다. 이 약들은 청문 같은 연약한 여자에게는 쓰지 않는 것이라 보옥은 크게 화를 냈다. 즉 '호랑약'이란 특정 약을 지칭하는 것이 아니라 약성이 매우 강해 체질에 맞게 쓰지 않으면 심각한 부작용을 초래하는 약을 말한다.

때 유행하기 시작했다. 그러니 송나라를 놔두고 어느 시대로 가서 먹고 마시겠는가?

물론 송나라 음식 문화도 오늘날과 비교하면 다른 점이 많다. 예를 들면, 당시에는 대부분 지방에서 '하루 세 끼'가 아니라 '하루 두 끼'만 먹었다. 그리고 지금은 비싸서 사먹기 망설여지는 소고기가 송나라 때는 주로 하층민들이 즐겨먹던 고기였다(당시에는 돼지고기가 소고기보다 귀했다). 또한 고급 연회에서는 술과 안주가 엄격하게 짝 지어져 있어서 술을 1잔 마실 때마다 안주가 바뀌었으니 어찌 보면 프랑스 요리에 가깝지 현대 중국 음식과는 거리가 있다.

이처럼 다른 점 또한 많으니 송나라로 시간여행을 떠나려는 미식가들은 오늘부터라도 반드시 이 책을 옆에 두고 틈날 때마다 읽기 바란다. 그러지 않으면 목적지에 도착한 후 굶어 죽거나, 죽지는 않더라도 크게 무례를 범하게 될 것이다.

만약 이 책을 읽기도 전에 눈을 떠보니 송나라에 도착해 있다 해도 걱정할 필요는 없다. 책에서 언급한 송나라 음식 용어들을 '간추린 송나라 음식 사전'이라는 부록으로 붙여놓았기 때문

— 4 식물성 재료로 모양과 식감을 고기와 유사하게 만든 식재료. 가짜 고기 혹은 대체 육류라고도 한다. 콩이나 밀을 사용해 만든 콩고기나 밀고기가 대표적이다.

이다. 주식, 부식, 주류, 식기, 연회, 요식업, 식습관 등에 대해 정리해두었으니 여러분이 순조롭게 송나라를 여행하는 데 큰 도움이 될 것이다.

머리말 5

제1장
시간여행 안내
• • •

하루 두 끼 식사 17 | 다이어트는 남의 나라 이야기 24 | 아침 식사는 너무 빠르지도 너무 늦지도 않게 28 | 송나라 타파스 31 | 무대랑은 샤오빙을 팔지 않았다 34 | 송나라에서는 맛볼 수 없었던 미식들 37 | 수박 전래기 46 | 맵고 얼얼했던 송나라 50 | 송나라 사람의 식사량 54 | 식사 후 양치는 어떻게 했을까? 59

제2장
연회 참가 시 필독 사항
• • •

반금련의 자리 67 | 동가와 서빈 70 | 술 한 잔에 안주 네 가지, 프랑스식 식사 73 | 주식을 먹을 때에도 술 한 잔 76 | 속옷과 식사 79 | 분찬에서 공찬으로 82 | 향음례에 참가하지 않으면 과거를 볼 수 없다 86 | 태학생이 밥을 사야 할 때 92 | 황제의 연회에는 필참! 96 | 지각생 악비, 병권을 몰수당하다 99 | 조회 후에 먹는 업무 식사 102

제3장
송나라에서 분식 먹기
• • •

밀가루 음식은 어떻게 남쪽으로 전해졌을까 107 | 만터우는 만터우가 아니고 빠오즈는 빠오즈가 아니다 110 | 스페어타이어를 닮은 비상식량 115 | 왕안석 집에서 후빙 먹기 118 | 마늘 가득한 셴빙 122 | 훈툰과 구둬 125 | 겨울에는 훈툰, 연말연시에는 탕빙 128 | 올챙이국수 커더우펀 132 | 자빠오모 135 | 화이화와 마이판 138

제4장
육류와 해산물
• • •

양을 바라보며 탄식할 뿐 145 | 황정견이 롼양을 먹는 법 150 | 황용의 칼솜씨 153 | 군자가 주방을 바꾸다 156 | 비계가 더 맛있다 159 | 수이징콰이 162 | 가짜 물건, 가짜 고기 165 | 소동파가 좋아한 생선회 171 | 개고기, 먹을까 말까 176 | 깐랴오부터 깐첸까지 179 | 사람을 놀래 죽게 만든 광동 요리 182 | 맹물에 삶는 것과 본연의 맛 185 | 게를 따라 거처를 정한 구양수 188 | 생명이 있는 것은 마음대로 죽이지 말라 197 | 포어지사 201

제5장
각종 식기
• • •

송나라 사람은 자기를 좋아하지 않았다 209 | 파리 그릇은 보물 212 | 국자와 젓가락 216 | 송 고종의 공용 젓가락 219 | 어다상 221 | 삽산과 식병 227 | 가림막과 개완 230 | 술잔에 관한 몇 가지 일화 233 | 송나라 다도 입문 241 | 송 휘종의 차탕 그림 245 | 송나라 보온병 249

제6장
상형 식품
• • •

조자 왔어요! 255 | 상형 식품 258 | 왕유쉔, 양터우첸 261 | 구양수의 자즈 사랑 265 | 화식 딤섬 띠쑤빠오뤄 270 | 달콤한 환시퇀 273 | 식물성 고기 276 | 푸드 데코레이션 279

제7장
음료와 술
• • •

송나라 냉음료 가게 285 | 손님맞이 차, 손님 배웅 탕 290 | 소동파의 칵테일 293 | 돼지고기로 술을 빚다 296 | 쉐화주 299 | 마지막 술은 노인들에게 302 | 술잔 가득 채우고 306 | 술고래 석만경, 별명은 석오두 310 | 송나라 때 술 한 근의 가격은 얼마였을까? 319

제8장
주객 유의 사항
•••

구양수와 연회의 즐거움 325 | 각양각색의 벌주놀이 328 | 화찬과 오행 332 | 술자리의 관현악 335 | 즉석 가무와 시 짓기 338 | 분위기 띄우는 데는 활쏘기가 최고 341

제9장
궁중 음식 탐색
•••

황제의 수라 347 | 황제가 서양 요리 먹듯 350 | 위엔양우전콰이, 버킷 리스트 353 | 경축용 순커우류 359 | 황실 연회가 고작 이 정도? 363 | 황실의 젓가락 367 | 도채연 372 | 술 취한 귀비 375

제10장
송나라에서 식당 열기
•••

정점과 각점 381 | 밀주 제조의 죄 384 | 송나라 호화 주점 387 | 식당 인테리어 안내 391 | 요리사보다 종업원 394 | 식욕을 돋우는 관상용 요리 397 | 박매 401 | 매박 404 | 외부 식품 반입 환영 407 | 송나라 총포사 410 | 찻집 가서 된장국 마시기 413

간추린 송나라 음식 사전 416 | 옮기고 나서 433

제1장

시간여행 안내

穿越須知

하루 두 끼 식사

끼니의 측면에서 보자면 송나라는 징검다리 같은 시기이다.

송나라 이전에는 대다수 사람들이 하루 두 끼 식사를 했는데, 송나라에 들어선 이후부터는 하루 세 끼 먹는 사람들이 늘어나기 시작했다. 다시 말해 하루 두 끼 식사가 하루 세 끼 식사로 바뀐 것은 송나라 때부터이다.

그러나 이 습관이 정착하기까지 과도기가 대단히 길어서 절대다수의 송나라 농민과 궁핍한 백성들은 여전히 하루 두 끼의 전통을 고수할 수밖에 없었다. 심지어 청나라와 민국民國[1] 시기에도 아침과 저녁만 먹는 사람을 어렵지 않게 찾아볼 수 있었다.

가경嘉慶 연간에 베이징에서 유행하던 죽지사竹枝詞[2] 중에 하

---

[1] 1911년 신해혁명辛亥革命으로 봉건왕조인 청나라가 망한 뒤 1912년 세워진 중국 최초의 근대국가 '중화민국中華民國'. 1949년 국민당이 타이완으로 물러나고 공산당이 중화인민공화국을 세우면서 막을 내렸다. 그렇지만 타이완은 자신들이 중화민국을 계승한 중국의 정통 국가라고 주장하며 지금도 민국 기년紀年을 사용하고 있다.

층 만주족들을 노래한 대목을 보자.

일거리 없어 하루 두 끼도 감지덕지,
어찌 점심때의 주림까지 신경 쓰랴.
兩餐打發全無事,
哪管午中饑與渴.

만주족이라 해도 관직이 없고 수입이 없으면 쥐꼬리만 한 봉록으로 먹고 살기 쉽지 않은 것은 매한가지이니 아침과 저녁 두 끼만 먹어도 감지덕지할 뿐, 아무리 배가 고파도 점심까지 챙겨먹을 생각은 하지 못한다는 뜻이다.

민국 시기, 크리스천 장군基督將軍이라는 별칭이 붙은 펑위샹馮玉祥[3]이 허난河南 지역에서 세력을 형성하고 있을 때였다. 하루는 그가 특별한 일이 없어 "앞마을을 돌아보다 길에서 만난 농민

---

2 고대 파촉巴蜀(현재 쓰촨 일대) 지역에서 유행하던 민가民歌에서 유래한 시체詩體의 일종. 당나라 때 유우석劉禹錫이 칠언절구七言絶句의 형식으로 재정비하면서 크게 유행했다. '죽지竹枝'는 순舜 임금의 죽음을 서러워하여 대나무에 피눈물을 흘리다 상수湘水에 빠져 죽은 부인을 기리며 백성들이 부른 처량한 노래들을 말한다.

3 1882-1948. 중국의 군벌 겸 정치가. 세례받은 기독교인으로 장제스蔣介石와 협력하기도 했으나 그의 독재에 반대해 대립하다 의문의 죽음을 당했다.

에게 하루 몇 끼나 먹는지 물어보자 농민은 이렇게 대답했다. "한 끼는 묽은 죽, 한 끼는 국 없이 마른밥만 먹습니다. 모두 좁쌀이지요".(『펑위샹 일기馮玉祥日記』 참조)

옌시산閻錫山[4]은 항일전쟁 시기에 산시山西 지역에서 신정新政을 추진하며 행정개혁을 진행할 때 각급 간부들의 생활수준을 농민과 동일하게 맞추도록 지시했다. "식량은 정량 배급하고 하루에 두 끼만 먹는다."(『각고분투의 산시艱苦奮鬥的山西』 참조)

항일전쟁이 끝난 후 청두成都 시민들은 두 파로 나누어졌다. 한편은 하루 세 끼 식사를, 다른 편은 하루 두 끼 먹는 전통을 고수했다. "아침 8시 전후에 한 끼, 오후 3시 전후에 한 끼를 먹는다. 동트면 기상하고 밤 10시 무렵 잠자리에 든다. 점심은 먹지 않고 야식도 안 먹는다."(『리제런 선집李劫人選集』 참조)

과거에는 유럽인들도 하루 두 끼만 먹었다. 찬란했던 그리스 시대에 시민들은 습관적으로 아침을 거르고 점심과 저녁만 먹었다. 이는 늦게 자고 늦게 일어나는 현대 화이트컬러의 습속과 비슷하다. 영국 빅토리아시대의 노동자 계층은 점심은 건너뛰고 아침과 저녁만 먹었다. 검소하게 끼니를 해결한 송나라 백성들과 흡사한 모습이다.

---

4 1883-1960. 중국의 군벌 겸 정치가. 신해혁명에 참가했으며 산시 지역을 38년간 다스렸다. 산시의 근대화에 크게 공헌했다.

송나라 사람들이 점심을 거의 먹지 않았기 때문에 송나라 요식업은 자연스레 세 가지로 나누어졌다.

하나는 아침만 파는 노점상.

하나는 저녁만 파는 식당.

하나는 아침과 저녁을 팔고 황주黃酒[5] 도매도 하는 요릿집(酒樓)[6].

그렇다면 점심 식사를 할 만한 곳은 없었을까? 있었다. 그렇지만 송나라에서 점심은 '간식(점심點心)'[7]에 가깝지 정식 끼니로 분류되지 않았다. 북송의 큰 식당 가운데 어떤 곳은 아침 영업시간이 비교적 길어서 아침 식사를 점심때까지 파는 경우도 있었다. 그렇지만 "오전 11시에서 오후 3시 사이에는 대부분 간판을

---

[5] 누룩과 차조 또는 찰수수 등을 발효시켜 만든 담갈색의 술로 도수가 낮고 그윽한 향기를 풍긴다. 샤오싱주紹興酒가 대표적이다.

[6] 중국에서 식당을 지칭하는 말로는 찬팅餐廳, 찬관餐館, 스탕食堂, 판관飯館, 판디엔飯店, 주디엔酒店, 주러우酒樓 등이 있다. 찬팅과 찬관, 스탕은 소규모 식당을, 나머지는 규모가 큰 식당으로 술을 함께 마실 수 있는 곳을 가리킨다. 또한 판관과 판디엔, 주디엔은 숙박을 겸하는 곳으로 호텔을 의미하기도 하지만 엄격하게 구분하지는 않는다.

[7] '점심'은 원래 정찬 이외에 먹는 '간식'이나 '스낵'을 가리키는 말로 중국 광둥 지역의 음식인 '딤섬'이라는 이름으로 잘 알려져 있다. '점심'이라는 말은 '마음에 점을 찍을 정도로 조금만 먹는다'는 데에서 유래했다는 설과 동진東晋 시기의 한 장수가 병사들이 밤낮을 가리지 않고 용맹하게 혈전을 벌이는 것을 보고 감동하여 과자와 떡 등을 만들어 병사들의 노고를 치하하면서 '약소하나마(點) 마음을 전한(心)' 일화에서 유래했다는 설 등이 있다.

내리고 영업을 하지 않았다".(『동경몽화록東京夢華錄』 참조) 일단 정오가 지나면, 미안하지만 영업이 끝났으니 식사하고 싶으면 저녁에 다시 오라는 말이다. 따라서 만약 여러분이 송나라에 도착하자마자 식사를 하고 싶다면 아침이나 저녁으로 도착 시간을 정해야지 점심때 가면 끼니를 거를 확률이 높다.

송나라 사람들은 대부분 오전 8~9시 정도에 아침 식사를 했는데 그다지 이른 편은 아니다. 저녁 식사도 오후 4~5시에 마쳤으니 늦은 편도 아니다. 점심은 일반적으로 먹지 않았다.

하루에 두 끼만 먹으면 배고프지 않았을까? 전혀 문제없었을 것이다.

그것은 습관 문제다. 춘추전국시대에서 수당오대隨唐五代까지 일이천 년을 내려오면서 형성된 하루 두 끼 식사라는 소박하면서도 고달픈 전통은 이미 습관이 되어 있었다. 임상실험을 통해 하루 두 끼 식사와 세 끼 식사를 비교해보니 총량에서 전자가 결코 적은 것이 아니었다. 우리는 하루 세 끼를 먹지만 매끼마다 먹는 양이 매우 적다. 송나라 사람들의 식사는 하루 두 끼에 불과했지만 매끼 먹는 양이 대단히 많아서(송나라 사람들의 식사량에 대해서는 나중에 자세히 언급하겠다) 음식 섭취량에는 거의 차이가 없었다.

또 하나 알아야 할 것은 송나라의 모든 사람들이 일률적으로 하루 두 끼만 먹은 것은 아니라는 점이다. 어떤 사람은 우리처럼 하루 세 끼를 먹고 심지어는 네 끼를 먹는 경우도 있었다. 주로 소수의 사회 명사들이 그랬다. 예를 들면 소동파蘇東坡의 경우 고향 사천에서 평민으로 지낼 때는 하루에 두 끼만 먹다가 나중에 진사가 되어 관직에 나간 뒤로는 하루 세 끼 식사를 했다. 그러나 다시 호북성湖北省 황강黃岡으로 유배되었을 때는 봉록도 없이 밥만 축내고 있자니 마뜩잖아 생활비를 아끼기 위해 점심 식사를 하지 않았다(기름·소금·간장·식초 등 필수 식재료나 땔감 정도는 아낄 수 있지 않을까?). 그러나 점심때가 되니 배고픔을 참을 수 없어 결국 한 끼를 더 먹고 위장을 달랠 수 있었다.

육유陸游[8]라는 인물은 하루 세 끼를 먹었는데, 이 습관은 그가 항주杭州에 관리로 있을 때 생긴 것이다. 그는 퇴직한 후 고향 소흥紹興에 내려가 은거했는데 이때에도 하루 세 끼 먹는 습관은 바뀌지 않았다. 그는 기상시간이 매우 일렀기 때문에 새벽에 한 끼를 더 먹었다. 자리에서 일어나 죽을 끓여 한 사발 먹고는 두벌잠[9]에 들었다가 9시경에 일어나 아침 식사를 했다. 육유는 이런 습관이 매우 기분 좋은 것일 뿐만 아니라 '천하제일의 즐거움'이

---

[8] 1125-1210. 남송 때의 문학가로, 사실주의적이고 솔직한 표현의 시를 즐겨 썼다.

[9] 한번 들었던 잠에서 깨었다가 다시 드는 잠. 개잠이라고도 한다.

라고 표현했다.

 관직에 있다 해서 모두 하루에 세 끼를 먹은 것은 아니다. 예를 들면 말단 관리의 경우 봉록이 매우 적어(송나라 하급 관리의 봉록은 '생계를 유지하는 데 충분하지 않아서', 횡령을 하거나 뇌물을 받지 않는 한 경제 사정이 중산층 농가보다 어려웠다) 생활수준으로 말하자면 일반 백성과 다를 바 없었다. 따라서 하루 두 끼 식사는 당연했다. 한편 검소하고 소박한 전통을 몸소 실천한 몇몇 황제들도 하루 두 끼 식사로 만족했다. 예를 들면 송 고종高宗의 경우 제위에 막 올랐을 때에는 아침과 저녁만 먹었다. 점심때의 배고픔은 서예를 연마하면서 참고 견뎠다고 한다!

다이어트는 남의 나라 이야기

소동파의 절친한 친구 가운데 재상까지 올랐던 장상영張商英이란 인물이 있다. 그는 만년에 양생養生에 관심이 커져 아침에 반 되의 밥과 2냥[10]의 면을 먹고 저녁에는 밥 반 되에 면 3냥을 먹었다. 점심에는 차만 마시고 아무것도 먹지 않았다.

송나라 때 한 되는 500g를 조금 넘는 양이었으니 밥 반 되는 250g 정도였을 것이다. 일찍 일어나 밥 반 되와 면 2냥을 먹고 저녁에는 밥 반 되에 면 3냥을 먹으니 점심을 먹지 않는다 해도 한 근 반가량의 탄수화물을 섭취한 것이다. 장상영이 근력 노동자가 아니고 나이도 적지 않다는 것을 고려해보면 그가 섭취한 열량은 기준치를 훌쩍 넘어선다.

송나라 사람들은 양생에 그다지 밝지 않았다. 적어도 음식에 있어서는 그랬다. 현대인들은 '아침은 맘껏, 점심은 맛있게, 저녁

---

10 1냥은 50g에 해당한다.

은 소식'이라는 원칙을 세우고 되도록 고열량 음식은 피하려고 한다. 이에 반해 송나라 사람들의 원칙은 '아침은 소식, 점심은 거르고, 저녁은 맘껏'이었다. 또한 고기를 먹을 기회가 있으면 최대한 많이 먹었는데, 특히 비계 붙은 고기를 좋아했다.

사마광司馬光[11]은 기회가 있을 때마다 형 사마단司馬旦에게 고기를 많이 먹으라고 권했다. 특히 저녁 식사 때 사마단이 고기를 먹지 않으면 사마광은 걱정스러운 듯이 물었다. "배고프지 않을까요?" 적게 먹었다가 한밤중에 배가 고프면 어쩔 셈인지 묻는 것이다. 당시 사마단은 80세의 고령으로 고기를 많이 먹으면 중풍에 걸릴 위험이 있었다. 그러나 사마광은 형에 대한 지극한 공경심으로 고기를 많이 먹는 것이 형의 건강에 좋다고 순진하게 생각한 것이다.

이처럼 송나라 사람들은 양생을 크게 중시하지 않았다. 앞에서 육유가 만년에 소흥에 한가로이 거할 때 아침 일찍 일어나 죽 한 사발을 먹고는 다시 두벌잠에 들었다고 이야기했다. 그는 '죽을 먹고 잠자리에 들면 뱃속이 따뜻해져 잠들기 안성맞춤이니 이것이야말로 천하제일의 즐거움'이라고 생각했다. 도리어 이것이 소화에 방해가 된다는 것을 알지 못한 것이다. 당나라 말기의

---

[11] 1019-1086. 북송의 정치가 겸 역사가. 사마천司馬遷의 『사기史記』와 함께 중국의 대표적인 역사서로 꼽히는 『자치통감資治通鑑』을 저술했다.

도사道士 여동빈呂洞賓[12]의 생활습관도 육유와 별다르지 않았을 것이다. 그가 남긴 시구를 보면 이런 상황을 잘 알 수 있다.

> 황혼이 내린 후 집에 돌아와 배불리 먹고는,
> 도롱이 입은 채 달빛 아래 잠든다.
> 歸來飽飯黃昏後,
> 不脫蓑衣臥月明.

저녁밥을 먹자마자 잠자리에 들다니 '식후 오백 보는 백세 장수 비결'이라는 것을 모르는 것이다. 그렇지만 제일 이해하기 힘든 것은 이처럼 양생을 모르는 사람들이 도리어 장수했다는 것이다. 여동빈이 언제까지 살았는지는 알 수 없지만 육유는 80살을 넘게 살았다. 하지만 단언하건대 육유의 몸매는 볼품없었을 것이다. 뚱뚱하고 마른 것은 논외로 하더라도 배불뚝이가 되는 것은 피할 수 없었을 것이다.

현대 여성들은 배 나온 남자를 좋아하지 않는다. 그렇지만 송나라의 미적 기준은 오늘날과 같지 않았다. 〈중흥사장도中興四將圖〉, 〈전준취귀도田畯醉歸圖〉, 〈서원아집도西園雅集圖〉 등 송나라의

---

[12] 798-?. 본명은 여암呂巖. 도교 전진파全眞派의 창시자로 추앙받으며, 중국 신화에 나오는 도교의 8선八仙 가운데 한 명이다.

인물화를 보면 그림 속 남자들은 지위고하를 막론하고 대부분 배불뚝이다. 특히 〈중흥사장도〉에 등장하는 악비岳飛는 마치 임신부처럼 배가 남산만 하다(혹시 그 당시에는 배가 나오면 나올수록 위풍당당하게 여기는 풍속이 있었을지도 모른다).

아침 식사는 너무 빠르지도 너무 늦지도 않게

일부 송나라 사람들은 '아침은 9시, 저녁은 5시'의 생활을 고수했다. 이것은 출퇴근 시간이 아니라 아침과 저녁 식사 시간을 말하는데, 당연히 옛 사람들의 계산법에 따른 시간이 아니다. 당시에는 '조시朝時'와 '포시晡時'라고 했다. 아침 식사와 저녁 식사도 이에 따라 '조식朝食'과 '포식晡食'이라고 불렀다. 옛날의 용맹한 장수들은 전장에 나가며 이런 말을 서슬 퍼렇게 내뱉곤 했다. "다 쓸어버리고 와서 조식을 먹으리다!" 단칼에 적들을 무찌르고 돌아와 아침 식사를 하겠다는 뜻이다.

오전 9시에 아침을 먹는 것은 춘추전국시대 이래로 전해 내려온 오래된 풍습으로 송나라 때에도 대다수 농민들과 보수적 선비들은 여전히 그 전통을 고수했다. 그러나 다른 한편으로는 제때에 식사를 하지 않는 사람들도 늘어나기 시작했다.

가장 전형적인 예는 도성 안에 살면서 출퇴근하는 고위 관리들이었다. 그들은 휴가 때 외에는 매일 오경五更에 조정에 나아

갔다가 진시辰時가 되어서야 퇴청했다. 오경은 새벽 3시, 진시는 오전 8시 즈음이니 다섯 시간 동안 꼬박 밤을 새운 것이다. 이런 생활은 대낮에 출근하는 것에 비해 훨씬 피곤할 것이다. 만약 9시까지 기다렸다 아침 식사를 해야 한다면 혈당이 낮은 관리들은 대부분 집에 오기 전에 쓰러졌을 것이다. 따라서 중앙 관리들은 대개 새벽에 아침을 먹거나 등청하는 길 위에서 식사를 해결했다.

북송의 수도 개봉開封[13] 황궁으로 향하는 길 남단에 있는 식당과 노점이 제일 먼저 문을 연다. 노점 상인들은 새벽 2시에 음식을 준비해 새벽 3시가 되면 영업을 시작한다. 200보步[14]에 달하는 넓은 길에 찬란하고 화려한 등불이 밝혀져 있고, 유탸오油條[15] 튀김 냄비에서는 기름이 '보글보글' 끓어오른다. 샤오빙燒餠[16]을 써느라 칼로 도마를 '탕탕' 내리치는 소리가 길거리에 울려퍼진다. 모두 조정에 나아가는 관원들을 바라보고 하는 장사이다. 늦잠을 잔 관리 하나가 조회에 늦을까봐 아침거리를 사서 말에 오른다. 한 손에는 샤오빙과 유탸오를 쥐고 다른 손으로는 채찍질을

---

13 전국시대의 위나라, 오대 시기의 후량後梁, 후진後晉, 후한後漢, 후주後周, 송나라와 금나라의 수도가 있던 곳이다. 현재의 카이펑이다.

14 1보는 5척尺이고, 1척은 약 0.33m으로 200보는 330미터가 넘는 거리이다.

15 밀가루 반죽을 발효시켜 기름에 튀긴 길쭉한 빵.

16 밀가루 반죽을 원형이나 사각형으로 평평하게 만들어 참깨를 뿌려 구운 빵.

하며 길을 재촉한다. 이것이 변량(개봉)의 흔한 아침 풍경이다.

아침 시장에 나와 장사하는 상인들 또한 동이 트기 전에 아침을 먹어야 한다. 아침 시장은 조회와 마찬가지로 오경에 시작하는데, 상인들은 좋은 자리를 다른 사람에게 뺏기지 않기 위해 아침을 일찍 먹고 자리를 서둘러 잡아야 한다. 송나라는 상업이 번성했던 시대로 아침 시장은 대부분 정오까지 이어졌다. 시장이 열리기 전에 배를 채워두지 않으면 배고픔을 견디기 힘들었을 것이다.

마지막으로, 송나라 사람들 가운데 매우 늦은 시간에 아침을 먹는 사람도 있었다. 예를 들면 시정의 아낙네들은 시부모의 간섭을 받지 않아 해가 중천에 뜬 뒤에야 잠자리에서 일어났다. 그들은 느릿느릿 머리를 빗고 세수를 하고 옷을 입고 화장을 하고 정리가 끝난 뒤에야 비로소 아침 먹을 생각을 했다. 그렇다고 몸소 거리에 나가자니 귀찮기 짝이 없는 일이다. 아침 식사를 어깨에 멘 행상이 호객을 하며 아래층을 지나가면 그들은 끈으로 묶은 바구니에[17] 돈을 넣어 창밖으로 내린다. 그러면 행상이 바구니에 전병이나 호떡 같은 것을 채워준다.

---

[17] 버드나무 가지 등으로 엮은 것으로 아랫부분은 반구형이다—지은이.

송나라
타파스

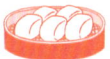

예전에 한 프로그램 촬영을 위해 스페인과 멕시코를 방문한 적이 있다. 식객의 입장에서 볼 때 두 나라는 공통점이 하나 있다. 그것은 식사 시간, 특히 점심과 저녁 식사 시간이 매우 늦다는 것이다. 멕시코에서는 KFC나 맥도날드에 가지 않는 한, 오후 2시 이전에 점심 먹을 생각을 버려야 한다. 스페인에서는 일반적으로 점심 식사는 오후 3시 이후, 저녁 식사는 8, 9시가 되어서야 시작한다.

    멕시코인이 되었건 스페인 사람이 되었건 점심과 저녁을 그렇게 늦게 먹으면 배고프지 않을까? 허기를 해결하는 멕시코인의 비결은 아침 식사를 아주 많이 먹는 것이다. 아마 멕시코인의 아침 식사는 세계에서 가장 풍요로울 것이다. 스페인 사람에게도 나름의 비결이 있다. 아침을 특별히 많이 먹지는 않지만 점심 식사와 저녁 식사를 시작하기 전에 각양각색의 타파스로 요기를 하는 것이다.

타파스는 원래 정찬正餐 전에 먹는 간식을 뜻한다. 그러나 이렇게 먹는 간식의 양이 때로는 '적지' 않은 경우가 많다. 생크림 케이크 한 조각에 그칠 때도 있지만 어떤 경우에는 멧돼지 갈비 한 덩어리일 수도 있다. 심지어는 피망을 잔뜩 채운 토종닭 구이 한 마리에 레몬즙을 뿌린 자고鷓鴣[18]찜 한 접시, 거기에 닭고기, 쌀, 고추와 해산물을 함께 넣고 지은 밥이 타파스로 제공될 수도 있다. 어쨌든 정찬 전에 먹는 것이라면 뭐든지 타파스라고 부를 수 있다. 이런 상황은 우리가 먼 이국땅이 아닌 송나라에 와 있다는 착각을 불러일으킬지도 모른다.

송나라에도 타파스가 있었다. 당시 사람들은 식사 전에 먹는 간식을 모두 '점심'이라고 불렀다. 어원학적으로 볼 때 원래 점심은 지금처럼 보통명사가 아니라 동빈 구조動賓構造(즉 동사+목적어의 형태)의 단어였다. '점點'은 '위안하다, 진정시키다'라는 뜻이고 '심心'은 위장을 가리키는 말로, 점심은 식사 전의 다양한 간식으로 꼬르륵 소리가 나는 주린 배를 진정시킨다는 의미이다.

북송과 남송의 궁벽한 지역에서는 하루 두 끼의 식사를 했다. 아침에 한 끼, 저녁에 한 끼이다. 그러나 점심 식사를 하지 않았다고 해서 점심때 아무것도 먹지 않았다는 이야기는 아니다.

---

[18] 꿩과의 새로, 모양은 메추라기와 비슷하나 몸집이 조금 크다.

여유 있는 집에서는 아침 식사 이후 저녁 식사 시간 전까지 언제든 '점심'으로 배를 채웠다. 이때의 '점심'은 어떤 것이든 상관없었다. 가난하거나 검소한 가정에서는 '맹물에 밥 말아 먹는' 것으로 '점심'을 삼았고(『유세명언喻世明言·송사공대뇨금혼장宋四公大鬧禁魂張』 참조), 부유한 집에서는 '고기 요리 일곱 가지, 채소 요리 다섯 가지, 다과 열 가지, 냉채 다섯 가지'를 '점심'으로 삼았다.(『송회요집고宋會要輯稿』 참조) 무송武松[19] 같은 대식가라면 손이랑孫二娘[20]에게 '점심으로 만터우饅頭(만두)[21] 이삼십 개'는 시켜 먹어야 할 것이다.

---

[19] 『수호지水滸志』에 나오는 영웅호걸로 맨손으로 호랑이를 때려잡은 것으로 유명하다.

[20] 『수호지』에 나오는 여걸로 모야차母夜叉라고도 불린다. 남편인 정원 관리인 장청과 맹주 십자파에서 주막을 운영한다. 과객들에게 마취제가 든 음식을 먹여 죽인 뒤 그 인육으로 소를 넣은 만두를 빚어 팔았다. 그녀는 남편과 함께 노지심과 무송을 도와준 덕으로 양산박 108두령 중 한 명이 된다.

[21] 소가 없는 찐빵. 물만두는 자오즈餃子, 소가 있는 찐만두는 빠오즈包子라고 한다.

무대랑은
샤오빙을 팔지 않았다

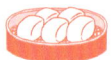

내가 정저우鄭州에서 대학을 다닐 때 학교 북문 앞에 '무대랑샤오빙武大郎燒餠'이라는 프랜차이즈 분식점이 하나 있었다. 그 집에서 파는 샤오빙은 거리에서 흔히 볼 수 있는 샤오빙보다 크기가 훨씬 작았고 참깨도 뿌려져 있지 않았다. 대신 더 두껍고 바삭해서 뜨거울 때 먹으면 그보다 맛있는 것은 찾을 수 없을 정도였다. 오랫동안 정저우에 가보지 못했기 때문에 그 분식점이 아직도 있는지는 알지 못한다. 만약에 여전히 그대로 있다면 꼭 다시 가보고 싶다. 가서 무대랑샤오빙을 맛나게 먹은 후 주인과 이야기를 나눌 것이다. 특히 '무대랑샤오빙'이라는 상호를 바꾸라고 얘기해볼 생각이다.

왜냐하면 무대랑[22]은 샤오빙을 팔지 않았기 때문이다. 그가 『수호지』에서 팔던 것은 추이빙炊餠이다.

---

22 『수호지』의 등장인물. 무송의 형이자 반금련의 남편이다. 키가 작고 못생겼으며 성격이 나약해 무능한 남자의 대명사로 통한다.

추이빙과 샤오빙은 다른 것인가? 당연히 다르다. 추이빙은 찐 것이고 샤오빙은 구운 것이다. 추이빙은 홑겹이고 샤오빙은 여러 겹이다. 겉모양에도 분명한 차이가 있다. 비유하자면 추이빙은 위가 터질 듯이 볼록한 반면 아래는 평평한 것이 마치 봉분처럼 생겼다. 이에 비해 샤오빙은 납작한 접시 모양이다.

여기까지 말했는데도 이해가 안 된다면 좀 더 직설적으로 말해보겠다. 샤오빙은 샤오빙이지만 추이빙은 만터우다. 추이빙이 어째서 만터우냐고? 이름에 '빙餠'이라는 글자가 들어가 있으니 평평한 접시 같아야 하지 않을까? 사실 추이빙은 접시 모양과는 거리가 멀다. 송나라 시장에서 '빙'이라고 불렸던 먹거리는 최소 수십여 가지이다. 예를 들면 '쉬빙素餠'은 국수, '환빙環餠'은 꽈배기, '탕빙糖餠'은 사각 떡이고, '루빙乳餠'은 구워 먹는 치즈로 몽고족의 유제품 중 하나이다. 이처럼 '빙'은 현대인들이 생각하는 것과 달리 모두 평평한 형태의 음식인 것은 아니다.

송나라 사람들이 생각한 '빙'은 평평한 것일 수도 있고 둥근 것일 수도 있다. 원통형일 수도 있고 정방형일 수도 있다. 다시 말하자면 고정된 형태가 없다. 밀가루나 밀가루와 비슷한 식재료로 만든 주식主食이라면 모두 '빙'이라고 부를 수 있다. 무대랑이 판 추이빙은 송나라 때건 원명 때건 줄곧 만터우였으며 샤오빙과는 아무런 관계도 없다.

원래 만터우는 북송 때 '쩡빙蒸餅'이라고 불렸다. 즉 쪄서 익힌 만터우라는 뜻이다. 송 인종仁宗 조정趙禎이 즉위한 후 '쩡蒸'의 발음이 인종의 이름 '쩐禎'과 비슷하게 들린다 하여 피휘避諱[23]를 위해 쩡빙을 '추이빙'으로 바꾼 것이다.(『청상잡기靑箱雜記』 참조)

고증에 기대지 않고 상식적으로 생각해보더라도 무대랑이 판 것은 샤오빙이 아니라는 것을 알 수 있다. 『수호지』를 읽어본 독자라면 잘 알 것이다. 무대랑은 매일 이른 아침에 추이빙을 만들어 멜대에 지고 나가 팔다 저녁 무렵에 집으로 돌아왔다(나중에는 무송의 당부대로 저녁이 되기 전에 돌아왔다 아내인 반금련에게 욕을 들어먹는다).[24] 샤오빙은 식으면 '눅눅해'지기 때문에 뜨거울 때 먹어야 한다. 그래서 샤오빙 장수는 사람들이 많이 오가는 길목에 자리 잡고 샤오빙을 굽자마자 팔아야 한다. 먼저 구워놓았지만 팔지 못한 것은 다시 멜대 안에 넣었다가 나중에 팔아야 하는데 바보가 아닌 이상 이런 것을 사 먹는 사람은 없다.

---

23 옛날에 말과 글에서 왕이나 성인, 높은 이의 이름에 사용된 글자나 음이 비슷한 글자를 피해 쓰지 않거나 다른 글자로 대체하는 것을 말한다.

24 무송은 지현知縣 상공相公의 심부름으로 동경으로 떠나게 되는데, 형수인 반금련의 행실이 못마땅하고 미덥지 못해 형에게 추이빙을 팔러 나갈 때 늦게 나갔다가 일찍 돌아오라고 당부한다. 동생 말대로 무대랑이 집에 일찍 들어오자 반금련은 무대랑에게 온갖 욕지거리를 퍼붓는다.

송나라에서는
맛볼 수 없었던 미식들

남송에는 이름난 두 권의 지방지地方志가 있다. 하나는 항주의 풍물과 풍속을 기록한 『함순임안지咸淳臨安志』이고, 다른 하나는 복주福州의 풍물과 풍속을 기록한 『순희삼산지淳熙三山志』이다. 우리는 이 두 권의 지방지를 통해 송나라 사람들이 대단히 풍부한 식재료를 이용했다는 것을 알 수 있다. 오늘날 우리가 볼 수 있는 재료들이 당시에도 거의 다 갖추어져 있었다.

　무, 양배추, 가지, 오이, 셀러리, 부추, 겨자, 시금치, 상추, 고수, 박, 김, 강낭콩, 잠두蠶豆, 파, 실파, 마늘, 달래. 이 모두를 송나라 채소 시장에서 살 수 있었다.

　귤, 바나나, 사과, 포도, 리치[여지荔枝], 밤, 올리브, 류딩柳丁,[25] 양매楊梅(레드베이베리), 비파, 감, 호두, 살구, 대추, 배, 복숭아를 모두 송나라 과일 시장에서 살 수 있었다.

25　귤 혹은 오렌지와 비슷한 과일로 타이완 등 남방 지역에서 주로 먹는다.

돼지고기, 양고기, 소고기, 닭고기, 오리고기, 거위고기, 토끼고기, 사슴고기, 메추리고기와 각종 어패류, 그리고 생선류 또한 송나라 사람들의 식재료로 쓰였다.

이렇듯 송나라 때의 식재료는 오늘날처럼 종류가 굉장히 다양했지만, 다른 한편으로는 당연히 구경조차 할 수 없는 것도 있었다.

채소류

김용金庸이 쓴 『사조영웅전射雕英雄傳』 제1회를 보면 남송 중엽 항주 교외의 농가에서 농민 두 명이 설서說書[26] 선생 한 명을 청해 주막에서 술을 대접하는 장면이 나온다. 식탁에는 잠두 한 접시, 삶은 땅콩 한 접시, 말린 두부[27] 한 접시, 절인 오리알이 술안주로

---

26 송원 시기 민간에서 유행한 통속 문예(曲藝)의 하나. 주로 역대 왕조의 흥망성쇠나 전쟁 사적 등을 각색해 설서 선생이 창唱과 이야기의 형식으로 대중들에게 들려주었다.

27 중국에서는 요리에 말린 두부豆腐干와 두부피豆腐皮를 많이 사용하는데, '말린 두부'는 수분을 뺀 두부를 얇게 썰어 말린 것이고, '두부피'는 두부를 만드는 과정에서 윗부분에 형성되는 얇은 막을 걷어내어 식힌 것을 말한다. 두부피는 말린 두부에 비해 얇고 투명하며 탄력이 있어 만두피로도 사용되며, 말린 두부는 주로 볶음이나 무침 요리의 재료로 쓰인다. 그렇지만 통칭해서 '말린 두부'라고 부르기도 한다.

차려져 있다. 여기서 적어도 한 가지는 역사적 사실과 모순된다. 잠두와 말린 두부, 절인 오리알은 송나라 때 흔히 볼 수 있던 것이지만 땅콩은 안주로 삼을 수 없었다. 땅콩은 명나라 때 미주美洲 지역에서 중국으로 들어온 외래종이기 때문이다.

오늘날 카이펑의 대표적 간식인 '화성까오花生糕(땅콩과자)'는 땅콩과 백설탕, 맥아당을 섞어 만든 스낵으로, 손님을 끌기 위해 포장지 위에 '송나라 궁정에서 황제에게 올리던 음식大宋宮廷御膳'이라는 글을 인쇄해놓았다.

이것 역시 역사적 사실에 위배된다. 송나라에는 땅콩이 없었는데 어떻게 땅콩과자를 만들었단 말인가?

송나라 때 해외무역이 발달했었다는 것은 주지의 사실이다. 특히 남송 때에는 해외의 10여 개 나라와 해상무역을 했다. 그러나 당시의 항로를 살펴보면 무역선이 아시아와 유럽, 아프리카까지만 갔지 땅콩 산지인 아메리카 대륙까지는 닿지 못했다는 것을 알 수 있다. 따라서 땅콩이 중국에 수입되는 것은 불가능했을 것이다. 같은 이유로 송나라 사람들은 감자, 옥수수, 고추, 토마토, 고구마는 구경조차 할 수 없었다. 그것들 역시 외래종으로 명나라 때 미주에서 전래된 것이다. 따라서 만약 송나라 식당에서 요리를 주문하게 된다면 마링슈차오러우馬鈴薯炒肉(고기 감자 볶음)나 쑹런위미松仁玉米(옥수수잣 볶음), 라즈지딩辣子雞丁(닭고기 고추

볶음), 칭쩡훙슈니淸蒸紅薯泥(고구마 퓨레), 판체차오단番茄炒蛋(토마토 달걀 볶음)은 주문하지 말기 바란다. 주방장이 죽었다 깨어나도 만들지 못할 것이기 때문이다.

　오늘날 쓰촨 사람과 후난湖南(호남) 사람들은 고추를 즐겨 먹는다. 전국 각지에서 성업 중인 쓰촨 요릿집도 고추를 빼고는 생각할 수 없다. 만일 고추가 없다면 쓰촨과 후난 사람들은 어떻게 생활할 것이며 수많은 쓰촨 식당들은 또 어떻게 영업을 해나가겠는가? 그러나 송나라 때에는 확실히 고추가 없었다. 그럼에도 당시의 쓰촨과 후난 사람들은 잘 지냈으며 쓰촨 요리 역시 이미 존재하고 있었다. 당시에는 쓰촨 요리를 '천채川菜(촨차이)'가 아니라 '천반川飯(촨판)'이라고 불렀다. 송나라 때 비록 고추는 없었지만 후추가 있었기 때문에 요리하는 데 큰 문제가 없었다. 후추 역시 외래종이지만 이미 서한西漢 시기에 중국에 전래되어 있었다.

　송나라 때에는 호박과 양파도 없었다. 이것들도 모두 외래종이다. 그렇다면 이 종들은 언제 중국에 전래되었을까? 정확한 시기는 알 수 없다. 어떤 사람은 원나라 때라 하고 어떤 사람은 청나라 말엽이라고 주장한다. 어찌 되었든 송나라 시기의 중국에는 호박과 양파가 존재하지 않았다.

　현대 중국인들은 꽈즈瓜子(씨앗) 까먹기를 좋아하는데, 특히 해바라기씨를 즐겨 먹는다. 송나라 사람들은 이런 복도 누리지 못했다. 왜냐하면 해바라기도 아메리카 대륙에서 자라는 식물로 거의 명나라 후기에 전래되었기 때문이다. 송나라 사람들이 주로 까먹던 것은 참외씨였다. 남송 중후기에는 수박씨[28]를 즐겨 까먹었다.

송나라 때에는 완두콩과 동부콩만 있었지 오늘날 흔히 볼 수 있는 둥글고 기다란 강낭콩이나 긴콩깍지, 담쟁이덩굴처럼 벽을 타고 오르는 사계두四季豆는 없었다. 사계두는 명나라 때 중국에 전래되었고, 긴콩깍지는 청나라 말기에야 비로소 일반 백성들의 식탁에 오를 수 있었다.

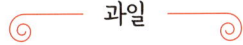

과일

송나라에는 파인애플도 없었다. 파인애플도 명나라 때 아메리카 대륙에서 중국에 들어왔다. 만약 송나라 과일 도매상이 파인애플을 해외에서 수입하려 했더라도 쉽지 않았을 것이다. 왜냐하면 당시에는 신선도를 유지할 기술이 없어서 오랜 시간 배로 운송해오는 도중에 다 썩어버렸을 것이기 때문이다.

또 송나라에는 사과도 없었다. 장강長江 이남에서 자라는 식

― 28 오늘날 우리가 먹는 수박의 씨는 까먹기에는 크기가 너무 작다. 중국인들이 즐겨 먹는 것은 특수한 수박 품종의 씨앗이다.

물 가운데 사과와 비슷한 열매가 열리는 종이 있긴 했다. 크기는 사과보다 작고, 익은 후에는 껍질이 붉은색이 아닌 흰색을 띠고 과육이 매우 부드럽지만 당도가 그다지 높지는 않다. 이 과일은 남송의 과일 시장에서 볼 수 있었다. 오늘날에는 '능금'이라고 불리는 과일이다. 능금은 진짜 사과가 아니다. 현대인들이 먹는 사과는 모두 청나라 이후에 아메리카에서 들여온 것이다. 송나라 사람들은 사과를 먹기는커녕 구경조차 하지 못했다. 만약 여러분이 송나라로 초대받을 경우, 호스트의 환심을 사고 싶다면 시간여행을 떠나기 전에 사과 한 바구니를 사서 가져가라.

송나라 사람들은 참외와 수박을 과일로 분류했다.[29] 당시 참외는 매우 인기가 좋았으며 수박은 조금 늦게 등장했다. 북송 때는 중국에서 수박을 재배하지 않았다. 남송 초기에 홍호洪皓라는 신하가 금나라에 다녀오면서 수박씨를 가지고 돌아와 고향에 심었는데, 이를 계기로 송나라에서 수박이 재배되기 시작했다.

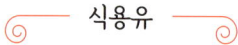

식용유

현대의 식용유는 주로 식물성 기름으로 대두유가 상당량을 차지

---

[29] 중국어로 참외䈞瓜와 수박西瓜은 모두 '과瓜'자로 끝난다. 중국에서는 일반적으로 '瓜'자가 들어간 열매를 채소로 분류한다.

한다. 송나라 때에는 대두유가 있었을까? 없었다. 송나라 사람들은 두부, 콩나물, 메주, 콩국은 만들 줄 알았지만 콩기름은 짜지 못했다. 대두에서 유지油脂를 얻을 수 있다는 사실은 남북조시대에도 알려져 있었지만, 대량으로 콩기름을 압착하는 기술은 송나라 때까지도 발명되지 않았다.

송나라의 식물성 기름은 유채씨유가 가장 흔했고, 그다음이 참기름이었다. 참기름의 역사는 유채씨유보다 오래되어, 아무리 늦게 잡아도 한나라 때 이미 보편화되어 있었다. 그러나 유채씨유에 비해 참기름의 생산 원가가 워낙 높았기 때문에 송나라 백성들은 볶음 요리에는 유채씨유, 무침 요리에는 참기름을 사용했다. 그러나 가격이 비싼 만큼 냉채 한 접시 만드는 데 겨우 참기름 한두 방울밖에 쓰지 못했다. 일부 부유한 귀족들 사이에서는 양생을 위해 아침에 자리에서 일어난 후 참기름을 한 숟가락씩 복용하는 것이 유행했는데 가난한 사람은 엄두도 못 낼 일이었다.

참기름과 유채씨유 외에 송나라 때 사용하던 식물성 기름으로는 대두채유大頭菜油[30]와 내복유萊菔油가 있다. 내복은 무로, 무의 종자를 압착한 내복유는 송나라 사람이 발명했다.

---

[30] 대두채는 자채榨菜라고도 한다. 중국 음식점에서 밑반찬으로 나오는 '짜차이'가 바로 이것이다.

샐러드유[31]는 기름의 정제가 중요하기 때문에 정제 기술이 없었던 송나라에서는 분명 볼 수 없었을 것이다.

동물성 기름은 압착하거나 정제할 필요가 없기 때문에 식물성 기름보다 훨씬 수월하게 얻을 수 있다. 따라서 동물성 기름은 송나라 때 크게 유행했다. 위진남북조, 수당과 오대십국 시기에도 동물성 기름은 식물성 기름보다 훨씬 저렴했기 때문에 서민들의 요리용 기름으로 많이 사용되었다.

북송 초기에 서현徐鉉이라는 사람이 남긴 재미있는 일화가 있다. 여산廬山 초입에 효성 지극한 기름 장수가 노모를 모시고 살고 있었다. 그런데 어느 날 갑자기 그가 벼락을 맞아 죽었다. 노모는 아들이 죽은 것이 너무 억울해서 하느님께 따져 물었다. "내 아들 같은 효자가 왜 벼락을 맞아 죽었나요? 하느님은 눈도 없으신가요?" 하느님이 꿈에 나타나 이렇게 대답했다. "네 아들은 원가를 낮추기 위해 동물성 기름을 섞고는 순식물성 기름이라 속여 팔았다. 이런 악덕 상인에게 벼락을 내리지 않으면 누구에게 내리겠느냐!"(『계신록稽神錄·여산매유자廬山賣油者』 참조)

동물성 기름은 가격이 저렴해서 송나라 이전에는 요리에 주로 사용되었다. 그렇지만 잘 알다시피 고온에 적합하지 않다. 온

— 31　튀김유와 대비되어 붙여진 명칭. 마요네즈와 프렌치드레싱에 사용되며 생으로도 먹을 수 있다.

도가 조금만 높아도 기름이 바로 눌어붙을 뿐만 아니라 음식의 색깔이 검게 변하고 주방이 기름 타는 냄새로 진동한다. 따라서 동물성 기름은 음식을 볶는 데 적합하지 않다. 이 때문에 옛날 사람들은 주로 찌거나 굽는 요리를 만들었던 것이다.

송나라 때 압착 기술이 발전하면서 점차 식물성 기름이 널리 보급되고 볶음 요리도 유행하게 되었다.

정리하자면 송나라 때에는 토마토도 없고 감자도 없고 옥수수도 없고 고추도 없고 해바라기씨도 없고 사과도 없고 파인애플도 없고 대두유도 없고 샐러드유도 없었다. 심지어 수박도 남송 때에야 맛볼 수 있었으니 시간여행이 가치 없게 느껴질 수도 있다. 그러나 몇 마디 보충하자면, 첫째 송나라의 식재료는 매우 풍부했다. 앞에서 나열한 것들은 주재료가 아니었기 때문에 음식을 만드는 데 별다른 영향을 미치지 못했으며, 우리가 송나라에서 생활하는 데에도 큰 불편을 주지 않는다. 둘째, 비록 송나라 사람들이 맛볼 수 없었던 여러 가지 음식들이 있었지만 당시는 오늘날 우리처럼 못 먹는 것이 있다 해서 아쉬워하는 시대는 아니었다!

수박 전래기

명나라 연왕燕王 주체朱棣[32]는 모반을 결심한 후 가장 먼저 자신의 신하들을 죽였다. 그는 자신의 편에 서기를 주저하는 대소 관료들을 자신의 저택으로 초대해 연회를 베풀었다. 연회의 마지막 메뉴는 수박이었다. 모두들 즐겁게 수박을 먹고 있을 때 주체가 갑자기 손에 들고 있던 수박을 바닥에 내동댕이쳤다. '퍽' 하는 소리와 함께 선홍색 과육이 온 바닥에 나뒹굴었다. 이와 동시에 칼과 도끼로 무장한 한 무리의 도부수刀斧手들이 난입해 안에 있던 신하들을 수박 자르듯 '단칼에' 베어버렸다. 주체는 그런 뒤 '정난靖難(나라의 위난을 평정함)'이라는 깃발을 앞세우고 병사들을 이끌고 남하하여 조카 건문제建文帝를 옥좌에서 끌어내리고 황제의 자리에 올랐다.(『야기野記』 참조)

이것은 명나라 때 있었던 일이다. 즉 명나라 때에는 수박이

---

[32] 명나라 3대 황제인 성조成祖의 이름. 1402년에 황제로 등극하여 연호가 영락永樂이었기 때문에 영락제 또는 영락대제라고 불린다.

있었다. 만약 시대가 당나라였다면 모반한 우두머리가 술잔 정도를 던졌지 수박을 던지는 창의적인 방식으로 도부수에게 신호를 보내는 것은 불가능했을 것이다. 왜냐하면 당나라 때에는 수박이 없었기 때문이다.

당나라 전기에는 수박을 서역西域 지방에서만 볼 수 있었다. 당나라 후기에 오면서 거란족이 수박을 재배하기 시작했다. 북송 때 여진족은 수박 재배법을 익혔지만 송나라 사람들은 여전히 배우지 못했을 뿐만 아니라 수박이 어떻게 생겼는지조차 알지 못했다. 북송 사람들은 여름과 가을에 박瓜을 먹긴 했지만 아쉽게도 수박은 먹지 못했다.

북송이 망한 뒤 여진족이 중원을 차지하자 중원에서도 비로소 수박을 재배하게 되었다. 육유의 상관이자 오랜 친구인 범성대范成大가 금나라에 사신으로 갔을 때 개봉을 지나며 남긴 시구가 있다.

푸른 덩굴 서리를 이기고 모래밭에 누웠으니,
근래 들어 매년 어디서나 수박을 먹네.
碧蔓凌霜臥軟沙,
年來處處食西瓜.

그가 묘사하고 있는 것은 금나라 풍경(당시 개봉은 금나라에 속해 있었다)으로, 이것이 만약 남송 경내 풍경이었다면 "근래 들어 매년 어디서나 수박을" 먹는 것은 불가능했을 것이다.

송 고종 재위 시, 금나라에 갔던 사신이 수박 종자를 갖고 돌아와 강남江南 지역에서 시험 삼아 심어본 적은 있지만 널리 보급되지는 않았다. 송나라 백성들이 대규모로 수박을 재배하기 시작한 것은 남송 중엽부터이다. 따라서 김용의 무협소설 『천룡팔부天龍八部』에 등장하는 인물들은 아무도 수박을 먹어보지 못했을 것이다. 그들이 살았던 시대는 북송 중엽으로 수박을 맛보려면 1세기나 더 기다려야 했기 때문이다.

그러나 『사조영웅전』의 주인공 곽정郭靖과 황용黃蓉은 수박을 먹을 수 있었다. 두 사람은 남송 중후기에 살았다. 이때 수박은 중원이건 강남이건 어디서든지 흔히 볼 수 있는 과일이었다. 소설 속에는 황용이 우가촌牛家村의 수박 농가에서 수박을 사는 장면이 나오는데, 농부가 이렇게 말한다. "우리 우가촌의 수박은 아주 달고 아삭하답니다. 아가씨도 한번 맛보면 바로 알게 될 거요." 만약 북北의 교봉喬峰과 남南의 모용慕容[33]이 수박을 사먹었다면 그것은 역사적 사실에 모순되는 것이다.

---

33 모두 『천룡팔부』의 등장인물이다.

정리하자면, 수박은 서역에서 거란, 거란에서 금나라로 전해진 후 마지막에 금나라에서 중원과 강남 지역으로 전래되었다. 따라서 '서쪽에서 온 박'이라는 뜻의 명칭은 수박이 서역 또는 서쪽에서 유래했기 때문에 송나라 사람들이 붙인 이름이 아닐까 추측해볼 수 있다.

맵고 얼얼했던 송나라

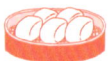

송나라에는 고추가 없었다. 그렇지만 송나라 사람들은 매운 음식을 즐겨 먹었다.

중국에는 고추 외에도 파, 마늘, 생강, 염교, 후추, 여뀌(라랴오辣蓼),[34] 부추, 수유茱萸, 겨자, 갓(제차이芥菜)[35] 등 매운 맛을 내는 식재료가 수없이 많다. 송나라 사람들은 매운맛을 주로 생강, 후추, 겨자와 갓에서 얻었다.

『동경몽화록』[36]을 보면 변량의 야시장에서는 라자오즈辣脚子를 팔았고, 술집 문 앞에서도 상인들이 백자 항아리에 라차이辣菜를 담아서 팔았다. 라자오즈와 라차이는 모두 갓으로 만드는데,

---

34 수이랴오水蓼라고도 한다. 한약재, 향신료의 재료로도 쓰이며 생선회에 곁들여 먹기도 한다.

35 겨자의 한 변종으로 제芥라고도 한다. 겨자와 갓의 씨를 겨자 또는 개자라고 하는데 갓씨는 겨자씨보다 매운 맛이 덜하다.

36 남송 시기 맹원로孟元老가 쓴 책으로 북송 말 개봉 거리의 풍경과 음식 문화, 세시풍속 등에 대해 세밀하게 기록했다.

우선 갓의 뿌리줄기를 깨끗하게 씻은 후 껍질을 벗겨 가늘게 썬다. 그런 다음 항아리에 넣어 밀봉해 절이면 보름이 지난 후부터 '라자오즈'로 팔 수 있다. 이에 비해 '라차이'는 하룻밤만 절인 후 식초와 참기름을 뿌려 만든 것이다.

『동경몽화록』에는 임안臨安[37]의 야시장에서 라차이빙辣菜餠을 팔았다는 대목이 나온다. 라차이빙은 갓의 뿌리를 이용해 만든 분식으로, 갓 뿌리가 대단히 맵기 때문에 이런 이름이 붙었다.

송나라 때의 식보食譜인 『오씨중궤록吳氏中饋錄』[38]을 보면 제라과얼芥辣瓜兒이라는 요리의 조리법이 실려 있다. 우선 갓을 곱게 갈아 그릇에 담는다. 여기에 따뜻한 물을 부어 갓을 풀어준 뒤 거름망으로 이물질을 거른다. 그런 후 식초를 넣어 맛을 조절하면 겨자장이 만들어지는데, 여기에 오이를 재워두면 오늘날 흔히 먹는 맵고 개운한 맛의 오이 겨자 절임이 완성된다.

송나라 사람들은 개운하면서도 매운 맛을 두 가지 종류로 나누었는데, 하나는 겨자 매운맛이고 다른 하나는 생강 매운맛이다. 임안의 아침 시장에서 팔던 음식 가운데 장라갱薑辣羹이라는

---

[37] 남송의 도읍지. 현재의 저장성 항저우이다.

[38] 남송 시기 강남의 유명한 여성 요리사 포강浦江 오씨가 지은 책으로 중국에서 최초로 출판된 식보이다. 당시 무주婺州 지역의 민간 음식과 강남 지역의 음식 문화를 정리했다.

것이 있다. 냄비에 생선 대가리 및 꼬리를 담고 간 생강을 듬뿍 넣어 푹 끓여낸 생선탕으로 매운 생강 맛과 생선이 잘 어우러져 맛이 일품이었다고 한다.

오늘날 후난 요리와 쓰촨 요리에는 매운 맛이 빠질 수 없다. 송나라 때 후난 요리는 없었지만 쓰촨 요리는 있었다(북송 때의 3대 요리는 남방 음식南食, 북방 음식北食, 사천 음식川飯이었다). 그 당시의 사천 요리도 아주 매웠는데, 오늘날처럼 얼얼하게 매운[마라麻辣] 것이 특징이었다. 그러나 송나라 때에는 고추가 없었기 때문에 요리에 후추와 간 생강을 상당히 많이 사용했다.

북송 초기에 송 태종太宗이 신하 소이간蘇易簡에게 물었다. "진귀한 식품들을 많이 맛보았을 텐데 가장 맛있었던 것은 무엇인가?" 소이간이 대답했다. "생강, 마늘, 부추를 잘게 썰어 곤죽을 만든 후 그 위에 물을 붓고 후추와 소금을 고르게 섞어 마시면 세상 어떤 음식도 부럽지 않습니다." 소이간은 사천 덕양德陽 사람이다. 사천 사람들이 얼얼하게 매운 맛을 좋아하는 습관을 갖게 된 것이 그에게서 비롯된 것인지는 알 수 없는 일이다.

광동廣東 사람들도 매운 것을 좋아한다. 북송의 장사정張師正은 『괄이지括異志・권유잡록倦遊雜錄』에서 광동 사람들이 좋아하는 안주로 생강을 갈아 넣어 만든 바이이롼白蟻卵(흰개미알)을 소개하면서 그 맛이 몹시 맵고 화끈하다고 전한다. 나도 평소 간 생강을 즐겨 먹는데 바이이롼은 아직 먹어보지 못해 어떤 맛인지 알 수 없으니 그저 상상만 해볼 뿐이다. 이 대목을 통해 보양식에 대한 광동 사람들의 관심이 얼마나 오래되었는지 짐작해볼 수 있다.

송나라 사람의 식사량

『수호지』 제27회를 보면 무송이 맹주 귀양길 도중에 십자파十字坡를 지나다 손이랑의 주막에 들어가 식사하는 장면이 나온다. 손이랑이 이렇게 묻는다. "손님, 술은 얼마나 드릴까요?" 그러자 무송이 대답한다. "물을 필요 없이 덥혀지는 대로 가져오쇼. 그리고 고기도 네다섯 근 주쇼, 계산은 나중에 한꺼번에 하리다." 손이랑이 말한다. "특대 만터우도 있는데요." 무송은 말한다. "그럼 요기나 하게 이삼십 개 주쇼." 이에 손이랑은 큰 통에 든 술과 고기를 담은 큰 접시 두 개, 만터우 한 판을 가져와 무송과 그를 압송하는 두 명의 나졸 앞에 차려놓았다.

송나라 사람들이 말하는 만터우는 오늘날의 빠오즈다. 무송과 두 명의 나졸은 엄청나게 큰 빠오즈(손이랑은 "특대 만터우"라고 말했다) 이삼십 개에 큰 술통 하나, 고기 두 접시를 한 끼 식사로 시켰다. 세 사람 모두 정말 먹성이 좋은 듯하다.

그러나 사실 세 사람이 모두 잘 먹는 것이 아니라 무송의 식성이 좋은 것이다. 『수호지』에서 무송이 주막에서 식사하는 장면을 보면 그에게는 고기 몇 근 정도 먹어치우는 것이 일도 아니다. 현대인의 식사량에 비추어보면 어마어마한 양으로 지금은 혼자 고기 1근만 먹어도 엄청나게 배부를 것이다. 그러나 식사량으로만 따지면 무송은 송나라 대식가들 사이에서 명함도 내밀지 못한다. 장제현張齊賢이야말로 천하제일이라 할 수 있다.

장제현은 북송의 재상으로, 사마광의 『속수기문涑水記聞』과 류부劉斧의 『청쇄고의青瑣高議』에 모두 그의 식사량이 언급되어 있다. 그가 가장 좋아하는 음식은 비계 많은 돼지고기였는데, 그는 이런 고기를 한번에 10근은 족히 먹을 수 있었다고 한다. 그는 아주 배가 고플 때는 고기가 익는 것을 기다리지 못하고 날것으로 먹기도 했으니, '홍문연鴻門宴'[39]의 번쾌와 비교할 만하다. 한번은 주변 사람들이 그가 도대체 얼마나 많이 먹는지 따져보기로 했다. 사람들은 큰 들통을 준비해두고 그가 빠오즈를 하나 먹을 때마다 들통에도 하나 넣고 돼지고기 1근을 먹을 때마다 들통에도

---

[39] 항우가 유방을 죽이기 위해 홍문에서 벌인 주연. 범증이 항장에게 검무를 추게 하면서 유방의 목을 벨 기회를 노렸지만 항백이 칼을 빼어들고 항장의 검무에 맞추어 춤을 추면서 유방을 보호했고, 장량이 번쾌에게 위급한 상황을 알리자 번쾌가 단숨에 술자리로 뛰어들어 항우가 내린 술잔을 단숨에 비우고 돼지다리를 칼로 베어 먹었다. 이로 인해 술자리가 어수선해졌고 이 틈을 이용해 유방은 위기를 모면한다.

1근씩을 넣었다. 그러나 그가 식사를 다 마치기도 전에 들통이 모두 차버렸다. 이 정도니 그에게 '먹보'라는 별명을 붙여도 이상할 것이 없다.

남송에도 엄청난 먹성을 자랑하는 조웅趙雄이라는 재상이 있었다. 역사서에 '기골이 장대하다'고 기록되어 있을 만큼 그는 허리가 굵고 키가 크며 위풍당당한 인물이었다. 송 효종孝宗은 조웅을 매우 좋아했는데, 한번은 그의 먹성이 대단하다는 말을 듣고는 직접 확인해보고자 했다. 어느 날, 효종은 아침 조회를 끝내고 돌아가려는 조웅을 불러 세워 함께 식사를 하자고 했다. 효종은 어주御廚[40]에 명해 우선 술과 몇 가지 안주를 내오게 했다. 조웅은 제일 큰 주해酒海[41](주해 하나에는 세 되의 술을 담을 수 있다)로 예닐곱 잔을 연거푸 마셨는데 이는 대략 10리터에 해당한다.

술과 요리를 다 먹고 나서 효종이 주식을 가져오라 하자 태감이 100개의 추이빙을 가져왔다. 조웅이 "그중에 절반을 먹으니" 단숨에 50개가 사라졌다. 효종은 웃으며 말했다. "나머지도 다 드시오." 조웅은 사양하지 않고 "다시 나머지를 다 먹으니" 50개의 추이빙을 더 먹은 것이다.(『계신잡지癸辛雜識·건담健啖』참조)

— 40　옛날에 황제나 왕의 식사를 준비하던 주방. 어선방御膳房, 선방膳房이라고도 한다. 조선 시대에는 소주방燒廚房, 외주방外廚房, 수라간水剌間이라고 불렀다.
41　술을 담는 그릇의 하나로 중간 크기의 항아리에 버금간다.

앞에서 말했듯이 송나라 때의 추이빙은 현재의 만터우다. 만터우 100개를 누가 먹어 치울 수 있겠는가? 여러분 가운데에도 이렇게 먹성이 좋은 사람은 없을 것이다(당연히 왕즈샤오만터우旺仔小饅頭[42]는 포함되지 않는다).

그렇다면 조웅이 송나라 제일의 대식가였을까? 그렇지 않다. 그보다 더 많이 먹는 사람이 있었다.

조웅이 지방관으로 있을 때 부하 한 명과 식사를 한 적이 있다. 조웅은 엄청난 양의 돼지고기와 양고기를 먹어 치웠고, 그 부하 역시 조웅과 같은 양을 먹었다.

고기를 다 먹고 나서 배가 부른 조웅은 그만 먹으려 하며 부하에게 물었다. "배불리 먹었느냐?"

부하가 말했다. "얼추 배가 부르려 합니다."(얼추 배가 부르려 한다고? 아직 배가 부르지 않다는 의미 아닌가!)

조웅은 말했다. "먹을 수 있는 만큼 먹어라!"

이에 부하는 젠빙煎餠 50장을 더 먹고 나서는 일어나 배를 두드리며 이렇게 말했다. "소인은 천성적으로 주림병을 타고나서 얼마를 먹든 배고픔이 가시지 않았는데, 오늘에야 난생 처음으로 배불리 먹었습니다!"

---

[42] 어린아이들이 즐겨 먹는 스낵으로 진짜 만터우는 아니다.

이 사람이 도대체 얼마나 먹을 수 있는지는 문헌에 기록되어 있지 않아 알 수 없다. 그러나 앞서 말한 대로 조웅과 똑같은 양을 먹고 나서 다시 젠빙 50장을 더 먹었으니 조웅을 능가한다고 할 수 있다.

이처럼 식성 좋은 사람은 일반인들이 놀랄 정도로 많이 먹었다. 그러나 이것으로 송나라 사람들이 잘 먹고 살았다고 말할 수는 없다. 자료에 따르면 송나라 보통 사람들의 식사량은 현대인과 큰 차이가 없다. 남송의 방회方回는 당시 일반인들의 식습관을 이렇게 묘사했다. "일반적으로 가정에서는 하루에 100홉 정도의 밥을 먹는다. 한 끼에 한 사람당 5홉이면 충분하다. 많아야 두 끼 먹고 점심때는 따로 간식을 먹는다." 대다수 사람들은 하루에 아침과 저녁 두 끼만 먹고 어쩌다 점심을 먹더라도 요기만 할 정도였으니 한 끼에 평균 쌀 5홉이면 족했다는 말이다.

'홉'은 용량 단위로 쌀 5홉이면 무게로는 반 근에 해당한다. 한 끼에 밥 반 근을 먹는 것이니 오늘날 남방 지역의 남성과 비교하면 많이 먹는 편이다. 따라서 하루 세 끼 밥과 야식을 먹고 수시로 KFC나 맥도날드의 고열량 음식을 먹는 현대인들과 송나라 사람들의 식사량은 큰 차이가 없다고 할 수 있다.

식사 후
양치는 어떻게 했을까?

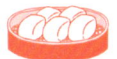

현대인은 모두 이를 닦는 습관이 있다. 아침에 일어났을 때와 저녁 식사를 마친 후 반드시 양치를 한다. 송나라 사람들에게도 이런 습관이 있었을까? 현재까지의 사료로 볼 때 적어도 일부 송나라 사람들은 매일 이를 닦았다. 예를 들면 절의 승려들이다.

승려는 왜 양치를 했을까? 양치가 계율로 정해져 있었기 때문이다. 당나라 때 편찬된 계율서인 『백장청규百丈淸規』에는 승려가 아침에 일어나면 세수하고 세수를 마치면 반드시 양치를 하도록 규정하고 있다. 방법은 어떠했을까? "오른손에 치약을 묻혀 왼쪽으로 닦고, 왼손에 치약을 묻혀 오른쪽으로 닦는다." 만약 치약으로 이를 닦지 않으면 어떻게 될까? 그것은 음주, 육식, 살생, 거짓말과 마찬가지로 계율을 위반하는 것이 된다. 그러나 속인俗人들이 이를 닦아야 한다는 규정이나 계율, 법규는 없었다. 송원 명청에 와서도 역시 속인들이 이를 닦도록 강제하는 규정은 존재하지 않았다.

왜 승려들에게만 이를 닦도록 강제했을까? 불교는 고대 인도에서 발원했다. 고대 인도인들은 아주 오래전부터 이를 닦는 습관이 있었고, 석가모니가 불교를 창시하면서 이 습관을 계율로 삼았다. 나중에 불교가 중국으로 전래되면서 계율이 자연히 중국 승려들의 생활 규범이 된 것이다.

다시 말하자면 중국인들의 양치 습관은 불교의 영향으로 형성된 것이다.

고대 인도인들의 양치 방식은 매우 원시적이었다. 칫솔이 없었기 때문에 밥을 다 먹은 후 입 냄새를 없애기 위해 가는 나뭇가지를 이용했다. 꽃과 이파리를 제거한 나뭇가지의 껍질을 벗긴 후 가운데를 갈라 두 개로 만든다. 그중 하나로는 이를 문질러 닦은 후 버리고 나머지 하나는 입에 넣어 가볍게 씹다 뱉어버린다.

물론 모든 나뭇가지가 양치에 적합한 것은 아니었다. 옻나무는 독성이 있기 때문에 사용했다가는 중독을 일으킬 위험이 있다. 사람들이 신성시하는 보리수 같은 나뭇가지로 이를 닦다가는 신성모독이라고 지탄받을 것이다. 따라서 부처는 포교할 때 이렇게 주의를 주었다. 승려들은 독성 있는 나무와 신성한 나무로는 이를 닦을 수 없다. 양치에 가장 적합한 나무는 버드나무이다. 버드나무는 독이 없을 뿐만 아니라 부처를 모독하는 의미도 없다. 식감도 좋고, 쌉쌀하면서도 상쾌하고 달콤한 맛을 느낄 수 있다.

따라서 부처도 버드나무를 '치목齒木'이라 불렀다. 즉 양치에 가장 이상적인 재료라는 것이다.

불교가 중국에 전래된 초기에는 중국의 승려들도 나뭇가지를 이용해 이를 닦았다. 그러다 당나라 때 나뭇가지보다 훨씬 성능 좋은 양치 도구를 발명해냈다. 아향牙香이다.

'아향'은 향료와 약재를 합성해서 만든 귀한 치약이다. 송나라 사람 홍추洪芻의 기록에 따르면 당나라 때 화도사化度寺라는 큰 도량이 있었다. 이 절의 승려가 침향沈香과 단향檀香, 사향麝香, 용뇌향龍腦香을 약재와 함께 곱게 간 다음 잘 끓인 벌꿀과 섞어 단지에 넣어 밀봉해두었다가 매일 발우공양이 끝난 뒤 단지를 열어 모두에게 한 숟가락씩 나눠주었다. 이것을 잠시 입에 물고 있다 삼키면 입안이 상쾌해지고 열기까지 식혀주었다고 한다.

그러나 아향을 만드는 비용이 만만치 않았기 때문에 특별히 돈이 많은 절이 아니라면 만들 엄두도 내지 못했다. 다행히 당나라 황제들은 대부분 불교를 숭상해서 수시로 전답이나 부동산을 사원에 하사하거나 직접 큰돈을 시주했다. 따라서 대형 사찰들은 축재를 하고 소작인을 부렸으니 주지들은 모두 대지주 겸 건물주였다. 그러나 고대 인도의 승려들은 그렇지 않았다. 그들은 사원을 짓지 않았고 경제활동도 하지 않았다(그들에게는 '돈을 벌면 안 된다는 계율'이 있었다. 계戒를 받은 사람이라면 돈을 모아서도, 가까이 해서도 안 된다. 이를 어길 경우 내세에 손이 없는 사람으로 태어나게 된다고 한다). 밥은 오로지 탁발에 의지해서만 먹을 수 있으니 말이 좋아 승려지 거지와 다를 바가 없었다. 따라서 그들은 계속해서 나뭇가지로 이를 닦을 수밖에 없었다.

북송 초기에 이르러 총명한 승려가 '아향주牙香籌'를 발명했다. 아향주는 칫솔과 치약이 결합된 것으로, 향료와 약재를 섞은 후 틀에 넣고 눌러 칫솔의 형태로 만든 것이다. 휴대가 편해 작은 주머니에 넣어 허리에 차고 다닐 수 있었다. 매일 아침 공양을 마친 후 허리춤에서 아향주를 꺼내 입에 넣고 상하좌우로 여러 차례 문지른 다음 입을 헹구면 그만이다. 겔 형태인 아향이 일회용인 데 반해 아향주는 수십 차례 사용할 수 있다. 한 번 사용한 후 깨끗한 물로 닦아 작은 주머니에 넣어놓으면 다음에 다시 사용할 수 있었다.

대략 북송 중엽에 이르러 양치 습관은 사회 전체로 확산된다. 송나라 사람들이야말로 진짜 칫솔을 발명한 사람들이라고 할 수 있다. 그들은 대나무로 손잡이를 만들고 머리 부분에 말꼬리를 심어 오늘날과 흡사한 모양의 칫솔을 만들었다. 입에 물 한 모금 머금고 청염靑鹽(천일염)과 약재를 섞어 만든 가루 치약을 뿌린 후 좌로 치카, 우로 치카 칫솔질을 한다. 송나라 사람들은 이것을 칫솔이라 하지 않고 '이 닦개'라고 불렀다. 남송 시기의 오자목吳自牧은 『몽양록夢梁錄』에서 이렇게 회상했다. "사자獅子 골목 입구에는 '능가 이 닦개 상점'이 있고, 금자金子 골목 입구에는 '부관인 이 닦개 상점'이 있었다." 책에는 이런 말도 나온다. "여러 가지 잡화가 있는데 그 가운데 이 닦개도 있었다." 이것으로 남송 시기의 항주에 칫솔 전문점이 성업 중이었다는 것을 알 수 있다.

송나라 백성들은 당나라 화도사의 승려들과 달리 양치질을 그다지 중시하지 않았다. 당시 아향이 고가라 일반 백성들은 살 수 없었기 때문에 청염(이를 굳게 하는 작용을 한다)과 약재로 만든 '가루 치약'이 큰 환영을 받았다. 그러나 가루 치약은 칫솔에 잘 묻어 있지 않고 쉽게 떨어진다는 단점이 있었다. 따라서 송나라 사람들은 다시 저렴한 겔 형태의 치약을 발명해냈다. 버드나무 가지 한 다발을 잘게 잘라서 솥에 넣고 물을 한가득 부은 후 물이 모두 졸아들 때까지 끓인다. 아교처럼 점성이 생기면 여기에 생강즙을 붓고 잘 섞는다. 그리고 시원한 곳에서 식혀주면 치약이 완성된다.(『태평성혜방太平聖惠方』 참조) 이 발명품에 대해서는 당연히 부처님께 감사드려야 한다. 앞서 말했듯이 버들가지로 이를 닦는 법을 처음 가르쳐준 사람은 부처님이기 때문이다.

송나라 이후로 칫솔과 치약 제조 기술은 거의 발전하지 않았다. 오히려 퇴보했다고 말할 수 있다. 원나라의 지배자들은 양치를 배울 생각이 없었다. 명나라와 청나라 사람들은 대부분 덩어리 형태의 청염을 사용했다. 임대옥林黛玉[43]처럼 식사를 마친 후 청염으로 이를 닦고 남은 것은 창틀에 올려두었다가 다음번에 다시 사용했으니 얼마나 비위생적이었는지는 말할 필요도 없다.

청말 민국 초가 되자 중국인들은 조상들이 발명한 칫솔과 치약을 완전히 잊어버렸다. 칫솔과 치약은 유럽에서 수입해 들어온 것이며, 심지어는 옛 사람들이 양치를 할 줄 몰랐다고 생각했다('신생활운동'[44]은 '수천 년간 이어져 내려온 양치 안 하는 악습'을 버리고 서양 사람들에게서 문명 생활을 배워야 한다고 주장했다). 1930년대에 공산당은 국산품 애용 운동의 일환으로 공장을 만들고 중국이 독자적으로 치약을 제조해 사용하도록 독려했다. 그렇지만 기술이 부족했기 때문에 토염土鹽(염전에서 만든 소금)을 이용해 초라한 가루 치약을 만들었을 뿐이다.(『산시·허베이·산둥·허난 항일 근거지 재경 사료 선편晉冀魯豫抗日根據地財經史料選編(허난 부분)』 참조)

---

[43] 『홍루몽』의 주인공 가운데 한 명.

[44] 1934~1949년까지 진행되었던 국민교육 운동으로, 줄여서 '신운新運'이라고도 한다. '예의염치禮義廉恥'를 중요 사상으로 삼아 '국민도덕'과 '국민지식'을 갖추는 것을 목표로 했다.

제2장

연회 참가 시 필독 사항

赴宴必讀

반금련의 자리

『수호지』에 이런 장면이 나온다. 무대랑과 반금련이 무송을 식사에 초대했다. 음식이 가지런히 차려지고 세 사람이 식탁에 둘러앉아 술과 안주를 먹으며 일상에 관한 이야기를 나누었다. 그 자리에서 세 사람이 무슨 술을 마시고 어떤 안주를 먹었는지는 책에 나오지 않는다. 그렇지만 앉아 있던 자리는 자세히 설명되어 있다. 반금련은 주인 자리에 앉고 무송이 손님석, 그리고 무대랑은 식탁 가장자리에 앉아 두 사람을 시중드는 형태였다.

이 배치는 의미심장하다. 고대 중국에서는 남존여비 사상이 지배적이었다. 무송은 손님이면서 형제이기 때문에 손님석에 앉는 것이 당연하다. 그렇다면 주인석은 어떤가? 관례대로라면 형이면서 남자 주인인 무대랑이 앉는 것이 맞다. 그러나 책에서는 반금련이 주인석에 앉았고 무대랑이 말석인 가장자리에 앉았다. 이것은 자리를 이렇게 배치한 것이 집안의 주인인 무대랑이 아니라 반금련이라는 것을 알려준다.

반금련도 주인이라고 치면 그녀가 주인석에 앉는 것은 문제가 되지 않는다. 그렇다면 주인석은 탁자의 어느 쪽이 되어야 할까? 북쪽, 남쪽, 동쪽 아니면 서쪽? 반금련은 남쪽을 바라보며 북쪽에 앉았을까, 아니면 북쪽을 바라보며 남쪽에 앉았을까? 이 문제에 대답하는 것은 쉽지 않다. 왜냐하면 식탁이 차려진 방이 어떤 형태인지를 알아야 하기 때문이다.

가령 방의 입구가 남쪽에 있었다면 송나라 관습에 따라 주인석은 입구에서 보았을 때 식탁의 동쪽이고 손님석은 식탁의 서쪽이다. 시중드는 역할을 맡은 사람의 자리는 식탁의 남쪽이 된다. 다시 말하자면 당시 무대랑과 무송이 대청에서 밥을 먹었다면 반금련은 분명 동쪽에 앉아 서쪽을 보았을 것이고 무송은 서쪽에 앉아 동쪽을 보았을 것이며 무대랑은 남쪽에 앉아 북쪽을 향했을 테니 세 사람이 각각 한 방향씩 차지한 것이다. 그렇다면 비어 있는 식탁 북쪽에는 누가 앉아야 할까? 누구도 앉을 수 없다. 왜냐하면 그 자리는 가장 존귀한 위치로 손윗사람만이 앉을 수 있기 때문이다. 만약 무대랑의 부모가 생존해 있었다면 두 사람은 북쪽 자리에 앉아서 무송과 무대랑 부부가 올리는 술을 마셨을 것이다.

만약 방의 입구가 동쪽에 있었다면 자리 배치도 바뀌었을 것이다. 주인석은 북쪽으로 반금련이 앉고 손님석은 남쪽이니 무송이 앉고 식탁의 서쪽은 제일 존귀한 자리니 잠시 비워두고 식탁 동쪽에는 접대 역할을 맡은 무대랑이 앉았을 것이다.

    방향감각이 없는 독자들이라면 설명을 들을수록 더 헷갈릴 것이다. 사실 송나라의 관습은 오늘날과 크게 다르지 않다. 출입문의 위치에 따라 앉는 자리와 윗자리와 아랫자리를 정한다. 출입문을 바라보는 자리가 가장 상석이라 손윗사람을 앉게 한다. 만약 손윗사람이 없다면 그대로 비워두어야 한다. 상석의 왼쪽이 주석이고 오른쪽이 손님석이다. 상석의 맞은편 자리(출입문을 등지고 앉는 자리)는 요리를 전달하고 술을 따르기 편하기 때문에 접대자가 앉는다. 이 자리가 『수호지』에서 말한 '가장자리 말석'에 해당한다.

동가와 서빈

북송 초기, 중원 일대는 송 태조 조광윤趙匡胤의 세력권 아래에 있던 송나라의 영토였다. 강절江浙(강소와 절강) 일대는 오월吳越[1]의 왕 전홍숙錢弘俶이 다스리고 있었다. 송나라에 비해 오월은 영토가 협소하고 군사력도 강하지 못했다. 따라서 오월은 송나라의 속국이 되어 송의 보호를 받을 수밖에 없었다.

그후 전홍숙의 지위는 매우 애매해졌다. 개봉에 가서 조광윤을 알현할 때 그는 이마를 땅에 조아리며 절을 했는데 이는 명백한 신하의 모습이었다. 그러나 항주로 돌아왔을 때는 강절의 뭇 신하들이 그에게 이마를 땅에 조아리며 절을 하니 한 나라의 왕으로서 체면을 세울 수 있었다. 한편으로는 신하이면서 다른 한 편으로는 왕인 전홍숙은 송나라에서 파견되어온 사신을 어떻게 대해야 할지 갈피를 잡지 못했다.

---

1 오대십국 가운데 하나로, 907년에 당나라 절도사였던 전유錢鏐가 항주에 도읍을 정하고 세운 나라이다.

처음에 송나라에서 사신이 오자 전홍숙은 대전大殿에서 연회를 베풀어 환대했는데, 자신은 식탁의 북쪽에 앉고 사신은 서쪽에 앉게 했다. 대전의 문은 남쪽에 있고 식탁 북쪽은 입구의 맞은편이므로 그 자리는 손윗사람과 상관만이 앉을 수 있는 자리였다. 전홍숙이 그 자리에 앉은 것은 자신이 송나라 사신보다 지위가 높다고 생각했기 때문이다.

송 태조 조광윤은 이 소식을 듣고 화가 머리끝까지 뻗쳤다. 그래서 좀 더 권세가 높은 사신을 오월로 보냈다. 전홍숙은 연회를 마련하고 기존대로 자신의 자리를 식탁 북쪽에 마련했다. 그런데 연회가 시작되자 사신이 갑자기 벌떡 일어나 전홍숙을 크게 꾸짖었다. "이런 자리 배치는 잘못된 것이오!" 전홍숙이 무엇이 잘못되었는지 묻자 사신이 말했다. "나는 대송나라 황제의 신하이고 당신 또한 마찬가지요. 따라서 우리는 서로 지위가 같으니 자리 또한 동급으로 앉아야 하오. 그런데 무슨 근거로 당신이 북쪽에 앉는단 말이오?" 전홍숙은 할 말이 없어 자신의 자리를 동쪽으로 옮기고 말았다.

이것이 송나라의 관습이었다. 입구를 바라보는 자리는 상석이며, 방문을 등지고 앉는 자리는 말석이다. 좌우 양쪽 자리는 등급이 비슷하다. 등급이 비슷하다고는 하지만 주인과 손님의 구분은 있다. 주인은 당연히 상석의 좌측에 앉아야 하고 손님은 상석의 우측에 앉아야 한다(오른쪽을 중시하는 풍습에 따른 것으로 손님을 공경한다는 의미가 있다).

일반적으로 정식 연회는 모두 대청에서 열리는데, 대청의 입구는 남쪽에 있기 때문에 주인과 손님 간에 항렬과 지위 상에 분명한 차이가 없는 경우 주인은 동쪽(상석의 왼쪽)에 앉고 손님은 서쪽(오른쪽)에 앉는다. 이런 관례는 송나라 이후에도 이어졌다. 시간이 지나면서 주인을 '동가東家'로, 사람들의 존경을 받는 가정교사나 개인 참모 등의 손님을 '서빈西賓'으로 부르게 된 것도 여기서 유래한 것이다.

만약 회사나 가정에서 연회가 열렸을 경우 내부인만 있고 손님은 없다면 식탁의 동쪽 자리는 도리어 서쪽 자리보다 급이 높다. 따라서 송나라 황제가 신하들에게 연회를 베풀 때 문무백관이 동서로 길게 앉아 있다면, 일반적으로 동쪽에 앉아 있는 관원들이 술을 마시고 난 후에야 서쪽에 앉아 있는 관원들이 잔을 들 수 있었다.

술 한 잔에 안주 네 가지, 프랑스식 식사

북송 때 개봉에 '도정역都亭驛'이라는 역관驛館이 있었다. 이곳은 송나라 최대의 국영 게스트 하우스로 주로 외빈들을 접대하던 곳이다.

송 인종 지화至和 원년, 거란의 사신이 국왕의 친서를 가지고 방문하자 인종은 관례에 따라 사신을 도정역에서 묵게 했다. 그리고 다음 날, 인종은 도정역에서 연회를 베풀어 사신을 환대했다. 이 자리에는 재상, 참정參政, 추밀사樞密使, 삼사사三司使, 어사중승御史中丞 등 고관대작들이 모두 참석했다. 당시 사마광은 아직 젊은 데다 관직도 높지 않았지만 인종의 총애를 받던 터라 말석에 앉아 거란의 사신 및 대신들과 식사를 함께하게 되었다. 사마광의 기억에 따르면 그날의 연회는 매우 호화로워 과일 100여 가지가 여덟 차례에 걸쳐 식탁에 올라왔다고 한다. 연회의 수준도 매우 높아서 술을 1잔 마실 때마다 새로운 안주가 네 가지씩 바뀌어 나왔다.

원래 송나라에서는 황제가 술을 마실 때 술 1잔에 안주가 두 가지씩 바뀌어 나오는 것이 관례였다. 서양 요리로 치면 프랑스 요리와 비슷한 셈이다. 그러나 국빈 연회나 황제가 개인적으로 베푼 연회에서는 술 1잔에 안주를 네 가지씩 바꾸어 내는 경우도 많았다.

　반드시 알아야 할 것은 송나라에는 공식 연회와 비공식 연회에 구분이 있었다는 점이다. 비공식 연회는 현대의 중국식 연회와 대부분 비슷해서 물 흐르듯이 요리가 상에 오르되 새 요리가 나왔다고 먼저 나온 음식을 치우지는 않는다. 연회가 끝나면 접시와 사발들이 식탁에 한가득이니 그야말로 아수라장이 따로 없다. 이에 반해 공식 연회는 서양의 연회와 비슷한 격식이 있다. 새로운 요리가 나오면 앞서 나온 요리는 치운다. 술과 안주의 배합을 중시해 술은 가벼운 것부터 시작해 도수가 높은 것으로 나아가 손님은 취기가 약간 돌다 갑자기 거나해진다. 안주도 술에 따라 계속 바뀌는데, 담백한 것에서 시작해 맛이 강한 것이 나왔다가 다시 담백한 것으로 마무리된다.

　그리고 공식 연회에도 급의 차이가 있다. 연회의 수준이 높은지 낮은지는 요리의 수를 보고 판단할 수 있다. 술을 1잔 마실 때마다 안주가 하나씩만 바뀌면 비교적 급이 낮은 연회이다. 안주가 두 가지씩 바뀌면 비교적 급이 높은 연회이다. 사마광이 참석했던 도정역 국빈 만찬은 술 1잔에 안주가 네 가지씩 바뀌었으니 매우 급이 높은 연회라고 할 수 있다.

송나라의 예의범절에 따르면 일반적인 외빈 접대 연회의 격식은 이 정도로 급이 높지 않았다. '술 한 잔에 두 가지 안주' 정도가 합리적인 수준이었다.

그렇다면 앞에서 소개한 국빈 만찬에서는 어째서 술 1잔에 요리를 네 가지씩 바꾼 것일까? 여기에는 내막이 있다. 인종은 원래 어선방과 궁실 주방에 연회 준비를 명해두었는데, 손님 접대를 맡은 재상이 혹시 어선방에서 재료를 빼돌리기라도 해 요리가 모자랄 것을 걱정해 자기 집의 요리사를 데리고 왔던 것이다. 게다가 거란 사신은 송나라 황제에게 요나라의 미식을 맛보게 해주려고 송나라에 오면서 거란족 요리사 몇 명을 데려온 상황이었다. 요리사 여럿이 자신의 재능을 뽐내기 위해 경쟁하듯 요리를 만들어 올리니 '술 한 잔에 네 가지 안주'가 되어 최고 수준의 연회가 되어버린 것이다.

주식을 먹을 때에도
술 한 잔

송나라의 고급 연회에 참석해보면 알겠지만 요리는 한꺼번에 차려지는 것이 아니라 요리 한 가지를 다 먹은 후 새로운 요리가 올라온다.

육유가 국빈 연회에 참석했을 때였다. 집영전集英殿[2]에 수십 개의 식탁이 차려지고, 대신들이 정연하게 자리를 잡고 앉아 진행자의 지휘에 맞춰 질서정연하게 다 함께 술잔을 들어 술을 마시고 음식을 입에 가져가는 등 식사 장면이 매우 장엄했다. 모두가 술잔을 다 비워야 시종들이 식탁 위의 요리를 치우고 새로운 요리를 가져왔다. 그날 연회에 참석한 사람들은 각각 아홉 잔의 술을 마셨으니 각 테이블마다 아홉 가지의 요리가 올라왔을 것이다.

그 아홉 가지 요리는 어떤 것이었을까?

---

2 북송 때의 황궁 가운데 하나이다.

첫 번째 요리는 러우셴츠肉鹹豉로, 미소시루로 삶아낸 양고기이다.

두 번째는 빠오러우솽샤자오즈爆肉雙下角子. 조리법은 전해지지 않지만 '자오즈角子'는 좁고 길쭉한 형태의 만두이다.

세 번째는 롄화러우유빙蓮花肉油餅. 조리법은 모르지만, 이름으로 유추해보건대 러우빙肉餅(고기 전병)의 일종일 것이다.

네 번째는 바이러우후빙白肉胡餅. 일종의 러우빙이다.

다섯 번째는 타이핑삐뤄太平饆饠. 당나라 때 페르시아에서 전래된 셴빙餡餅(소가 들어간 전병)이다.

여섯 번째는 자위엔위假黿魚. 닭고기, 양 머리, 계란 노른자, 녹말묵, 목이버섯으로 만든 음식으로 자라 모양을 하고 있다. 얼핏 보아서는 자라 같지만 그렇지 않다. '자라' 살은 닭고기로 만들고, '자라' 등의 가장자리는 흑양의 얼굴 살로 만든다. '자라' 등은 아주 큰 목이버섯으로, 그리고 '자라' 배는 녹말묵으로 만들었다.

일곱 번째는 나이화쉬펀奈花素粉. 녹두 가루로 만든 당면의 일종으로 끓는 물에 삶은 후 꽃생강으로 장식한다.

여덟 번째는 자샤위假沙魚인데, 조리법은 전해지지 않는다.

아홉 번째 요리는 수이판셴쉬엔자과장水飯鹹旋鲊瓜薑으로, 반쯤 발효된 쌀뜨물로 담근 김치이다.

이상의 내용을 통해 두 가지 결론을 얻을 수 있다. 첫째 남송 조정의 국빈 연회는 그다지 호화롭지 않았다. 식탁에 오르는 요리는 대부분 가정의 일상 요리였다. 둘째, 당시에는 주식과 함께 술을 곁들이는 것을 매우 좋아했다. 앞에서 열거한 아홉 가지 요리는 안주라고 할 수 있지만 사실 러우빙이나 볶음밥, 만두는 주식에 해당한다.

주식을 먹을 때 술을 곁들이는 것이 아주 이상해 보일 수도 있다. 오늘날 만두를 먹으면서 배갈을 마시는 사람은 거의 없을 것이다. 그러나 내가 시험 삼아 한번 그렇게 먹어보니 생각보다 나쁘지 않았다. 입추가 지난 어느 날, 나는 바짝 말린 만터우를 잘게 쪼개어 프라이팬에 넣고 소금, 계란과 함께 볶았다. 만터우 조각들이 부드러워지고 황금색을 띨 때 접시에 덜어 오래된 황주와 함께 마셨는데 진짜 별미였다. 제일 중요한 점은 '술과 밥을 배불리 먹은' 느낌이 드는 아주 효율적인 식사였다는 것이다.

속옷과 식사

역사적으로 중국인들의 식사법에는 세 차례의 큰 변화가 있었다.

아주 옛날 공동 식사를 할 때에는 서양 음식이나 일본 음식을 먹을 때처럼 사람들이 각자 자기 음식만 먹는 '분찬제'였는데 후대로 오면서 '공찬제公餐制'로 바뀌었다.

아주 옛날 중국에서도 유럽과 마찬가지로 식탁에서 나이프와 포크를 사용했는데 후대로 오면서 젓가락을 사용하는 것으로 바뀌었다.

그리고 일본에서처럼 다다미에 꿇어앉아서 밥을 먹었는데 후대로 오면서 의자에 앉아 식사하는 것으로 바뀌었다.

이런 세 차례의 변화는 위진남북조 때 시작되어 송나라 때 완성되었다. 즉 오랜 역사를 가진 분찬제, 나이프와 포크의 사용, 꿇어앉아 먹던 전통이 마침내 송나라 때 현대적인 식사법으로 전환된 것이다.

그렇다면 고대 중국인들은 왜 꿇어앉아서 식사를 했을까?

전해 내려오는 조각상, 벽화나 화상전畵像磚[3]을 보면 알 수 있듯이, 적어도 남북조시대 이전부터 사람들은 바닥에 꿇어앉거나 개다리소반에서 밥을 먹었다. 당나라와 오대십국에 들어와서는 극히 일부의 고지식한 노인들만이 의자를 거부하고 바닥에 꿇어앉아 식사하는 것을 고집했다. 이런 독특한 생활습관에 대해 여러 학자들이 관심을 갖고 연구했지만 당시 왜 꿇어앉아 식사했는지 제대로 말해주는 사람은 없었다.

도대체 왜 그런 것일까? 이유는 아주 간단하다. 속살이 드러나는 것을 피하기 위해서였다.

선사시대 사람들의 복식은 '상의하상上衣下裳', 즉 위에는 저고리 아래는 치마였다. 상裳은 치마를 말하는데, 남녀를 불문하고 모두 치마를 입었으며 치마 속에는 속옷을 입지 않았다. 상주商周시대에는 두루마기가 속옷이었다(나중에 두루마기는 겉옷으로 바뀌었다). 상의하상 안에 두루마기를 입으면서 속살이 드러날 위험이 줄어들었다. 춘추전국시대에 드디어 바지가 보급되지만, 당시의 바지는 바짓가랑이가 없었으며 심지어 바지춤도 없었다. 오른쪽과 왼쪽의 두 다리에 두르는 것으로 그만이었다. 따라서 '중요한 곳'을 가릴 수 있는 부분은 여전히 비어 있었다.

---

3 사람이나 짐승, 다양한 무늬 등을 새긴 벽돌.

만약 사람이 두 다리를 벌리고 바닥에 앉는다면 상대방에게 하체를 그대로 노출하게 된다. 이런 자세를 옛날에는 '기거箕踞'라고 불렀다. 즉 곡식을 까부르는 키의 모양으로 앉는 것을 말한다. 형가荊軻가 진왕秦王을 죽이려 했던 사건을 보면 형가는 진왕 앞에서 다리를 쩍 벌리고 앉았는데, 이는 진왕에 대한 무시의 표현이다.

바짓가랑이가 생긴 것은 훨씬 나중의 일이다. 고고학적 발견에 따르면 적어도 동한東漢 이전에는 통바지도 없었다(혹자는 한나라 궁녀가 입었던 '궁고窮絝'를 통바지라고 하는데, 궁고는 바지에 단추매듭 몇 개를 만들어놓은 것으로 통바지라 할 수 없다). 따라서 동한 이전에는 회의나 연회 자리에서 반드시 두 다리를 모으고 바닥에 앉을 수밖에 없었다. 이렇게 해야 겉옷을 늘어뜨려 주요 부위를 가릴 수 있었던 것이다. 이것이 바로 옛날 사람들이 꿇어앉아서 밥을 먹을 수밖에 없었던 이유이다.

오늘날 우리가 입는 속바지(가랑이가 터지지 않은 통바지)는 동한 이후에 발명되어 위진남북조시대에 광범위하게 보급되었다. 따라서 위진시대에 들어와서는 더 이상 꿇어앉지 않아도 되었다. 그리고 송나라 때가 되면 모두 의자에 앉아서 밥을 먹었으니 더 이상 속살이 드러날까 걱정할 필요가 없었다.

분찬에서 공찬으로

『사기』를 보면 맹상군孟嘗君[4]이 선비를 어떻게 대우했는지 알 수 있다. 그는 거드름피우지 않았고, 모든 문객들을 존중했다. 평소에도 문객들과 함께 식사하며 자신이 먹는 것과 똑같은 음식을 손님들에게 대접했다. 자기 혼자만 산해진미를 먹고 손님들에게는 못한 음식을 주는 일이 결코 없었다.

어느 날 저녁, 무사 한 명이 그에게 귀순했다. 맹상군은 관례에 따라 직접 주연을 베풀고 그를 환대했다. 그런데 식사 중에 시종이 무심코 등불을 가려 맹상군이 보이지 않자 무사는 시종이 맹상군에게만 몰래 맛난 음식을 주는 것으로 오해했다. '혼자만 좋은 음식을 먹고 나에게는 주지 않으니 이는 분명 나를 얕보는 것이다.' 그리고 자리에서 일어나 물러나려 하는데 맹상군이 급히 자신 앞에 차려진 음식을 무사에게 보여주며 이렇게 말했다.

---
4 중국 전국시대 제齊나라의 정치가.

"선생, 보시게. 내 음식과 그대 음식은 완전히 똑같다네." 무사는 자신의 생각이 짧았다는 것을 깨닫고 부끄러움에 그 자리에서 칼을 뽑아 자결했다.

이 이야기는 우리에게 세 가지를 알려준다. 첫째, 맹상군은 확실히 문객을 존중했다. 둘째, 전국시대의 무사는 대단히 혈기 왕성해서 일본 사무라이처럼 걸핏하면 스스로 목숨을 끊었다. 셋째, 전국시대에는 분찬제가 유행했다. 만약 주인과 손님이 같은 식탁에서 함께 음식을 먹었다면 그 무사는 맹상군이 자신과 다른 음식을 먹는다고 의심하지 않았을 것이다.

중국의 분찬제는 유구한 역사를 지니고 있다. 선사시대에 시작되어 수당시대까지 이어져 내려왔다. 분찬제가 오랫동안 이어져 내려온 것은 위생 문제와 무관하다(옛 사람들은 분찬제를 고수하기는 했지만 술을 가득 채운 술잔에 손가락을 넣은 채 술을 권하거나 서로 술잔을 돌려 마시는 악습이 있었다). 분찬제는 계급상의 차이를 드러내기 위해 고안된 것이었다. 식사에 참석한 사람의 지위가 높으면 높을수록 식탁에 차려진 밥과 요리의 가짓수는 많아진다. 만약 공찬이었다면 지위나 신분의 높고 낮음을 드러낼 수 없었을 것이다.

그러나 기술이 진보하고 생활이 풍요로워지면서 지위의 높고 낮음이나 신분의 귀천을 표현할 수 있는 방법이 많아졌다. 복장, 교통수단, 주택, 장식품 등을 통해서도 신분을 드러낼 수 있었기 때문에 더 이상 분찬제는 중요하지 않았다. 게다가 몸소 검약을 실천한 후대의 제왕들은 신분 고하를 막론하고 모두 함께 둘러앉아 식사할 것을 명했기 때문에(이렇게 하면 식비를 절약할 수 있었다), 점차 공찬제가 분찬제를 대체하게 되었다.

북송 때에는 대부분의 연회가 현대의 식사 자리와 똑같아져 한 무리의 사람이 하나의 식탁에 둘러앉아 식사를 했다. 그러나 분찬제가 완전히 사라진 것은 아니었다. 적어도 두 군데에서는 분찬제가 유지되었다. 첫째, 사원의 승려들은 여전히 분찬을 견지했다(현재도 그렇다). 두 번째, 황실 연회에서 신하들은 공찬한다 하더라도 황제는 혼자 밥상을 받았다. 황후나 황태후를 포함해 어느 누구도 감히 황제와 공찬할 수 없었다(황제의 특별한 허락이 있는 경우는 예외였다).

신하들은 공찬, 황제는 분찬하는 관습은 어선방이 농간을 부릴 수 있는 여지를 남겼다. 대연회가 열릴 때마다 어선방에서는 황제의 음식만 신경 써서 준비하면 그만이었다. 그 아래 문무백관들의 음식은 구색만 맞추면 그만이었기 때문에 준비 단계에서 제멋대로 예산을 부풀리고 식재료를 빼돌렸다. 신하들은 음식이 맛없거나 양이 턱없이 부족해도 감히 황제에게 고하지 못했다. 그 이유는 첫째, 황제가 초청한 식사 자리이니 아무리 맛없는 음식이라도 은혜에 감사할 수밖에 없었기 때문이다. 둘째, 황제와는 분찬을 해 신하가 먹는 것과 황제가 먹는 것은 다르니, 만약 신하가 음식이 맛없다고 한다면 황제는 얼굴을 붉히며 이렇게 말할 것이다─이처럼 맛있는 음식이 어디 있단 말이냐!

향음례에 참가하지 않으면
과거를 볼 수 없다

명청 시기의 과거는 단계가 매우 복잡해서 현시縣試, 부시府試, 원시院試, 향시鄕試, 회시會試, 전시殿試 등 모두 여섯 등급의 시험이 있었다.

송나라 때에는 그 단계가 훨씬 간소해져, 수험생이 '해시解試'[5]에 참가해 합격하면 바로 거인擧人이 되었다. 송나라 거인은 명청의 수재秀才에 해당하는 것으로 관리가 될 자격은 없지만 바로 예부禮部에 가서 '성시省試'에 참가할 수 있었다. 성시가 끝나면 '전시'에 참가하고, 전시에 합격하면 '진사進士'가 됐다. 물론 송나라의 진사도 관리가 될 자격은 없었다. 벼슬을 하고 싶으면 다시 이부吏部에서 실시하는 '전시銓試'에 참가해야 했는데, 오늘날 대학 졸업 후에 공무원이 되려면 공무원 시험에 응시해야 하는 것과 같은 것이다.

---
5 '향시'에 해당한다.

송나라 때에는 지방관이 해시를 통과했거나 서울에서 성시를 보기 전의 수험생을 초대해 식사를 함께해야 하는 의무가 있었는데, 이 연회를 '향음鄕飮' 혹은 '향음례鄕飮禮'라고 불렀다.[6] 『송사宋史·예지禮志』에 따르면 향음례에는 세 종류가 있었는데, 지방관이 수험생과 함께 식사하는 것이 가장 대표적인 것이었다. 향음례에 참가한다는 것은 대단히 영광스러운 일이었지만 허례허식을 싫어하는 사람에게는 생고생이나 다름없었다.

일반적으로 향음례는 공묘孔廟에서 거행되었다. 향음례가 진행되는 당일, 수험생은 새벽 대여섯 시경에 일어나 공묘 대문 밖에서 대기해야 한다. 얼마 후 도착한 지방관과 인사를 나누고 있으면 그 지역에 사는 60세 이상의 명망 있는 어르신이 도착한다. 수험생은 반드시 그에게 읍해야 한다. 사람들이 모두 모이면 관원의 안내에 따라 다 같이 공묘에 들어간다. 공묘 대문을 들어서면 몇 걸음 가지 않아 정전正殿이 나오는데, 반드시 연장자가 먼저 정전에 오르는 계단에 발을 디뎌야 한다. 연장자가 겸양할 경우에도 지방관이 먼저 올라서는 안 되고 모두 한목소리로 연장자에게 먼저 오르도록 청해야 한다. 예법에 따라 서로 세 번 정도 사양한 후 마침내 연장자가 먼저 계단에 오른다. 그 뒤를 지방관

---

[6] 향음주례鄕飮酒禮라고도 한다.

이 따르고 수험생은 맨 마지막에 오른다.

정전의 동서남북 사방 모서리에는 식탁이 놓여 있고 중앙은 텅 비어 있다. 그 비어 있는 중앙 공간에 모두 질서정연하게 도열해서 공자孔子를 향해 세 차례 절을 올린다. 아울러 술과 안주, 과일 등을 공자상孔子像 아래 향안香案에 바친다. 절을 마치면 그대로 자리에 앉는데, 지방관은 동남쪽 모퉁이, 주빈(가장 나이가 많은 사람이나 손윗사람)은 서북쪽 모퉁이에 앉는다. 지방관의 조수는 동북쪽 모퉁이, 차빈次賓(나이가 많지 않은 사람이나 항렬이 그다지 높지 않은 사람)은 서남쪽 모퉁이에 앉는다.

수험생은 어디 앉아야 할까? 차빈의 뒤, 즉 말석에 앉는데 만약 자리가 모자랄 경우 서 있어야 한다.

연회에서는 시종이 술 따르는 것을 주관한다. 향안 아래 술통 하나, 국자 하나, 찬장 하나와 물통 하나가 가지런히 놓여 있다. 모두 자리에 앉으면 시종은 상체를 바로 세우고 바닥에 무릎을 꿇고 앉아 찬장 안에서 수십 개의 술잔을 꺼낸 다음 그 술잔을 물통에 넣고 깨끗이 씻는다. 그리고 국자로 술통에서 술을 퍼서 술잔 하나하나에 따르고, 첫 번째 술잔을 동남쪽 모퉁이에 앉아 있는 지방관에게 가져다준다.

지방관은 술잔을 받고 나서도 사양하며 마시지 않고 시종을 시켜 서북쪽 모퉁이의 주빈에게 가져다준다. 시종은 분부에 따라 술잔을 받쳐 들고 주빈에게 가서 바닥에 무릎을 꿇은 채 잔을 머리 위로 높이 들어 술잔을 올린다. 그러면 주빈은 술을 단번에 마신 후 잔을 다시 시종에게 돌려주며 시종이 자신을 대신해 지방관에게 술을 올리게 한다. 시종이 다시 술 1잔을 받쳐 들고 지방관에게 가져가면 지방관도 단번에 잔을 비운다. 다음으로 시종은 동북쪽 모퉁이에 있는 조수에게 술 1잔을 가져다주는데 조수 또한 사양하며 마시지 않고 시종을 통해 서남쪽 모퉁이의 차빈에게 잔을 바친다. 차빈이 술을 다 마시면 시종은 다시 그를 대신해서 조수에게 술을 올린다. 지방관, 주빈, 차빈이 모두 술을 마신 후 비로소 시종은 수험생들에게 술을 올린다.

 술이 한 순배 돌고 나면 젓가락을 들어 음식을 먹는다. 이때 시종은 술잔을 거둬들여 물통에 넣고 깨끗이 씻은 후 술을 따라 다시 지방관, 주빈, 조수, 차빈, 수험생에게 올린다. 이들이 안주를 먹을 때 시종은 다시 술잔을 거둬들여 씻은 후 술을 따르고 술잔을 받쳐 올린다. 이런 절차가 일곱 차례 또는 아홉 차례 반복되고 나서야 비로소 연회는 끝이 난다. 마지막으로 지방관의 발언이 끝나면 연장자, 지방관, 수험생은 공손한 자세로 순서대로 질서정연하게 줄을 지어 밖으로 나간다.

 이런 연회에서는 수험생이 제일 불쌍하다(말석에 앉거나 줄곧 서 있어야 한다). 시종은 제일 힘들다(잔을 씻고 술을 따르고 절을 하는 일을 반복해야 한다). 사실 시종은 수험생 중 한 사람이 담당한다. 수험생 가운데 가장 예의 바르고 체력이 좋은 사람이 시종 역할을 한다. 송나라 사람 이앙영李昂英이 광저우 지방관이 주최한 향음례에 참가한 후 쓴 글에 이런 내용이 나온다. 이날 시종이 된 수험생은 이른 아침부터 오후까지 7시간 반 동안 진행된 향음례에서 무려 70차례 이상 절을 해야만 했으니 "아무리 체력이 좋은 자라도 견디기 힘들었을 것이다".(『문계집文溪集·광사방우사행향음주기廣帥方右史行鄕飮酒記』 참조)

　이처럼 사람을 고생시키는 연회가 정기적으로 거행되었다. 송나라 때 과거는 3년에 한 번씩 거행되었기 때문에 지방관은 적어도 3년에 한 차례는 향음례를 베풀었다. 어떤 지방에서는 과거가 열리지 않는 해에도 향음례를 열었다. 추수 이후에 한 번, 정초에 한 번, 이렇게 1년에 두 차례씩 여는 경우도 있었다. 향음례를 여는 데에는 적지 않은 돈이 소요되었는데, 이 돈은 주로 지방정부에서 부담했다.

　지방정부에서 돈까지 써가며 향음례를 거행한 것은 수험생을 괴롭히기 위해서가 아니다. 그들을 교육시키기 위한 것이다. 이런 연회에 몇 차례 참석하면 젊은 사람들은 경로와 겸양의 의미를 알게 되니 그 역할이 크다고 할 수 있다. 송 고종 재위 시에 이런 규정을 반포한 적이 있다. "향음례에 참가한 적이 없는 자는 과거에 응시하지 못하게 하라."(『건염이래조야잡기建炎以來朝野雜記·향음주鄕飲酒』 참조) 글을 읽는 사람으로서 향음에 참가하지 않는 자에게는 과거 시험 참가를 불허한다는 것이다.

태학생이
밥을 사야 할 때

허난 카이펑에서 제일 잘나가는 샤오츠小吃[7] 가운데 '꽌탕빠오灌湯包'라는 것이 있다. 밀가루를 반죽해 피를 만들고 기름진 고기로 만두 속을 만든다. 만두피는 반투명하고 보기에 딱 좋은 모양이다. 탕빠오[8]의 일종으로 한입에 한 개씩 먹어야지 욕심을 부리다가는 입안에 화상을 입을 수도 있다. 전해지는 바에 따르면 꽌탕빠오는 송나라의 미식 '태학 만터우太學饅頭'에서 비롯된 것이다. 송나라 때에는 빠오즈를 만터우라고 했기 때문에 태학 만터우는 태학 빠오즈라고 할 수 있다.

  왕안석王安石[9]은 변법 때 태학을 정비했다. 이후 송 신종神宗

---

 7 간단한 먹거리, 간식, 스낵.

 8 국물 상태의 고기소를 넣은 찐만두의 일종으로 육즙이 많아 빨대로 육즙을 먼저 먹고 나머지를 먹기도 한다.

 9 1021-1086. 북송의 문필가이자 정치인으로 신법新法의 개혁 정책을 실시했으며, 뛰어난 산문과 서정시로 당송팔대가唐宋八大家 중 한 명으로 꼽힌다.

이 태학을 시찰하면서 학생 식당에 가서 음식을 맛본 적이 있다. 갓 쪄 나온 빠오즈 하나를 대바구니에서 꺼내 먹어보았는데 맛이 매우 훌륭했다. 그는 만족해하면서 이렇게 말했다. "이런 음식으로 인재를 기르니 부끄러움이 없구나!" 태학생에게 이렇게 맛있는 빠오즈를 먹인다는 것은 나라의 교육 사업이 잘 이루어지고 있는 반증이라는 의미였다.

이 이야기는 사실이 아닐지도 모른다. 그러나 당시 태학생의 생활수준이 매우 높았다는 것은 분명해 보인다.

태학은 최고의 학부로 거기서 공부할 정도의 학생이라면 대단한 인물이다. 고관대작의 자녀이거나(예를 들면 이청조李淸照의 첫 번째 남편인 조명성趙明誠[10]) 학문이나 성적이 특출해서 현학縣學이나 주학州學 등 지방 학교에서 태학으로 온 자들이 대부분이었다. 태학에 들어오면 학비나 잡비를 내지 않아도 되었고, 먹고 자는 것은 모두 나라에서 부담했다. 심지어 매달 수백 문文[11]에서 1,000문까지 장학금도 받을 수 있었다.

그러나 태학에서의 공부는 결코 녹록지 않았다.

---

[10] 이청조는 남송의 저명한 여류 시인이며, 조명성은 승상 조정지趙挺之의 아들로 젊었을 때 태학생이 되어 음보蔭補로 입사入仕했다.

[11] 고대의 화폐 단위로 '1문'은 납과 동銅을 4:6의 비율로 섞은 엽전을 표준으로 한다. 1,000문은 1조吊 또는 1관貫이라고 하며 1관은 백은白銀 1냥에 해당한다. 1냥은 50g이다.

첫째, 시험을 매우 자주 치렀다. 한 달에 한 번씩 쪽지 시험을 치렀고 1년에 한 번씩 정기 시험이 있었는데, 시험 과목으로는 경의經義, 책론策論, 형률刑律, 시사詩詞 등이 있었다. 시험을 잘 보면 조교(당시에는 '학록참學錄參'이라 불렸다)가 되어 더 나은 조건의 기숙사로 옮길 수 있었고 장학금도 받았다. 심지어는 조기 졸업을 해서 관리가 될 기회를 더 빨리 잡을 수 있었다. 그러나 시험을 망치면 좋은 조건의 기숙사와 장학금을 다른 학생에게 양보해야 했으며, 계속해서 시험 결과가 나쁘면 퇴학당할 수도 있었다.

둘째, 규율이 대단히 엄격했다. 태학의 교수는 수업을 관리했고, 학록은 기율을 담당했다. 제장齋長은 1인당 30명의 태학생을 맡아서 그들의 일거수일투족을 지근거리에서 감독했다. 언행이 불손하고, 암송을 잘 못하고, 학습에 게으르고, 멋대로 외출하고, 휴가 복귀 시간을 넘기고, 교우들과 사이가 안 좋은 것은 모두 규정 위반이었다. 제장과 학록은 위반 내용과 횟수를 문서에 기록해두었다가 월말에 평가하여 심한 경우 퇴학 처분을 내렸다. 그다지 심각하지 않은 경우에는 벌금을 부과했는데, 이 돈은 선생님에게 가지 않을 경우 다른 학생들의 식대로 사용했다.

원나라 국자감國子監은 송나라 태학의 벌금 사용법을 그대로 따랐다. 한 차례 위반하면 동학들에게 밥을 사게 하고 두 차례 위반하면 밥을 살 뿐만 아니라 모두에게 절을 해야 했다. 세 차례 위반하면 위반자를 이불에 둘둘 말아 학교에서 쫓아냈다.

황제의 연회에는 필참!

송나라 황제는 연회를 매우 자주 베풀었다.

황제의 생일 연회, 황후의 생일 연회, 태자의 성인례成人禮 연회, 태자의 혼례 연회, 외국 사신 환영연, 개선장군 축하연, 매년 한 번씩의 춘절春節(설) 연회, 중추절中秋節(추석) 연회, 동지와 하지 때 천지天地에 제사 지낸 후의 연회 등 종류가 다양했다.

어쨌든 송나라에서는 고위 관료가 되면 항상 공식 연회에 참가해야 해 일 년 내내 회식이 끊이지 않았다.

회식이 많은 것이 결코 좋은 일이 아니라는 것은 현대인들도 잘 알 것이다. 왜냐하면 회식에는 술이 빠질 수 없고, 술에 취하면 업무에 지장이 있을 뿐만 아니라 건강을 해치게 되니 득보다 실이 많기 때문이다.

황실의 공식 연회에 따르는 격식들을 한번에 다 설명하기는 어렵다. 먼저 좌석 배치에 대해 알아보자.

『송사』에 따르면, 황제가 만조백관을 위해 연회를 개최하는 경우 황제는 정전에서 북쪽을 등지고 남쪽을 바라보며 용의龍椅에 앉는다. 황제는 황금색 비단으로 덮인 식탁에 홀로 앉는다. 태자, 친왕親王, 재상, 부상副相, 추밀사, 추밀부사樞密副使, 각 부 상서尙書와 황성皇城에서 업무를 보는 고위 무장들, 고위 지방 관리들은 모두 정전 안에 앉을 수 있다. 그러나 1인 석에 앉는 것은 아니다. 밥을 먹을 때도 네 사람 혹은 여섯 사람이 한 식탁에 앉아 함께 먹는다. 식탁은 붉은색 천으로 덮여 있으며, 신하들은 도자기로 만든 북 모양의 걸상에 앉는다. 이런 식탁들이 동서 양편으로 길게 줄지어 놓여 있는데, 태자와 친왕, 공훈 귀족들은 동쪽 식탁에, 재상, 부상, 추밀사와 각 부 상서들은 서쪽 식탁에 앉는다.

중간급 문무백관들은 정전이 아닌 편전에서 밥을 먹는다. 편전의 식탁과 걸상은 정전에 놓여 있는 것보다 높이가 낮다. 만약 장엄하고 엄숙한 분위기의 정전에 있다가 편전으로 건너온다면 편전에 있는 사람들이 왜소하게 느껴질 것이다. 물론 편전의 분위기가 더 자유롭다.

하급 관리와 장수들은 편전에서조차 식사를 할 자격이 없어 바깥의 회랑에 앉아야 한다. 그들의 식탁은 가장 낮고, 걸상도 식탁 옆에 깔아둔 돗자리로 대신한다. 모두 바닥에 꿇어앉아 식사를 하니 마치 바닥에 꿇어앉아 밥을 먹던 수당 이전으로 시간여행을 온 듯한 느낌이 들 것이다.

바닥에 꿇어앉는 것도 힘든데 하물며 수많은 격식을 따져야 하니 대부분의 관리들은 황제가 연회를 연다는 소식을 들으면 골머리를 앓기 일쑤였다. 그래서 많은 관리들은 어떡해서든지 핑계를 대고 참석하지 않을 방법을 궁리했다. 그러나 송나라 황제는 자신이 주관한 연회에 신하들이 빠지는 것을 매우 싫어해 이렇게 명령했다. "핑계를 대고 휴가를 내서 연회에 참석하지 않는 신료들은 어사대御史臺에서 그 죄를 묻고 조정에 보고하라." 만약 거짓으로 휴가를 내고 연회에 가지 않는다면 그에 대한 처분을 받을 수도 있는 것이다.

지각생 악비,
병권을 몰수당하다

남송 초에 네 사람의 맹장이 있었다. 바로 악비, 장준張俊, 유광세劉光世, 한세충韓世忠이다. 이들은 병사를 이끌고 금나라의 침략에 맞섰을 뿐만 아니라 농민반란을 평정하는 등 큰 공을 세웠다.

소흥紹興 11년, 송나라와 금나라는 화의를 맺었다. 전쟁이 잠시 중단된 틈을 타서 송 고종은 네 장수의 병권을 회수하려고 했다. 황제의 의중이 전해지자 장준, 유광세, 한세충은 순순히 병권을 내어놓았지만 유독 악비만은 중원을 수복할 때까지 계속해서 싸울 것을 주장하며 황제의 명에 따르지 않았다. 그는 변방에서 군사를 이끌고 있었는데 그들이 모두 정예병들이라 그에게 병권을 내어놓도록 강요할 경우 반란을 일으킬지도 모른다는 우려가 있었다. 따라서 고종에게는 악비의 병권을 돌려받는 것이 골칫거리였다.

황제는 진회秦檜에게 이를 해결하도록 했다. 진회는 다른 장수들이 악비를 원망하게 만들어 고립시키는 이간계를 썼다. 그는 여러 장수들에게 편지를 보내 공신들의 노고를 치하하는 대연회를 항주 서호西湖에서 열려고 하니 제시간에 참석해줄 것을 부탁했다. 그는 악비에게도 편지를 보내 늦지 않게 연회에 도착할 것을 요청했다. 그러나 젊고 혈기왕성하며 자만심 높던 악비는 진회의 말에 크게 구애받지 않고 예정된 시간에서 6, 7일이나 지나 연회에 도착했다.

악비가 오지 않은 6, 7일 동안 진회는 매일같이 장수들과 함께 식사를 하며 안타깝다는 듯이 이렇게 얘기했다. "어째서 일등 공신은 보이지 않는가!" 이런 한탄에 모두들 누가 일등 공신인지 물었다. 진회가 말했다. "악비 악 소보少保 말이오. 그의 전공戰功은 어느 누구와도 비교할 수 없습니다." 그런 다음에 일부러 큰 소리로 하인에게 분부했다. "악 소보가 오면 주방에 명해 더 풍성한 음식을 마련토록 하라!"(『건염이래계년요록建炎以來系年要錄』 참조) 즉 악비가 오면 연회의 수준을 그의 공로에 맞게 높이라는 이야기였다.

마침내 악비가 도착했다. 하지만 아무도 그를 상대해주지 않았을 뿐만 아니라 내심 이렇게 생각했다. '죽음을 무릅쓰고 병사들과 함께 전투에 나아가 적을 죽이고 공을 세운 것은 다르지 않은데 왜 그에게만 특별대우를 해준다는 말인가? 다음 전투에는 아예 악비 혼자 나가 싸우게 하든지!' 악비는 영문도 모른 채, 전우들이 그를 멀리하는 것만 생각하고는 마음속에 품었던 웅대한 포부를 일순간에 포기해버렸다. 그 결과 고종은 자신이 바랐던 대로 병권을 회수할 수 있었다.(『송사·왕차옹전王次翁傳』 참조)

진회의 이러한 계책은 새로운 것이 아니다. 북송 초기 송 태조의 '배주석병권杯酒釋兵權'[12]이나 춘추전국시대 안자晏子의 '이도살삼사二桃殺三士'[13]를 합친 것에 다름 아니다. 하지만 진회의 계책은 주도면밀하지 못해, 만약 악비가 그다지 오만하지 않았거나 제시간에 연회에 도착했다면 성공할 수 없었을 것이다.

사실 송나라 문무백관들은 공적인 연회를 매우 중시해서 시간을 엄격히 지켜 참석했다. 참가하지 않을 경우 처벌이 엄했을 뿐만 아니라 장래의 벼슬길에도 영향을 미칠 수 있었기 때문이다.

---

[12] 북송 정위丁謂의 『정진공담록丁晋公談錄』에 나오는 말로 '술 한잔 하며 병권을 놓게 만들다'라는 뜻이다. 송 태조가 새로운 군사 제도를 수립하기 위해 연회를 베풀어 장수들의 병권을 빼앗은 일을 말한다.

[13] 『안자춘추晏子春秋』에 나오는 말로 '복숭아 두 개로 세 명의 용사를 죽이다'라는 뜻이다. 제나라 재상 안영晏嬰은 왕 앞에서 교만하게 자신들의 공적을 뽐내던 공손첩公孫捷, 고야자古冶子, 전개강田開疆 등 세 명의 장수에게 복숭아 두 개를 내어주며 공이 더 많은 사람이 하나씩 먹도록 했다. 공손첩과 고야자가 하나씩 먹자 전개강은 자신의 공이 더 큰데도 먹지 못함을 분하게 여겨 자결한다. 이를 본 공손첩과 고야자는 자신들의 공이 전개강에 비해 크지 않음을 깨닫고 부끄러움에 자결했다.

조회 후에 먹는 업무 식사

불문佛門의 생활은 속가와 달라서 속가 사람들은 느지막이 일어나도 상관없지만 출가인은 일찍 일어나야 한다. 쑹산嵩山 소림사少林寺의 승려는 매일 새벽 5시 전에 일어나 세수와 양치를 하고 이불을 정리한 후 종소리를 들으며 대전으로 가서 향을 사르며 예불을 올린다. 이것을 일컬어 '조과早課를 드린다'고 한다. 비구니들은 더 일찍 일어난다. 윈난雲南 쿤밍昆明에 있는 비구니 암자에서는 매일 새벽 3시면 일어나 4시에 조과를 시작해서 6시가 되어야 마친다. 음력 초하루부터 중순까지, 그리고 부처님 오신 날과 성도절成道節[14]에는 자정이 지나면서 바로 기상하는데 속세 사람이라면 막 잠자리에 들 시간이다.

송대 경조관京朝官[15]들의 생활도 이와 비슷했다. 그들은 휴가

---

[14] 석가모니가 보리수 아래에서 우주의 진리를 깨달은 날로 음력 12월 8일이다.

[15] 황성에 상주하는 고위 관리.

때를 제외하고는 하루도 빠짐없이 조회에 참석해야 했는데, 일반적으로 조회는 동트기 전에 시작되었다. 따라서 조회에 늦지 않으려면 보통 새벽 2시경에는 일어나 말을 몰아 황궁으로 출발해야 했다.

조회 시간은 길 때도 있고 짧을 때도 있다. 일이 있으면 황제에게 아뢰고 일이 없으면 산회했다. 그러나 대부분 일이 없을 때보다 있을 때가 많았다. 상소를 올리고 여러 사안에 대해 토론하는 등 황제의 주재 아래 국가대사를 처리하다보면 일반적으로 8시가 되어서야 산회할 수 있었다. 따라서 조회에 오기 전에 아침 식사를 하지 못한 대신이라면 배고픔을 참기 힘들었을 것이다. 이를 해결하기 위해 송나라 황제는 경조관들이 조회가 끝난 후에 먹을 수 있도록 풍성한 음식을 준비해두도록 했다.

조회가 끝난 후 어떤 대신들은 점심때까지 당직을 서야 하는 경우가 있었다. 그럴 경우에는 집으로 돌아가 밥을 먹을 수도 없고(길에서 시간을 보내다가는 업무를 그르칠 수 있다), 전화로 배달시켜 먹을 수도 없다. 따라서 송나라 때 대부분의 중앙 기관에서는 소규모 식당을 갖추고 요리사와 시종을 배치해두었다. 식권도 필요 없고 카드를 그을 필요도 없이 그저 가서 먹기만 하면 되었다.

조회를 마친 후 먹든 아니면 당직 때 먹든 궁에서 제공하는 식사는 거부하면 안 되었다. 그 이유는 두 가지다. 첫째, 황제가 하사한 것이기 때문이다. 둘째, 궁에서 제공하는 음식을 먹는 것은 단순히 배를 채우는 것을 뛰어넘어 정기적인 정치 학습의 기회를 제공해주었기 때문이다.

밥 먹는 것이 어떻게 정치 학습이 될 수 있느냐고? 대신들은 밥 먹을 때에도 격식을 차려 품계의 높고 낮음에 따라 자리를 나누어 앉았다. 관직이 높으면 상석에 앉고 관직이 낮으면 말석에 앉아야 했다. 만약 자리를 잘못 앉기라도 하면 탄핵의 대상이 되었다. 이를 통해 모든 신하들로 하여금 자신의 지위를 잊지 않도록 했으며, 고관 주위에 모여 식사함으로써 업무 담당자들끼리 긴밀한 관계를 맺을 수 있었다. 업무 식사 때에는 취하지 않을 정도로 술도 마실 수 있었지만 야한 농담을 하거나 업무와 무관한 잡담을 하는 것은 금지되어 있었다. 황궁에서 제공하는 업무 식사를 함께함으로써 신하들은 조정의 위엄과 업무의 중요성을 몸소 체험할 기회를 가졌던 것이다.

제3장

송나라에서 분식 먹기

去宋朝吃麵食

밀가루 음식은 어떻게 남쪽으로 전해졌을까

남방 사람들이 밀가루 음식을 먹은 역사는 매우 오래되었다. 손권孫權이 촉蜀의 사신을 대접하는 주연에 밀가루 음식이 올랐을 때, 그의 참모 제갈각諸葛恪은 그 자리에서 〈맷돌시磨賦〉[1]를 써서 밀을 가루로 만드는 데 공헌한 맷돌의 덕을 찬양했다.(『태평어람太平御覽』 참조) 이 이야기를 통해 다음의 사실을 추측해볼 수 있다. 즉 손권은 남방 사람이니 남방 사람들이 밀가루 음식을 먹기 시작한 것은 늦어도 삼국시대부터라는 것이다.

그러나 손권은 특별한 경우에 해당한다. 애석하게도 대다수의 남방 사람들은 북송이 멸망하기 전까지 밀가루 음식을 먹지 못했다. 그 이유는 세 가지이다. 첫째, 밀가루 음식이 너무 거칠

---

[1] 『삼국지三國志·오서吳書·제갈각전諸葛恪傳』에 손권이 촉의 사신 비의費褘를 위해 베푼 연회 때 비의가 식탁에 오른 보리전병麥餠을 집어 들고 〈보리시麥賦〉를 지어 사람들의 찬사를 듣자 제갈각도 〈맷돌시〉를 지어 흥을 돋우었다는 기록이 나온다.

어서 먹고 싶어하지 않았다. 둘째, 밀가루에 독이 있을까봐 감히 먹지 못했다. 셋째, 남방에서는 밀을 거의 재배하지 않았기 때문에 밀가루 음식을 먹기 위해서는 북방에서 수입해와야 했다.

그러나 남송 초기에 오면 갑자기 임안의 식당에서 각양각색의 밀가루 음식이 판매되기 시작하며, 농민들도 재배한 밀로 국수를 만들어 먹기 시작한다. 이런 갑작스러운 변화는 국가 정세의 대전환에서 기인한다.

북송 말년에 금나라 군대가 수도 개봉을 함락하면서 대부분의 중원 지역은 금나라 수중에 떨어졌다. 왕조가 교체되는 과정에서 금나라에 투항하지 않은 문무백관들은 송 고종을 따라 남방으로 피난을 떠나고, 금의 노예가 되고 싶지 않았던 백성들도 함께 대규모 이주를 하게 되었다. 남송이 세워진 이후 반세기 동안 최소한 3,000만 명에 달하는 북방 난민들이 계속해서 장강을 건너 절강, 강소, 복건, 광동, 호북, 호남 등지에 정착했다. 북방에서 온 새로운 이민자들은 자신들의 음식 문화와 자신들이 재배하던 농작물 등을 남방에 퍼뜨렸고, 이에 밀과 밀가루 음식에 대한 수요가 단시간 내에 급증했다. 아울러 장강 이남에서 밀 가격이 쌀값을 넘어서는 이상 현상까지 나타나게 되었다. 이를 계기로 남방에서 벼농사를 짓던 적지 않은 농민들이 밀농사로 갈아타기도 했다.

송나라 문인 장작莊綽이 지은 『계륵편雞肋編』을 보면 고종 만년에 강절 지역에는 밀밭이 널리 분포하고 있었으며, 항주, 소주蘇州, 가흥嘉興, 남경 등 남방 지역의 거리에 북방식 분식집이 우후죽순으로 생겨났다는 것을 알 수 있다. 이런 분위기로 인해 남방 사람들이 밀가루 음식에 갖고 있던 무시와 오해는 자연스럽게 사라지고, 심지어는 조리법을 배우려는 붐이 일기도 했다.

남방 사람들은 어쩔 수 없이 분식을 먹게 되었지만 이는 금나라가 송나라를 침범한 긍정적인 결과 가운데 하나라고 볼 수 있지 않을까?

만터우는 만터우가 아니고
빠오즈는 빠오즈가 아니다

송 인종 때 유영석劉永錫이라는 현령이 있었다. 그는 자신이 기르는 개와 함께 식탁에서 밥을 먹었을 뿐만 아니라, 자신이 먹는 음식을 개에게도 똑같이 주었다. 한번은 그가 만터우를 먹으면서 개에게도 나누어주는 모습을 보고 그의 학생이 물었다. "선생님, 지나치신 게 아닌지요? 이런 '진미'를 개에게 먹이시다뇨?"

10년 전에 이 단락을 읽었을 때 나는 그 맥락을 이해하지 못했다. 만터우를 개에게 먹인 사실이 아니라 학생의 말이 이해되지 않았다. 그는 유영석이 '진미'를 개에게 먹였다고 했는데 만터우가 무슨 '진미'란 말인가? 기껏해야 쪄서 익힌 밀가루 덩어리 아닌가!

나중에야 나는 원래 송나라 사람이 말하는 만터우는 만터우가 아니라 빠오즈라는 것을 알게 되었다(오늘날 원저우溫州 사람들은 여전히 빠오즈를 만터우라고 부르고 만터우는 '스신빠오즈實心包子'라고 부른다).

빠오즈의 종류는 매우 다양하다. 소에 따라 나누자면 러우빠오즈肉包子(고기 빠오즈), 쑤빠오즈素包子(채소 빠오즈), 양러우빠오즈羊肉包子(양고기 빠오즈), 쭈러우빠오즈猪肉包子(돼지고기 빠오즈)가 있다. 셰황빠오즈蟹黃包子[2]와 꽌탕빠오즈灌湯包子도 있다. 송나라의 만터우(주의하시라! 빠오즈를 말한다) 역시 종류가 매우 많다. 러우만터우도 있고 쑤만터우가 있으며, 양러우만터우, 쭈러우만터우가 있다. 셰황만터우가 있고 두샤만터우獨下饅頭도 있다. '두샤만터우'는 무엇인가? 펀쩡스즈터우粉蒸獅子頭[3] 하나를 통째로 넣어 만든 빠오즈로, 원래는 '두셜만터우獨餡兒饅頭'였지만 부르다보니 '두샤만터우'가 되었다.[4]

쑤빠오즈는 송나라 때 대단히 유행했다. 송나라 때는 불교가 사회 전반에 확산되면서 채식을 중시하는 풍조가 생겨났다. 노년의 소동파, 중년의 황정견黃庭堅[5] 등은 모두 적극적인 채식 애호

---

2 게 알을 섞어 만든 소로 빚은 빠오즈이다. 엄밀하게 말하자면 게 알이 아니라 게의 난소와 소화샘으로 만든 것이다.

3 쌀가루를 입혀서 찐 미트볼.

4 '두셜獨餡兒'은 한 가지 소로 만들었다는 뜻이다. 두 종류의 소가 들어가는 장방형의 만두인 '솽샤자오즈'(또는 쌍봉낙타를 닮았다 해서 '솽샤퉈펑자오즈雙下駝峰角子'라고도 한다)에 대응하여 '두샤만터우'로 불렸다.

5 1045-1105. 송나라의 시인이자 화가로 소식의 제자이기도 하다. 문집으로 『산곡외집山谷外集』이 있다.

가였다. 따라서 쑤빠오즈는 매우 큰 인기를 끌었다. 물론 송나라 사람들은 쑤빠오즈라는 명칭 대신 '쏸셜만터우酸䭔兒饅頭', 간단히 '쏸셜'이라고 불렀다.[6] 원래 쏸셜은 쉐리훙雪裡蕻(갓)으로 만든 빠오즈를 가리켰다(쉐리훙이 들어간 소는 시큼하다. 못 믿겠다면 한번 사서 먹어보기 바란다). 쉐리훙빠오즈는 아주 흔했기 때문에 쑤빠오즈와 동일시되어 점차 '쏸셜만터우'라고 불렸으며, 떠우샤빠오즈豆沙包子(팥빠오즈)와 제차이빠오즈도 쏸셜로 분류되었다. 『송인필기宋人筆記』와 『송조화본宋朝話本』을 주해하는 현대 학자들 중에는 쏸셜을 '쥔셜餕䭔兒'로 표기하고 '익힌 소'로 풀이하는 경우가 있는데, 이는 송나라 음식을 제대로 이해하지 못한 것이다.

사실 송나라에도 빠오즈라는 개념은 있었다. 그러나 당시 빠오즈는 오늘날의 빠오즈가 아니라 식물 잎사귀에 고기소를 싼 차이빠오菜包를 말한다. 예를 들면 '뤼허빠오즈綠荷包子'는 연잎 모양으로 만들거나 연잎으로 소를 만든 것이 아니라 청록색의 연잎 위에 볶은 소를 올려 싼 것이다. 이것은 절대 오늘날의 빠오즈가 아니다.

송나라 사람의 음식 개념은 일가를 이루었다. 빠오즈를 '만터우'라 부르고 샤오빙을 '후빙胡餠'이라 불렀으며 차이빠오를

— 6 '쏸셜'은 '시큼한 소'라는 뜻이다.

'빠오즈'라 불렀다. 이것은 예전에 루쉰魯迅이 일본 유학에서 돌아와 훠처火車를 '치처汽車'라 부르고 치처를 '모퉈摩托'라 부르고 모퉈를 '쯔싱처自行車'라 부른 것과 비슷해 매우 흥미롭다.[7]

샤오츠 가운데 '자즈夾子'[8]라는 것이 있다. 빠오즈, 자오즈餃子, 샤오마이燒賣[9]처럼 소를 올려 싸는 음식이다. 다만 자즈는 피가 독특하다. 덩이줄기 채소에 촘촘히 칼집을 내어 피로 사용하는데, 아랫부분은 막혀 있고 위쪽은 벌어져 있는 모양이 마치 집게 같아 그런 이름이 붙었다.

얼핏 자즈와 비슷한 샤오츠로 '떠우즈兜子'[10]도 있다.

『동경몽화록』에 동경의 야시장에서 '위떠우즈魚兜子(생선 떠우즈)', '줴밍떠우즈決明兜子(전복 떠우즈)'를 판다는 이야기가 나오며, 『도성기승都城紀勝』에는 임안의 만터우 가게에서 '4색 떠우즈'를 팔았다는 기록이 나온다. 그리고 『몽양록』에는 임안의 "만터우 가게에서 장위떠우즈江魚兜子(민물생선 떠우즈)도 판매한다"는

---

7 현대 중국어에서 '훠처'는 기차, '치처'는 자동차, '모퉈'는 오토바이, '쯔싱처'는 자전거를 의미한다.

8 현대 중국어에서는 '집게발'이라는 뜻이 있다.

9 '쇼마이'라고도 하며 '燒麥'으로 표기하기도 한다. 딤섬의 일종으로 속이 꽉 차 위쪽이 트여 있으며 피가 아주 얇아 속이 다 보이는 만두이다. 볶은 고기를 소로 사용한다.

10 '주머니'라는 뜻이다.

구절이 기록되어 있다. 즉 떠우즈는 자즈와 마찬가지로 송나라 도성에서 매우 인기가 좋았음을 알 수 있다.

오늘날 송나라 음식을 연구하려면 반드시 떠우즈를 언급할 수밖에 없다. 현재 연구자들 가운데 대다수는 떠우즈가 곧 빠오즈라는 견해를 가지고 있다. 그러나 떠우즈는 빠오즈와 다른 것이다. 원대에 나온 『거가필용사류전집』을 읽어보면 바로 알 수 있다. 떠우즈는 펀피粉皮[11]나 두부피로 소를 싸서 찐 것으로 밀가루 피를 사용한 빠오즈와는 완전히 다르다. 그렇다면 이것을 왜 떠우즈라 불렀을까? 떠우즈가 원래 투구의 속칭(옛사람들은 투구를 두무兜鍪라고 불렀다)이기 때문이다. 송나라 사람들은 두부피에 고기소를 올린 후에 아래 절반만 싸고 윗부분은 열어두었는데 이 모양이 투구 같아서 떠우즈라고 부르게 된 것이다.

자즈는 크기가 작아서 한입에 하나씩 먹을 수 있으므로 피와 소를 함께 맛볼 수 있다. 떠우즈는 크기가 커서 우선 숟가락으로 안에 있는 소를 파서 먹은 후 남은 두부피를 돌돌 말아 씹어 먹는다. 이렇게 하면 쫄깃한 피의 식감을 제대로 느낄 수 있다.

11　쌀이나 고구마 전분, 녹두 전분, 감자 전분 등으로 만든 얇고 투명하고 탄력 있는 피를 통칭한다.

스페어타이어를 닮은
비상식량

송나라 사람들이 먼 길을 갈 때 즐겨 휴대하던 건조 식량 가운데 '환빙環餠'이라는 것이 있다.

환빙은 유서 깊은 건조 식량의 하나로 이미 남북조시대부터 존재했다. 가장 오래된 형태는 둥근 고리 모양으로, 만드는 법은 매우 간단하다. 먼저 물에 소금을 넣고 밀가루를 풀어 둥글게 반죽한 후 두드려 펴서 납작하게 만든다. 그런 다음 가운데에 구멍을 내고 손가락을 집어넣어 동그랗게 고리 모양으로 만든 후 굽는다. 아마 환빙은 오늘날의 도넛과 상당히 비슷했을 것이다.

당나라에 오면서 환빙의 모양은 크게 변한다. 밀가루 반죽을 고리 모양으로 만든 다음 길게 늘여 꼰 후 기름에 넣고 튀긴다. 이처럼 당나라 때 형태가 도넛에서 꽈배기로 변했지만 이름은 그대로 환빙이라 불렸다. 때에 따라서는 '한쥐寒具'라 불리기도 했다. 전해지는 바에 따르면 불을 피워 밥을 할 수 없었던 한식寒食 때 간편하게 꽈배기로 끼니를 때웠기 때문에 '한쥐'라는 이름이 생겼다고 한다.

 환빙은 송나라 때 다시 한 번 변모하게 된다. 어떤 지역에서는 톈톈취엔甛甛圈(도넛), 어떤 지역에서는 자마화炸麻花(튀긴 꽈배기)라 불렀고, 일부 지역에서는 유자산즈油炸馓子(튀긴 꽈배기)라고 부르기도 했다. 산즈와 마화는 형태는 비슷하지만 굵기가 다르다. 마화가 비교적 굵고 산즈는 가늘다. 마화는 꽈서 만들지만 산즈는 꼬지 않는다. 북송의 궁정에서 귀빈을 대접할 때는 연회상에 수십여 가지 주식이 올라오는데 그 가운데 하나가 산즈다. 그러나 당시에는 산즈라 부르지 않고 환빙이라 불렀다.

 같은 환빙인데 지역에 따라 형태가 다른 것은 왜일까? 그것은 여행 방식과 관련이 있다. 송나라 때에는 회북淮北 지역에 도적이 많아 여행길이 안전하지 않았기 때문에 홀로 길을 떠나는 사람은 무기를 휴대해야 했다. 그러나 나라에서는 평민이 병기를 휴대하는 것을 엄격히 금했기 때문에 각반에 단도를 숨기거나 손에 제미곤齊眉棍[12]을 들고 길을 떠났다(방망이는 병기라고 할 수 없기 때문에 떳떳하게 가지고 다닐 수 있었다). 환빙은 방망이에 하나씩 꿸 수 있었기 때문에 호신 문제뿐만 아니라 식량 문제까지 한꺼번에 해결할 수 있었다. 도성 부근의 치안은 비교적 좋아서

---

[12] 옛날 무사들이 사용한, 바닥에서부터 눈썹 높이까지 오는 나무 봉.

방망이를 가지고 다닐 필요가 없었는데, 이 경우에는 환빙을 크기가 작은 마화나 산즈로 만들어 봇짐에 넣어 다녔다.

송나라 때 가난한 서생들이 유학을 떠날 때는 대부분 급笈을 짊어지고 갔다. '급'은 대나무로 짠 책 상자이다. 아래쪽은 층을 나누어 책을 넣고 위에는 덮개를 달아 햇빛과 비를 막았다. 측면에는 물건을 걸 수 있는 고리가 있어 빗이나 수건, 향주머니 등 휴대품이나 환빙을 걸어둘 수 있었다. 추측해보건대 서생들의 환빙은 계속해서 원형을 유지했을 것이다. 그래야만 책 상자 옆에 걸 수 있지 마화나 산즈였다면 불가능했을 것이기 때문이다.

일찍이 남북조시대에 북방 사람들이 먼 곳으로 떠날 때에는 '부餢'라는 대단히 큰 환빙을 만들어 마차 뒤에 달고 달렸다. 멀리서 그 모습을 본다면 마치 마차가 스페어타이어를 달고 달리는 것처럼 보였을 것이다. 배고플 때 마차를 세우고 '스페어타이어'를 '오도독오도독' 씹어 먹었을 것을 상상하니 그 맛이 어떠했을지 짐작이 간다!

왕안석 집에서
후빙 먹기

왕안석에게는 두 명의 아들이 있었는데, 큰아들은 왕방王雱이고 작은 아들은 왕방王髣이다.[13]

큰아들은 신동으로 5살 때 글자를 떼고 7살 때 시를 지었으며 13살 때 『도덕경道德經』에 주석을 달았다. 그러나 하늘은 뛰어난 영재를 시기한다 했던가? 큰아들은 32년을 살고 요절했으며 자손을 남기지도 않았다.

그는 생전에 소蕭씨 성을 가진 여자와 결혼했는데, 그가 죽자 소씨는 개가를 했다. 아들을 잃은 슬픔에 왕안석은 송 신종에게 벼슬에서 물러날 뜻을 밝혔다. 그 무렵, 소씨 집안의 젊은이 하나가 왕안석 집에 손님으로 왔다. 그는 자신의 출세를 위해 왕안석이 힘을 써주길 바랐다.

이 젊은이는 아마 큰아들의 손아래 처남이거나 며느리의 사

---

13 중국어 발음도 '왕팡'으로 같지만 성조상의 차이가 있다.

촌동생이었을 것이다. 어찌되었건 그는 아들의 친척이니 왕안석의 친척이기도 했다. 따라서 왕안석은 그를 만나본 뒤 저녁 식사에 초대했다.

왕안석은 검소한 성품이라 평소 집에서 식사할 때 술을 잘 마시지 않았고, 차린 요리도 많아야 두 가지를 넘지 않았다. 주식은 밥 아니면 쩡빙(즉 만터우)을 주로 먹었고, 가장 사치스러운 식사라 해도 양터우쳰羊頭籤 한 접시(제6장의 '왕유쳰, 양터우쳰'을 보라)를 만들어놓고 독서하며 먹는 것이 전부였는데, 마치 그 모습이 어린 여학생이 간식을 집어먹는 것 같았다. 그렇지만 이번에는 친척을 대접하는 것이니 음식이 평소처럼 간단해서는 안 되었다. 왕안석은 하인을 시켜 먼저 요리를 올리게 한 다음 술을 어지간히 마셨을 때 주식을 내어오게 했다. 주식은 무엇이었을까? 바로 후빙胡餅(호병)이다.

후빙의 역사는 매우 유구해서 일찍이 서한 시기에 서역에서 중원으로 전래되어왔다. 처음에는 만드는 방법이 간단했다. 기름과 소금을 섞어 반죽한 밀가루를 손으로 펴서 보름달 모양으로 만든다. 그런 다음에 화덕에 넣고 양쪽이 노릇해질 때까지 굽는다. 사실 이것은 '난'[14]과 같은 것인데, 수당 시기에 큰 변화가 생

---

[14] 위구르족과 카자흐족이 즐겨 먹는 밀가루 빵.

긴다. 크기는 작아지고 참깨는 많아진 것이다. 즉 난이 쯔마샤오빙芝麻燒餅(참깨 샤오빙)으로 변했다. 백거이白居易[15]의 시 가운데 이런 구절이 있다.

> 이 참깨병 만드는 법은 경도京都〔장안長安〕에서 배웠소.
> 화로에서 바로 꺼낸 듯 바삭바삭 향기롭소.
> 胡麻餅樣學京都,
> 麵脆油香新出爐.

여기서 노래하고 있는 것은 난에서 쯔마샤오빙으로 변화한 후의 신식 후빙이다.

    왕안석이 손님에게 대접한 후빙도 쯔마샤오빙으로, 손님은 아주 맛있게 한 접시를 비웠다. 그러나 손님은 입이 까다로운지 샤오빙의 가운데 부분만 떼어 먹고 테두리 부분은 남겼다. 만약 계속 이렇게 먹는다면 남는 부분 5개를 모아 올림픽 상징인 오륜 '도넛'도 만들 수 있을 것이다. 그렇다면 손님은 왜 샤오빙의 가운데 부분만 먹은 것일까? 샤오빙은 가운데 부분이 얇고 바깥 부분

---

[15] 772-846. 중국 당나라의 시인으로 자는 낙천樂天, 호는 향산거사香山居士, 취음선생醉吟先生이다. 평이하고 일상적인 시어를 사용해 시대를 풍자하는 시를 많이 썼다. 주요 작품으로는 〈장한가長恨歌〉, 〈비파행琵琶行〉 등이 있다.

이 두껍다. 또한 참깨도 주로 가운데에 뿌려져 있어서 그 부분이 맛도 있고 식감도 훨씬 좋기 때문이다.

왕안석이 이처럼 음식을 낭비하는 젊은이를 그대로 보기만 했을 리 만무하다. 식사를 마친 왕안석은 조용히 손님 앞으로 가서 남은 후빙을 부스러기 하나 없이 천천히 주워 먹었다.

마늘 가득한 셴빙

먼저 짤막한 이야기 두 편을 소개하겠다.

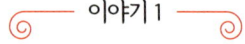

당나라 수도 장안에 고양이를 즐겨 먹던 변태 청년이 있었다. 그는 자주 이웃집 고양이를 잡아먹었다. 나중에 저승사자가 그를 찾아왔다. "염라대왕께서 고양이에게 자초지종을 다 들으시고 죄인을 잡아오라 하셨다." 그는 크게 놀라서 살려달라고 애원했지만 저승사자는 들은 척도 하지 않았다. 이에 그는 저승사자에게 떠나기 전 식당에 가서 삐뤄餺飿를 대접하겠다고 했다. 그런데 식탁에 삐뤄가 올라오자마자 저승사자는 바람소리와 함께 사라지고 말았다. 알고 보니 삐뤄 안에 마늘이 들어 있었던 것이다. 귀신이 가장 무서워하는 것이 마늘이니 마늘 냄새를 맡고 도망간 것이다.

이야기 2

다시 당나라 수도 장안. 성안에 심각한 몽유병을 앓는 환자가 있었다. 꿈속에서 친구를 사귄 그는 식당에 가서 새 친구에게 삐뤄를 대접했다. 꿈에서 깬 후에도 그는 여전히 침대에 누워 있었는데, 밖에서 문 두드리는 소리가 났다. 문을 열어보니 꿈속에서 식사를 했던 식당의 점원이 식비 계산을 하러 와 있었다. 그는 친구에게 삐뤄를 대접한 것이 꿈이 아니었다는 것을 깨달았다. 그가 점원에게 물었다. "우리가 얼마나 먹었지?" 점원이 대답했다. "손님께서는 두 근을 드셨지만 친구분은 음식을 입에도 대지 않았습니다. 아마도 우리 식당에서 만든 삐뤄에 마늘이 너무 많이 들어가 있었던 모양입니다."

위의 이야기는 모두 당나라 때 단성식段成式이 쓴 『유양잡조酉陽雜俎』에 나오는 것으로 이야기에는 모두 삐뤄가 등장한다. 삐뤄는 무엇일까? 남조 시기 양梁나라 사람이 증보해 펴낸 자전인 『옥편玉篇』과 송나라 때의 음운서 『광운廣韻』에도 모두 '삐뤄'가 수록되어 있는데 해석은 매우 간략하다. 『옥편』에서는 "병餠에 속하는 것"이라고 하였으며, 『광운』에서는 "이餌(떡)"이라고 풀이하고 있다. 중고 시기中古時期에는 병餠과 이餌가 같은 뜻으로 쓰였는데 모두 밀가루로 만든 간식을 뜻했다. 이로 미루어볼 때 삐뤄는 밀가루로 만든 간식에 속하는 것이다.

　삐뤄는 외래에서 전래된 음식으로 페르시아(삐뤄는 당나라 사람들이 페르시아어인 pilow를 음역한 것이다)에서 유래했다. 겉은 피로 되어 있고 안에는 소가 있어 얼핏 보기에 빠오즈와 비슷하다. 그러나 빠오즈는 형태가 둥근 데 반해 삐뤄는 납작하다. 따라서 삐뤄는 셴빙의 일종이라 할 수 있다. 이런 종류의 셴빙은 일반 셴빙과 달리 피를 밀가루 또는 녹말가루로 만들 수 있다. 소를 쌀 때는 반드시 주발을 이용해야 하는데 먼저 피를 주발에 넓게 편 후 그 위에 소를 놓고 입을 봉한다. 그리고 그것을 꺼내서 손바닥으로 두드려 납작하게 만들어 기름에 튀기거나 찐다. 특이한 것은 삐뤄의 소에는 마늘이 굉장히 많이 들어간다는 것이다. 앞서 소개한 두 가지 이야기는 바로 이 점에 착안한 것이다.

　삐뤄는 당나라 때 크게 유행했지만 송나라에는 이 음식을 아는 사람이 거의 없었다. 다만 궁정에서는 당나라 전통 음식 조리법을 보존하고 있었기 때문에 연회상에 가끔씩 삐뤄가 올라오기도 했다. 한 예로 송나라 황제의 생일 축하연에는 '타이핑삐뤄'가 나왔다. 그렇지만 송나라 황실 연회상에 오른 삐뤄에는 마늘이 들어가지 않았을 것이다. 황제와 신하가 삐뤄를 먹고 입에서 마늘 냄새를 풍긴다면 이 얼마나 고상하지 못했겠는가!

훈툰과 구둬

송나라 사람들은 동지 때 자오즈餃子를 먹었다. 그러나 송나라에는 아직 '자오즈'라는 말이 없었기 때문에 당시에는 '훈툰餛飩'이라고 했다. 즉 훈툰이 자오즈였다. 여러분은 아마 이렇게 반문할 것이다. "훈툰은 훈툰이고 자오즈는 자오즈이지 훈툰과 자오즈가 어떻게 같을 수 있단 말인가?" 맞다. 오늘날의 훈툰과 자오즈는 다르다. 훈툰은 피가 얇고 소가 적은 반면 자오즈는 피가 두껍고 소가 많다. 훈툰은 주로 네모난 피를 쓰지만 자오즈는 동그란 피를 쓴다. 그러나 송나라 사람이 말하는 훈툰과 오늘날의 자오즈는 완전히 똑같다. 둘 다 동그란 피에 소를 싸고 반달형으로 만든다. 가운데는 불룩하고 양쪽은 뾰족하며 둘레는 납작하다. 송나라 때에도 훈툰은 있었다. 자오즈가 아닌 진짜 훈툰 말이다. 송나라 사람이 만든 훈툰은 매우 크고 복잡하다. 형태는 아직 개화하지 않은 꽃봉오리를 닮았는데 쇠꼬챙이에 꿰어서 구워 먹었다. 당시에는 이것을 '구둬餶飿'라고 불렀다.

송나라 때의 음식 명칭은 오늘날과 달라서 그들이 말하는 훈툰은 오늘날의 자오즈이고 그들이 말하는 구둬가 오늘날의 훈툰이다.

현대인들이 훈툰을 빚는 방식은 매우 다양하다. 누구는 삼각형으로 접고 누구는 팽이 모양으로 말고 누구는 등롱 모양으로 묶는다. 또 누구는 원보元寶[16] 형태로 싸고 누구는 양산 모양으로 만들고 누구는 꼬리를 길게 만들기도 한다. 송나라 사람들이 훈툰(구둬)을 빚는 방식은 이렇다. 정방형의 밀가루 피 한 장을 준비한다. 크기는 대략 한 변이 15센티미터 정도이고 두께는 두부피 정도가 알맞다. 그 위에 소를 놓은 뒤 한쪽 모서리를 누르고 비스듬하게 접는데 대각선을 딱 맞추는 것이 아니라 일부러 빗겨나게 접는다. 절대로 삼각형이나 직사각형 모양으로 접어서는 안 된다. 가장 좋은 것은 보기에 불규칙한 팔각형 모양으로 접는 것이다(여러분들도 종이로 쉽게 해볼 수 있다. 듣기에는 복잡해 보여도 사실은 매우 간단하다. 비스듬하게만 접으면 완성이다). 그런 다음에 소가 터져 나오지 않도록 가장자리를 세게 눌러준 뒤 다시 한 번 더 접고 눌러준다. 소가 있는 부분을 손바닥으로 받치고 손가락으로 눌러서 바깥으로 뒤집어주면 어린아이 주먹만 한 크기

— 16 가운데가 볼록 솟아오른 배舟 형태의 화폐로 중국 역대 왕조에서 사용했다.

의 연꽃 모양 훈툰이 완성된다. 가운데 꽃봉오리는 아직 피지 않았지만 주위의 화판花瓣 두 장은 이미 피어 있는 모양이다.

　이렇게 완성된 훈툰은 모양은 좋지만 잘 삶아지지 않는다. 두꺼운 피를(반드시 두꺼운 피를 써야지 그러지 않으면 받쳐주는 힘이 없어서 연꽃처럼 보이지 않는다) 몇 차례 접고 나면 훨씬 더 두꺼워져서 여러 번 삶아도 잘 익지 않기 때문이다. 훈툰을 쇠꼬챙이에 끼워 위에 조미료를 뿌리면서 구우면 바깥은 바삭하고 안은 부드럽게 익는다. 꼬챙이에 끼워서 먹으니 꼬치구이의 정취도 느낄 수 있다.

겨울에는 훈툰, 연말연시에는 탕빙

송나라 사람은 절기 가운데 동지를 제일 중요하게 생각했다. 동지를 지내는 것과 새해 맞이가 비슷한 비중을 차지할 정도였다. 관공서는 휴무이고 상점은 문을 닫는다. 찢어지게 가난한 가난뱅이조차 새 옷으로 갈아입고 사람들을 만나러 외출한다. 바깥에서 실컷 놀다가 지치면 집으로 돌아와 마작을 하고 술을 마시거나 주사위 놀이를 한다. 도박에 흠뻑 빠져 놀아도 관원들이 단속을 나올까봐 걱정할 필요가 없다. 왜냐하면 조정에서도 동지에는 백성들이 3일 동안 마음껏 도박할 수 있게 눈감아주기 때문이다. 동지 전날 저녁에는 집집마다 자오즈를 빚는다. 잘 만들어진 것은 제사상에 올리는데, 제사가 끝나야 먹을 수 있다. 일부는 남겨두었다가 동짓날 아침에 먹는다.

　　동지가 지나면 곧바로 춘절로 이어진다. 춘절에도 관공서는 휴무이고 상점은 문을 닫는다. 사람들은 거리에 나가 놀다가 집에 돌아와 도박을 한다. 조정에서는 다시 3일 동안 백성들의 도박을 허락해준다. 그러나 시끌벅적한 것으로 따지자면 춘절은 동지보다 못하다. 첫째, 가난한 사람들은 동지를 화끈하게 보낸 후 돈에 쪼들린다. 그래서 춘절 때 필요한 물건들을 살 수 없어 떠들썩하게 놀고 싶어도 놀지 못한다. 둘째, 동지에는 자오즈를 먹지만 춘절 때에는 보뭐餺飥17 정도로 만족해야 한다.

육유가 쓴 『세수서사歲首書事』 권2에 새해를 맞는 송나라 사람들에 대한 묘사가 나온다. "제야에 보뭐를 나누어 먹고, 날 밝기 전 일어나 종규18 그림 바꾸네." 제야에는 보뭐를 만들어 제사를 지내고, 제사가 끝난 후 가족들끼리 나누어 먹는다. 정월 초하루에는 아침 일찍 일어나 지난해 붙여두었던 낡은 연화年畵19를 새로운 것으로 교체한다. 육유는 이 부분에 짤막한 주석을 달아두었다. "동지에는 훈툰, 새해에는 보뭐라는 말이 있듯이 정월 초하루에는 반드시 탕빙을 먹는다." 여기서 탕빙은 보뭐를 말한다. 즉 정초에는 보뭐를 먹지 자오즈를 먹지 않는다.

---

17 밀가루로 만든 수제비의 일종으로 '부뭐不托'라고도 했다. 일본에서는 '호토ほうとう'라고 부르는데, 밀가루 반죽을 굵게 잘라 긴 국수로 만들고 호박 등 야채와 함께 미소를 넣은 국물에 끓여 완성한다.

18 집안에 복을 내려주고 악귀를 쫓아주는 도교의 신.

19 중국에서 정월에 민가의 문이나 실내에 붙여 한 해의 행복을 기원하는 그림으로 우리나라에서는 세화歲畵라고 한다. 상서로운 동식물이나 신상神像, 글씨들을 주로 그린다.

자오즈와 비교하자면 보튀는 조금 초라한 감이 있다. 왜냐하면 보튀는 소가 없이 그저 밀가루 반죽으로 만든 것이기 때문이다. 가사협賈思勰[20]이 쓴 『제민요술齊民要術』에 보튀 조리법이 나온다. 잘 반죽된 밀가루를 덩어리로 만든 후 길쭉하게 썬다. 그것을 둥글고 가늘게 빚은 다음 다시 한 뼘 정도 길이로 끊는다. 이 작은 덩어리를 그릇 가장자리나 손바닥에 놓고 엄지손가락으로 넓게 펴준다. 그러면 중간은 움푹 들어가고 양쪽은 얇은 고양이 귀처럼 된다. 이것을 야채 우린 물에 넣고 익혀주면 보튀가 완성된다. 오늘날 산시 지역에 이런 음식이 있다. 반죽 일부를 떼어 평평하게 만든 뒤 도톰한 고양이 귀나 봉긋 솟은 작은 두레박 모양으로 빚어준다. 이것을 야채 우린 물에 넣고 삶으면 '꺼튀吃饦'라는 음식이 된다. 직접 냄비에 넣고 찐 것은 '카오라오라오栲栳栳'라고 부른다.

보튀는 송나라 사람들이 발명한 것이 아니다. 당나라 때 일본으로 전해져, 일본 사람들에 의해 완전히 새롭게 태어난 것이다. 밀가루 반죽을 손으로 눌러 펴던 것이 일본에서는 손으로 넓고 얇게 늘여서 국수처럼 만들어 채소국에 넣어 익히는 것으로 바뀌었다. 오늘날 일본의 야마나시현에도 보튀 전문점이 있는데

---

[20] 6세기경 북위北魏 사람으로 중국 최고最古의 농업 서적인 『제민요술』을 편찬했다.

식당 입구에 붙어 있는 상호명을 보니 이렇게 쓰여 있다. '부동의 보튀餺飥不動(호토 후도)'.

올챙이국수 커더우펀

남송 사람들은 원소절元宵節[21] 때 한 상 가득 푸짐하게 맛있는 음식을 차려 먹었다고 한다. 식탁에 오른 음식들의 면면을 보면 루탕위엔즈乳糖圓子, 덩샤퇀즈澄沙團子, 디수빠오뤄滴酥鮑螺, 각양각색의 주서룽찬諸色龍纏, 수이징콰이水晶膾, 후포탕琥珀餳, 이리샤오宜利少, 탕과러우糖瓜蔞, 커더우펀蝌蚪粉 등이 있다.(『무림구사武林舊事·원석元夕』 참조) 루탕위엔즈와 덩샤퇀즈는 모두 탕위엔湯圓으로 안에 들어가는 소가 다를 뿐이다. 루탕위엔즈는 설탕으로 소를 만들고 덩샤퇀즈는 오늘날 흔히 볼 수 있는 떠우샤탕위엔豆沙湯圓처럼 팥 앙금으로 소를 만든다. 디수빠오뤄는 연유를 이용해 만든 소라 모양의 간식이다. 주서룽찬은 엿을 둘둘 감아올려 만든 사탕, 수이징콰이는 편육, 후포탕은 호박엿이다. 이리샤오는 부스러기 사탕, 탕과러우는 하눌타리 미졘蜜餞[22]이다.

---

21 우리의 정월대보름에 해당하는 명절. '덩졔燈節', '덩시燈夕'라고도 한다.

그렇다면 커더우편은 무엇인가? 올챙이를 말린 가루인가? 당연히 아니다. 밀가루 음식의 일종으로 올챙이 모양을 닮아서 그런 이름이 붙은 것이다.

송나라 때에는 특정 형태를 본뜬 식품(상형 식품象形食品)이 굉장히 많았다. 커더우편도 그런 종류 가운데 하나로 만들기가 매우 쉽다. 얼마나 쉬운지 들어보시라.

밀가루에 물을 부어 잘 섞은 다음 가마솥 위에 얹힌 시루에 퍼 옮겨 손으로 눌러준다. 그러면 묽은 밀가루 반죽이 시루 바닥의 작은 구멍을 통해 끓는 물속으로 '툭툭' 떨어진다. 바닥에 가라앉았던 것이 떠오르면 한소끔 더 끓여준다. 다 익으면 조리로 건져 찬물에 헹군 다음 물을 빼고 양념장이나 야채를 넣어 먹으면 된다. 시루 바닥의 구멍은 동그란 모양이라, 거기를 통과한 작은 밀가루 반죽도 동그란 모양이 된다. 완전히 동그란 것은 아니고 밀가루 반죽이 바로 떨어지지 않고 끊어질 듯 끊어질 듯 가늘게 꼬리를 늘이면서 겨우 떨어지기 때문에 둥근 머리에 작은 꼬리가 붙어 있는 형태가 된다. 그 모양이 올챙이와 닮아 송나라 사람들은 이 음식을 커더우편(올챙이국수)이라고 불렀다.

위동 평원豫東平原[23]에는 '하마커더우蛤蟆蝌蚪(개구리 올챙이)'

— 22 설탕이나 꿀 등에 졸이거나 재운 과일. 한국에서는 '정과正果'라고 하며 중국어로는 통칭해서 '궈푸果脯'라고 한다.

라는 분식이 있는데 송나라 때의 커더우펀에서 발전한 것이다. 하마커더우와 커더우펀은 생김새가 완전히 똑같다. 다만 조리법이 약간 다르다. 현재는 시루 같은 조리 기구를 많이 쓰지 않기 때문에 밀가루 반죽을 떨어뜨릴 때는 석쇠(석쇠도 구멍이 많다) 같은 것을 사용한다. 밀가루 반죽 한 덩어리를 석쇠에 올려놓고 손바닥으로 왼쪽에서 오른쪽으로 넓게 밀어 펴면 수많은 올챙이들이 툭툭 소리를 내며 물이 끓는 솥 안으로 떨어진다. 다 익은 뒤 그릇에 담아 다진 마늘, 송송 썬 파, 맛소금, 잘게 썬 생강, 고수, 고추, 참기름, 찹쌀 식초 등으로 만든 소스와 비벼 먹으면 새콤하고 매콤한 향이 입안 가득 퍼진다. 식감은 또 얼마나 부드러운지 씹을 필요도 없이 바로 배 속으로 직행한다.

송나라 때 커더우펀과 아주 흡사한 '뽀위얼撥魚兒'[24]이라는 분식이 있었다. 밀가루 반죽을 큰 국자에 올린 후 숟가락이나 작은 국자로 가장자리의 반죽을 뜨거운 냄비 속으로 떠 밀어넣는다. 머리는 크고 꼬리가 작은 밀가루 반죽의 모양이 마치 작은 물고기가 솥 안에서 헤엄치는 것처럼 보인다. 지금도 중원 지역에서 이 음식을 찾아볼 수 있다.

---
23 허난성 동쪽에 있는 면적이 가장 넓은 평원.
24 수제비와 비슷한 음식으로, '뽀撥'는 '밀어 움직이다', '떼어내다'라는 의미이다.

자빠오모

위동의 시골에서는 상장례喪葬禮를 굉장히 중히 여겨 사람이 죽으면 여러 차례에 걸쳐 제사를 지낸다. 출관할 때, 상을 당하고 7일째 되는 날, 오칠일(죽은 지 35일째 되는 날), 100일(죽은 지 100일째 되는 날)에 각각 한 번씩 제사를 지내야 한다. 그런 다음 1년 후 기일에 제사를 지내고 3년(3주년 기일) 후에도 지내며 10년(10주년 기일) 후에도 제사를 지낸다. 또한 매년 섣달그믐, 청명절淸明節과 10월 초하루에도 한 차례씩 제사를 지낸다.

　제사의 절차와 규모에는 크고 작은 차이가 있다. 7일, 100일, 1주년, 섣달그믐에는 소제小祭라 하여 가족들만 고인의 묘소에 가서 몇 차례 곡을 한다. 이에 반해 오칠일, 3주년, 10주년, 청명절과 10월 초하루에 지내는 제사는 대제大祭로 반드시 친척들까지 참석해야 한다. 묘소에 가서 제사 음식을 차려놓고 읍을 하고 절을 하고 종이를 불사르고 곡을 한다. 곡이 끝나면 상주의 집으로 가서 제사 음식을 먹는다.

제사 음식의 종류는 매우 많지만, 그 가운데 절대로 빠지면 안 되는 것이 모모饃饃[25]이다. 제사용 모모는 하나에 150g 정도로 비교적 크다. 제사를 지낸 후 집에서 먹지 않고 전부 친척들이 가져가도록 나눠준다. 나눠주기 전에 상주는 모모를 반으로 가른 후 그 사이에 얇게 썬 고기를 넣는데 이렇게 만든 것을 '자빠오모夾包饃'라고 부른다. 자빠오모를 먹으면 노인은 건강해지고 아이들은 총명해진다고 믿었다.

3리마다 풍속이 다르고 10리마다 법도가 다르다. 만약 여러분이 산시 지역에 갔다면 자빠오모 대신 러우자모肉夾饃[26]를 먹게 될 것이다. 산시에서도 제사가 끝나면 상주가 반으로 가른 모모를 친척들에게 나누어준다. 그렇지만 모모 사이에 고기를 넣지는 않는다. 고기를 넣지도 않는데 뭣하러 모모를 반으로 쪼개는 걸까? 그것은 예절 때문이다. 모모를 반으로 가르지 않으면 여전히 제수에 해당하므로 죽은 자만이 먹을 수 있다. 반으로 가른 후에야 비로소 산 사람의 음식이 되며 이것을 먹은 사람에게 행운이 온다는 것이다.

남송 때 홍매洪邁가 기록한 이야기가 떠오른다.

---

25 찐빵의 일종으로 지역에 따라서는 만터우라고도 부른다.
26 빵 속에 고기와 고추 등을 넣어 만든 중국식 햄버거.

북송 말기, 중원 지역에 돌림병이 창궐해 많은 사람들이 전염되었다. 갖은 약을 써도 듣지 않자 사람들은 액막이(재앙을 쫓기 위해 신에게 비는 것)를 하기 위해 하북河北으로 사람을 보내 도사 한 명을 청해 오기로 했다. 도사는 '꽁빙供餠을 반으로 갈라' 건네주며 "여럿이 나누어 먹으면 모두 나을 것이다"라고 말했다. 마을로 돌아와 도사의 지시대로 하니 돌림병이 거짓말처럼 사라졌다.

송나라 때에는 모모를 '쩡빙'(혹은 추이빙), 제사용 모모는 '꽁빙'이라 불렀다. 당시에는 꽁빙을 반으로 갈라 먹으면 돌림병을 없앨 수 있다고 생각했다. 아마 제사 때 사용한 모모에 조상과 신령의 복의 기운이 담겨 있다고 생각한 듯하다.

화이화와 마이판

옛 시에 이런 구절이 있다.

> 대나무밭 밖에 복숭아꽃 두세 가지,
> 봄 강물 따뜻해진 것을 오리가 먼저 아네.[27]
> 竹外桃花三兩枝,
> 春江水暖鴨先知.

나는 오리는 아니지만 절기에 따라 먹기 좋은 음식이나 나물에 대해 잘 알고 있다.

매년 봄이 되면 북방의 평원에는 인진쑥, 냉이, 조뱅이, 버들개지, 느릅나무 열매, 민들레 새순, 구기 새싹 등이 꼬리를 물고 올라온다. 어떤 것은 쪄서 먹기 좋고, 어떤 것은 삶아 먹기 좋으

---

27 소동파가 쓴 〈봄 강 그림에 제함題惠崇春江晚景〉이라는 시의 구절이다. 송대의 화승畫僧 혜숭惠崇의 그림인 〈춘강효경春江曉景〉을 보고 쓴 것이다.

며, 어떤 것은 지져 먹기 좋고, 어떤 것은 데쳐 먹기 좋다. 이처럼 다양한 조리 방법을 이용하면 족히 한 달 정도는 음식이 중복되는 일 없이 맛있게 먹을 수 있으며, 기름진 음식에 찌들었던 위장도 하늘이 준 신선한 음식으로 깨끗하게 씻어낼 수 있다.

이런 채소를 보름 정도 먹다보면 괴화槐花가 등장한다.

괴화는 회화나무의 꽃이다. 회화나무는 두 종류가 있는데 하나는 서양 회화나무이고 다른 하나는 중국 회화나무이다. 서양 괴화는 먹을 수 있는 반면 중국 괴화는 먹을 수 없다. 맛이 안 좋을 뿐만 아니라 먹으면 독에 중독될 수 있다. 서양 괴화, 즉 아카시아꽃을 먹는 방법은 다양한데, 가장 간단한 것은 뜨거운 물에 데쳐 소금을 뿌린 후 참기름에 버무려 먹는 것이다. 아니면 지져서 먹을 수도 있다. 이런 방법도 있다. 밀가루를 묻히고 조미료를 뿌린 후 기름을 두른 프라이팬에서 양면이 노릇해질 때까지 굽는다. 이것을 다시 작게 잘라 식초를 넣은 육수에 푹 끓인다. 그러면 향이 아주 좋고 부드러운 톈진의 명물 '톄보보아오샤오위貼餑餑熬小魚'[28] 맛이 날 것이다. 이보다 전통적인 조리법은 아카시아

---

28 톈진天津의 명물 음식. '톄보보貼餑餑'는 옥수수가루를 잘 반죽해 긴 타원형으로 만든 다음 화덕에 붙여 구워낸 것이다. '아오샤오위熬小魚'는 일반적으로 잘 손질된 붕어를 사용하여 만든다. 생선 위에 밀가루나 달걀흰자를 묻혀 기름에 튀긴 후 냄비에 물을 붓고 파, 생강, 마늘, 청주, 식초, 간장, 설탕 등으로 조미한 다음 생선살이 부드러워질 때까지 약한 불에서 푹 고아낸

꽃으로 마이판麥飯을 만들어 먹는 것이다. 조리법은 간단하다. 아카시아꽃을 깨끗하게 씻어 맛소금을 뿌린 후 옥수수가루에 버무려 찜통에서 쪄낸다. 옥수수가루에 아카시아의 어린 꽃봉오리를 드문드문 뿌려놓으면 진녹색과 옅은 황색이 어우러져서 더욱 보기 좋을 것이다. 산초유로 조미하면 상쾌한 향이 한층 도드라지니 그 맛이 일품이다.

이 음식을 괘화마이판槐花麥飯이라고 하는데 관중 평원關中平原[29] 일대에서는 그냥 '마이판'이라고 부른다. 자료를 살펴보니 송나라 때 수많은 명사들이 마이판을 먹은 기록이 있다. 소동파는 친구에게 편지를 보내 절에서 하루 동안 머물며 공양한 일에 대해 이야기하며 "마이판과 말린 죽순을 먹었는데 뒷맛이 오래갔다"고 썼다. 육유가 은거 생활에 대해 남긴 시 가운데에도 다음과 같은 구절이 있다.

질그릇에 마이판 담아 이웃 노인과 함께하니,
버섯과 채소 눈 깜짝할 사이에 없어지네.

瓦盆麥飯伴鄰翁,

다. 마지막에 참기름을 조금 발라 꺼낸 뒤 식기 전에 톄보보와 함께 먹는다.
29 중국 산시성 중부에 위치한 평원으로 웨이허 평원渭河平原이라고도 한다.

黃菌靑蔬放箸空.

　　북송이 망하고 송 휘종徽宗이 금나라의 볼모가 되어 끌려가는 도중에도 마이판을 먹었다는 기록이 있다. 그러나 아마도 그의 취향은 아니었던가보다. 휘종은 마이판보다 차라리 기왓장이 더 맛있을 것이라는 말을 남겼다.
　　휘종이 마이판을 맛없게 느낀 것을 한편으로는 이해할 수 있다. 왜냐하면 송나라 때의 마이판은 오늘날의 괘화마이판과 완전히 다르기 때문이다. 당시에는 마이판을 밀알로 만들었다. 밀을 물에 불려 부드럽게 만든 후 절구에 넣고 공이로 찧어 껍질을 제거하면 부드러운 타원형 알맹이만 남는데, 이것이 밀알이다. 밀알을 끓여서 익히면 마이판이 완성된다. 나도 예전에 먹어본 적이 있는데, 식감은 딱딱하고 아무 맛도 없이 싱겁기만 했다. 게다가 소화가 잘되지 않으니 송나라에서는 배고픔을 참기 위해 먹었을 것이다.
　　내가 생각하기에 송나라 사람들은 괘화마이판을 먹었을 리 없다. 당시에는 중국 괘화만 있었지 서양 괘화는 없었기 때문이다. 앞에서 말했듯이 중국 괘화는 먹을 수 없다.

제4장

육류와 해산물

肉食與海鮮

양을 바라보며
탄식할 뿐

『수호지』 제38회에는 송강宋江과 대종戴宗, 그리고 '흑선풍黑旋風' 이규李逵가 강주江州 비파정琵琶亭에서 함께 술을 마시는 장면이 나온다. 이규가 배고파하자 송강이 술집 주인에게 말한다. "이 사람이 배가 고픈가보오. 어서 가서 큼직하게 고기 두어 근 썰어 내오시오. 셈은 나중에 하리다." 술집 주인이 말했다. "저흰 양고기만 팔지 소고기는 없습니다. 양고기라면 좋은 게 얼마든지 있습니다." 이 말을 듣자마자 이규는 마시고 있던 생선탕 사발을 주인에게 냅다 집어던졌다. 대종이 놀라 물었다. "또 왜 그러나?" 이규가 화가 머리끝까지 올라 말했다. "이런 무례한 놈을 어찌 두고 보란 말입니까. 우리가 소고기만 먹을 것처럼 생겼는지 양고기는 팔지 않겠다는 것 아니겠소!"

예전에는 이 단락을 읽으면서도 왜 이규가 술집 주인에게 그렇게 화를 냈는지 이해하지 못했다. 나중에 송나라 음식 문화에 대해 연구하고 나서야 그 이유를 알 수 있었다. 이규가 화를 낸 것은 송나라 때 소고기와 양고기의 위상과 밀접한 관계가 있다. 송나라 때 소고기는 가격이 저렴하고 선호도도 낮아 고급 연회에는 자주 오르지 못하고 평민 계층이 즐겨 먹던 음식에 머물러 있었다. 이에 반해 양고기는 매우 비싼 데다 황실의 연회나 귀족 잔치에 자주 등장하는 상류 사회의 음식이라고 할 수 있었다. 따라서 이규는 술집 주인이 양고기만 판다고 하자 자신들을 무시한 것이라 생각해 자존심이 상한 나머지 생선탕 사발을 던졌던 것이다.

그렇지만 사실 이규가 평소에 먹던 것은 양고기가 아니라 소고기이다. 『수호지』에 '흑선풍'이 강주 비파정 술판에서 호기롭게 양고기 3근을 시키는 장면이 나오긴 하지만 이외의 다른 장면에서는 전부 소고기만 먹었다는 것을 알 수 있다.

'완씨삼웅阮氏三雄'[1]과 '반명삼랑拼命三郎'[2] 등 양산박의 다른 영웅호한들도 평소에는 소고기를 먹었다. 감히 양을 잡아 손님을 대접할 수 있었던 인물은 시진柴進 같은 거부의 아들이나 대지주 조개晁蓋 정도 되어야 가능한 일이었다.

양고기는 왜 비쌌을까? 그것은 송나라 국경 및 국방 정책과

---

[1] 완소이, 완소오, 완소칠.
[2] 천혜성 석수.

관련이 있다. 송나라 영토는 매우 작아서 관할구역 안에 양을 키울 만한 큰 지역이 없었다(양이 나는 지역은 주로 서하西夏 관할 아니면 거란이나 여진, 몽골의 관할구역이었다). 물론 강남이나 중원에서 양을 키울 수 있기는 했다. 하지만 송나라 때는 말이 부족했기 때문에 조정에서는 농민들에게 할당량을 주어 말을 키우게 했다. 이러니 누가 양을 키울 생각이나 했겠는가? 따라서 송나라 식탁에 오르는 양고기는 수입산이 대부분이었고, 수입육이니 비싼 것은 당연한 일이었다.

그렇다면 송나라 때 양고기는 얼마나 비쌌을까? 송 고종 소흥 말년에 "양고기 한 근에 구백"(『이견정지夷堅丁志·삼아진三鴉鎭』 참조)이라는 말이 있었다. 양고기 1근에 900문이라는 말이다. 당시 현위縣尉가 받는 월급이 7,700문(『송사·봉록제상俸祿制上』 참조) 정도였다고 하니, 한 달 월급으로 양고기 10근도 사기 힘들었던 것이다.

물건은 희소하면 귀해진다. 양고기가 비쌌던 것은 송나라 때 양이 귀했기 때문이다. 북송 중엽 조정에서는 매년 40만 관을 지불하고 거란에서 양을 사왔다. 일부는 궁에 진상되고 나머지 대부분은 시장에서 비싼 값에 팔려나갔다. 송 태종 때는 서하에서 새끼 양을 사와 하북에서 방목했다. 그러나 결과적으로는 양들이 "백성들의 논밭에 침입하여 농사를 방해하는 바람에 많은 지역에서 피해가 발생했다". 손익계산을 해보면 양을 직접 키우는 것보다 수입해 들여오는 것이 훨씬 수지타산이 맞았다. 그렇지만 송 신종 때에는 소규모로 목양을 하기도 했다. 매년 3,000마리 정도만 키워서 황궁에 요리용으로 진상하거나 신하에게 내리는 하사품으로 사용했다. 백성들은 양을 그저 바라만 볼 뿐 맛보지 못해 탄식할 뿐이었다(望羊興歎).[3]

여러분들은 궁금해할 것이다. 소와 양 모두 풀을 뜯어 먹는 동물인데 어째서 송나라 때 양은 부족하고 소는 부족하지 않았을까? 이유는 매우 간단하다. 양은 밭을 갈 수 없지만 소는 밭을 갈 수 있으므로 백성들이 소를 기르는 것을 선호했기 때문이다. 송나라에서는 소를 자급자족할 수 있었기 때문에 소고기가 양고기에 비해 훨씬 저렴할 수밖에 없었다.

이런 질문도 나올 수 있다. 송나라에서는 경작용 소의 도살과 소고기 밀매를 엄금했기 때문에 비록 소가 모자라지 않았다 해도 소고기의 공급은 부족했을 것이다. 그렇다면 소고기가 양고기보다 더 비싸야 하는 것 아닐까? 이것은 일부 사람들이 양산박

---

3 『장자莊子·추수秋水』의 '望洋……而嘆'에서 유래한 '망양흥탄望洋興嘆'이라는 성어를 변형한 말이다. 원래는 '위대한 사물 앞에서 자신의 보잘것없음을 한탄한다'는 뜻인데, 여기서는 '洋'을 '羊'으로 바꾸어 '그림의 떡'이라는 의미로 사용하고 있다.

의 영웅호한들이 소고기를 즐겨 먹은 게 관아의 금령을 의도적으로 무시하기 위해서였다고 생각하는 것과 마찬가지로 주관적인 견해에 불과하다.

송나라 조정은 분명 경작용 소의 도살과 소고기 밀매를 금지했다. 그러나 상식적으로 생각해보면 규정과 현실이 부합하는 경우는 많지 않다.『송회요집고』와『송대조령집宋大詔令集』의 기록에 따르면 북송과 남송의 300여 년 동안 조정에서는 적어도 50여 차례의 성지聖旨를 반포해 소의 도살을 금지했다. 만약 성지가 정말로 효력이 있었다면 한 번이면 족했을 텐데 어째서 50여 차례나 똑같은 금지령을 내렸겠는가? 사실 송나라 조정에서는 민간의 소 도살을 통제하지 못했다. 따라서 중급 식당과 서민 식당에서 소고기 요리는 계속해서 만들어졌을 뿐만 아니라 가격 또한 상대적으로 저렴했던 것이다.

황정견이
롼양을 먹는 법

남송과 서하, 여진, 몽골이 병립해 있을 때 군사력으로는 남송이 가장 약했다. 그렇지만 미식 문화로 따지자면 분명 남송이 가장 화려했을 것이다. 서하 음식은 단조롭고, 몽골 부락은 여전히 날 것을 먹었으며, 여진족은 조리라고 할 만한 것이 전혀 없었기 때문이다.

남송의 주휘周煇가 금나라로 출장을 갔다. 회하淮河(당시 송나라와 금나라는 회하를 경계로 나누어져 있었다)를 건너자마자 그는 기뻐서 어쩔 줄을 몰랐다. 남송의 시장에서는 양 위장이나 콩팥, 피, 허파는 흔히 찾아볼 수 있었지만 양 한 마리를 통째로 파는 경우는 드물었다. 그런데 금에서는 살찐 양이 무게가 100근 이상이나 나가는데도 가격까지 쌌다. 주휘는 양 몇 마리를 사왔다. 그는 양을 먹고 싶어 안달이 났지만 문제는 솥이나 사발, 국자 등 조리 기구가 없다는 것이었다. 저녁이 되었고, 그는 금나라 국영 초대소(역관)에 여장을 풀었다. 만찬은 매우 풍성해서 양고기가 큰 대야에 한가득 담겨 나왔다. 주휘는 여진족과 마찬가지로 젓가락을 사용하지 않고 손으로 고기를 들고 뜯었다. 그러나 고기가 입에 들어가자마자 그는 '퉤! 퉤! 퉤!' 하며 바로 뱉어냈다. 양고기 누린내가 너무 심했기 때문이다.

이치대로라면 양고기가 누린 것을 탓하면 안 된다. 양고기는 원래 누린내가 나기 때문에 누린내가 싫다면 돼지고기를 먹으면 된다. 어떤 경우 누린내는 신선함을 상징하는 것이기도 하다. 냄새를 맡으면 누린내가 나지만 먹어보면 신선하다. 물론 진짜 누린 것도 있다. 비리고 퀴퀴한 것이 냄새도 역하고 먹을 수도 없다. 주휘가 먹었던 양고기는 아마 이런 경우였을 것이다. 비리고 퀴퀴한 냄새에 고기는 질겨서 씹히지도 않았다.(『청파잡지淸波雜誌·설식경說食經』 참조) 그는 뒤편에 있는 주방에 가보고 나서야 이유를 알았다. 그것은 금나라의 양고기가 좋지 않아서가 아니라 여진족 사람들이 조리법을 몰랐기 때문이다. 양고기를 삶는 방법이 다른 나라에서 갈비를 삶는 것과 비슷해서 30% 정도만 익혔던 것이다.

남송의 홍호도 금나라에 간 적이 있다. 그는 도착하자마자 금나라의 목양 규모를 보고 매우 놀랐다. 1만여 마리의 양이 한 무리를 이루어 100리에 퍼져 하늘과 땅을 뒤덮고 있으니 시야에 오로지 양뿐이었다. 나중에 그는 금나라 사람들의 어리석음에 다시 한 번 놀랐다. "도살한 양에서 오로지 고기만 먹고"(『송막기문속松漠紀聞續』 참조) 질 좋은 내장은 전부 버렸기 때문이다.

앞서 여러 차례 말했듯 송나라에는 양이 부족했다. 따라서 양을 가공한 다른 음식들도 많은 사람들의 환영을 받았다. 양은 버릴 것이 하나도 없다. 송나라 사람들은 여진족이 먹지 않는 양 내장을 가공해 미식으로 탄생시켰고, 새로운 조리법들을 개발해 냈다.

송나라에서만 맛볼 수 있는 음식 가운데 '롼양軟羊'이라는 것이 있었다. '롼양'은 어떤 음식일까? 깨끗하게 손질한 양 한 마리에 각종 조미료를 뿌린 후 솥에 넣고 약한 불로 오랜 시간 푹 삶는다. 잘 삶아진 고기를 다시 살이 흐물흐물해질 때까지 찌면 비린내나 누린내가 전혀 나지 않는다. 이 음식을 맛본 황정견은 "젓가락이 아니라 숟가락으로 먹어야 한다"는 유명한 말을 남겼다. 젓가락이 아니라 숟가락으로 퍼서 먹어야 할 정도라니, 그의 말을 떠올릴 때마다 입안에 침이 고인다.

황용의 칼솜씨

『사조영웅전』에 황용黃蓉이 두부 찜을 만드는 장면이 나온다. 먼저 훠투이火腿(중국식 햄)를 길게 반으로 잘라 동그란 구멍 24개를 낸다. 그 구멍에 두부 볼[4] 24개를 만들어 채워 넣은 뒤 남은 훠투이 반쪽으로 잘 덮고 묶어서 찜통에 넣는다. 햄의 향미가 두부에 배어들 때까지 찐 후 꺼내어 훠투이는 제거하고 두부 볼만 먹는다.

　나는 황용의 요리 솜씨에 크게 감탄해, 책에 나온 대로 두부 볼을 만들어 쪄봤다. 결과는 실패였다. 우선 훠투이가 너무 딱딱했다. 칼로 썰리지도 않는데 어떻게 구멍을 낸다는 말인가? 다음으로 두부는 너무 연했다. 큐브나 원추 형태로 만들 수는 있지만 동그란 모양으로는 만드는 것은 불가능했다. 그러던 중 기상천외한 방법이 떠올랐다. 우선 전기 드릴로 훠투이에 구멍을 판다. 두부는 냉동실에 넣어 얼린 다음 큐브 모양으로 잘라 구식 세탁기

---

[4]　여기서 말하는 두부 볼은 요즘 마트에서 살 수 있는 단단한 두부 볼이 아니라 연두부를 경단 모양으로 만든 것이다.

에 넣어 돌린다. 이렇게 해서 드디어 수십 개의 두부 볼을 얻을 수 있었다(비록 각각의 크기는 달랐지만). 모양은 생각한 대로 잘 나왔지만 문제는 아무도 먹지 않으려 했다는 것이다. 전기 드릴과 세탁기를 사용해 만든 두부 볼을 누가 먹으려 하겠는가?

나는 훠투이에 구멍을 낼 수는 있어도 식칼로 두부 볼을 만드는 것은 사람의 솜씨로 할 수 있는 일이 아니라고 생각했다. 그러나 그것은 틀린 생각이었다. 왜냐하면 송나라 궁정 요리사 가운데 두부를 경단 모양으로 깎는 재주를 갖고 있는 사람이 있었기 때문이다. 그의 이름은 전해지지 않지만, 그는 송 인종에게 올리는 '자오두이焦䭔'라는 음식을 책임지고 있었다고 한다. 자오두이는 일종의 튀김이다. 밀가루 반죽에 설탕이나 자오니棗泥(대추으깬 것)로 소를 넣어 한 알 한 알 경단 모양으로 빚은 후 기름에 넣고 튀긴다. 다 튀겨진 것을 대나무 꼬챙이에 꽂으면 음식이 완성되는데, 모양이 탕후루糖葫蘆[5]와 비슷하다. 하루는 인종이 '떠우푸두이豆腐䭔'가 먹고 싶다고 했다. 떠우푸두이는 자오두이와 비슷하지만 밀가루 반죽 대신 두부를 사용한다. 두부는 손으로 만지면 부서지는데 어떻게 소를 넣으라는 말인가? 게다가 작은 경단으로 만드는 것이 가능할까? 요리사는 먼저 두부를 작은 큐브

— 5 산사자山查子나 각종 과일을 꼬챙이에 꿰어 설탕물, 엿 등을 발라 굳힌 것으로 베이징의 대표 간식이다. 삥탕후루冰糖葫蘆라고도 한다.

형태로 만들어 반으로 나눈 다음 동그란 구멍을 파서 소를 넣었다. 겉에 밀가루 반죽을 묻혀 나머지 반쪽을 합친 다음 모서리를 깎아 경단 모양으로 만들어 기름에 넣고 튀겼다. 내 생각에는 요리사의 칼솜씨가 황용보다 훨씬 뛰어났을 듯하다. 왜냐하면 두부를 경단 모양으로 만들었을 뿐만 아니라 아주 작은 두부 덩어리에 동그란 구멍까지 팠으니 말이다.

송나라 민간 요리사의 칼솜씨도 대단했다. 남송의 문인 증삼이曾三異가 쓴 『동화록同話錄·절예絶藝』에 회를 잘 뜨기로 유명한 산동 태안泰安의 요리사가 나온다. 그는 회를 뜨면서 칼솜씨도 자랑했다. 웃통을 벗고 바닥에 엎드린 조수의 등에 양고기 1근을 올려놓고 칼질을 하면 고기가 머리카락처럼 가늘게 썰렸다고 한다. 물론 조수의 몸에는 작은 상처 하나 나지 않았다.

이런 시범은 매우 위험하니 여러분은 절대 따라하지 말길! 따라했다가는 고기 1근에 사람 살이 더해져 2근이 될까 두렵다.

군자가 주방을 바꾸다

중국의 유명 셰프가 영국에 가서 학생들을 가르쳤다. 첫 번째 수업 내용은 닭 잡는 법이었다. 셰프가 한 손으로 닭의 목을 쥐고 칼을 한 번 휘두르자 목 잘린 닭이 피범벅이 된 채 그릇에 담겼다. 그런데 다시 보니 닭은 아직 숨이 끊어지지 않아 버둥거리고 있는 게 아닌가. 외국인들은 닭을 슈퍼마켓에서만 사봤지 직접 잡아본 적은 없으니 어디서 이런 광경을 봤겠는가? 닭 피가 마르기도 전에 절반의 학생은 놀라 기절했고, 기절하지 않은 나머지 학생들은 교장실로 몰려가 셰프를 고발했다.

외국 학생들은 처음 경험하는 일이라 모든 것이 충격이었을 것이다. 특히 중국 음식 문화에 대해 더욱 충격적으로 느꼈을 것이다. 중국인들은 고기를 먹을 때 '신선'함을 추구한다. 어떻게 먹는 것이 신선한 것인가? 산 것을 잡아 그 자리에서 바로 먹는 것이다. 식당에 생선요리를 먹으러 가도 수조에서 팔팔 뛰는 놈으로 한 마리 골라 비늘과 아가미를 제거하고 배를 가른 후 요리하는 것을 직접 눈으로 봐야 비로소 안심한다. 이렇게 식탁에 오르는 생선이야말로 가장 맛있다고 여긴다.

앞에서 본 외국인들의 반응은 그다지 놀라운 것이 아니다. 왜냐하면 그들은 산 것을 잡아먹는 데 익숙하지 않기 때문이다. 동물도 생명이라 사람들은 동물이 죽는 것을 차마 직접 보지 못하는 마음이 있다. 그러나 고기를 먹지 않고 살 수는 없으니 다른 사람을 시켜 죽이고 자신은 못 본 체한다. 이것은 맹자가 말한 "그 산 모습을 보고서는 그들의 죽는 꼴을 차마 보지 못하며, 그 죽는 소리를 듣고서는 그 고기를 차마 먹지 못하는 것이다. 그러므로 군자는 주방을 멀리한다"는 것과 일맥상통한다.

군자라면 자신이 주방을 멀리한다는 데 만족해서는 안 된다. 왜냐하면 자신이 직접 죽이지 않더라도 동물이 목숨을 잃는 것은 마찬가지이기 때문이다. 제대로 하려면 자신도 고기를 먹지 않고 다른 사람에게도 먹지 말라고 권해야 한다. 이렇게 할 수 없다면 차선책을 쓸 수밖에 없다. 고통을 최대한 줄이는 방법으로 동물을 죽이는 것이다. 이것을 일컬어 '군자가 주방을 바꾸다君子改庖廚'[6]라고 하는 것이다.

송나라 사람 가운데 진세숭陳世崇이라는 사람이 있었다. 그는

---

[6] 이 말은 『맹자孟子·양혜왕상梁惠王上』에 나오는 "군자는 푸줏간과 주방을 멀리한다君子遠庖廚"는 말을 약간 바꾼 것이다.

닭을 잡을 때 다른 닭들이 그 모습을 절대 보지 못하게 한 후 한 마리씩 도축했다. 닭도 사람처럼 동족이 죽는 것을 보면 참기 힘들어하며 분노하는데 그때 분비되는 독소가 육질에 영향을 미친다. 진세숭이 현대 영양학이나 독소 분비에 대해 알지는 못했을 것이다. 그러나 그는 "자기 마음에서 돌이켜 찾아 차마 해서는 안 되는 까닭을 스스로 터득"[7]했으니 동물의 마음을 체득할 수 있었던 것이다.

진세숭은 요리사를 고용할 때 칼솜씨를 중시했다. 여기서 말하는 칼솜씨는 원스떠우푸文思豆腐(문사두부)[8]를 만들 때 두부를 머리카락처럼 가늘게 써는 섬세한 칼질이 아니라 살아 있는 것을 바로 잡아, 요리할 때 가벼운 칼질 한 번으로 순식간에 동물의 지각을 빼앗아버리는 능력을 말한다. 한번은 그가 친구 집에 초대받아 간 적이 있다. 그 집의 주방장이 사슴 요리를 하고 있었는데 살아 있는 사슴 다리에서 살 한 점을 떠서 굽고 다시 살 한 점 떠서 굽고를 반복했다. 이를 본 진세숭은 크게 노하여 친구에게 당장 그 주방장을 해고하라고 요구했다.

---

7 『논어·양화편陽貨篇』에 나온다.

8 장쑤성江蘇省의 대표 요리로 두부를 부드러운 실처럼 가늘게 채 썰어, 죽순, 배추 등과 함께 육수에 넣고 끓인 탕이다. 청나라 때 양저우揚州에 살던 문사 文思 스님이 고안했다 하여 이런 이름이 붙었다.

비계가 더 맛있다

양산박의 영웅호한들은 기름진 고기(비계 많은 고기)를 좋아한 것 같다.

구문룡九紋龍 사진史進이 소화산少華山의 산채 두목 세 명에게 선물을 보내기 위해 "기름진 양 세 마리를 골라 삶았다"는 말이 나온다.

완씨삼웅이 작은 주점에서 지다성智多星 오용吳用을 초대해 식사를 대접했다. 그들은 주인에게 어떤 안주가 있는지 물었다. 주인이 말했다. "갓 잡은 황소 한 마리가 있는데 육질이 끝내줘서 화까오花糕(중국 전통 꽃떡)처럼 아주 기름집니다." "아주 기름지다"는 말을 듣자마자 세 사람은 흥분을 감추지 못하고 바로 주문했다. "큼지막한 덩어리로 열 근!"

오월의 왕 전숙이 송나라에 귀순했다. 송 태조 조광윤이 그를 환영하기 위해 숙수熟手에게 음식 준비를 명했다. 숙수는 두말 않고 먼저 기름진 양 한 마리를 잡았다. 앞서 말했듯이 송나라 변경은 협소해서 양을 칠 수 있는 곳이 많지 않았다. 따라서 양고기는 대부분 수입한 것이었고, 송나라에서 양고기는 매우 진귀한 것이었다. 태조는 양고기로 귀빈을 대접하려 했는데 왜 하필 살코기가 아닌 비계 많은 것이었을까?

송나라 사람들은 비계 많은 고기가 살코기보다 훨씬 귀하다고 여겼기 때문이다.

명청대 사람들의 생각 또한 비슷했다. 원말 명초에 조선 사람들의 중국어 학습 교재로 쓰였던 『박통사朴通事』에 식재료 구매에 관한 대화가 나온다. "형제들이 잘 상의해보았습니다. 우리 서른 명이 각각 100전씩을 내면 모두 3,000전이 되니 사용하는 데 부족함이 없을 것입니다. 장삼張三을 시켜 양을 사오도록 하지요. 기름진 양으로 20마리, 어미양은 말고 모두 숫양으로 말입니다. 또 기름진 소 한 마리도 사오게 하지요." 양이건 소건 기름진 것이어야지 기름지지 않으면 사지 말라는 이야기다.

청나라 때 쓰인 유명한 세정소설世情小說 『유림외사儒林外史』에 손님을 초대하는 장면이 나올 때마다 빠지지 않는 음식이 있다. 바로 기름진 고기다. 호삼공자胡三公子라는 이가 오리구이를 샀는데 "오리가 기름지지 않을까봐 귀이개로 가슴살을 찔러본 다음에야 경란강景蘭江을 시켜 가격 흥정을 하게 했다".

『예기禮記』에서는 손님을 접대하는 법도를 이렇게 설명한다.

"겨울에는 배를 오른편으로 향하게 하고 여름에는 등을 오른편으로 향하게 한다." 겨울에는 생선 뱃살에 기름이 제일 많고 여름에는 생선 등 부분에 기름이 가장 많으니 겨울에는 생선의 배를, 여름에는 생선의 등을 손님에게 향하게 하여 가장 기름진 부분을 손님이 먹을 수 있도록 해야 한다는 의미이다. 이처럼 과거에는 기름진 고기가 아주 큰 가치를 갖고 있었다는 것을 알 수 있다. 그렇지 않았다면 손님에게 대접하지 않았을 것이다. 송나라 사람들도 예외가 아니어서 귀빈을 대접하기 위해 고기 요리를 준비할 때는 "기름지지 않을까봐 항상 걱정"했다고 한다.

옛 사람들이 이처럼 기름진 고기를 중시한 것은 다이어트를 몰랐기 때문이 아니다. 대부분의 사람들은 풍족한 생활을 누리지 못했기 때문에 다이어트의 필요성을 느끼지 못했다. 기름진 고기는 살코기보다 훨씬 더 포만감을 준다. 열량 면에서 보더라도 기름진 고기 1근이 살코기 1근보다 배고픔을 이기는 데 훨씬 도움이 된다. 따라서 옛 사람들은 기름진 고기를 좋아할 수밖에 없었다. 식탁 위에 기름진 고기를 올리는 것은 손님에 대한 최고의 대접이요, 행복한 생활의 상징이었다.

수이징콰이

『동경몽화록』을 보면 어떤 사람이 매년 음력 섣달에 북송의 개봉 좌판에서 '수이징콰이水晶膾'를 팔았다는 구절이 나온다.

『무림구사』에도 매년 춘절 때 남송 항주의 좌판에서 '수이징콰이'를 팔았다는 말이 나온다.

수이징콰이는 아주 맑고 투명한 요리이다. 만드는 것이 그다지 복잡하지는 않지만 시간이 많이 든다. 우선 돼지 껍데기 한 덩어리를 뜨거운 물이 담긴 솥에 넣고 끓인다. 껍데기가 투명해지면 건져올려 털과 돼지기름을 제거한 후 길쭉하게 썰어 그릇에 담는다. 그리고 그릇에 찬물을 가득 붓고 소쿠리에 올려 한 시간가량 찐 다음 불을 끈다. 이즈음 대부분의 돼지 껍데기는 증발하는데, 증발하고 남은 찌꺼기는 건져서 버리고 남아 있는 불순물(고기 부스러기 등)은 깨끗하게 걸러준다. 그런 다음 적당히 맑고 적당히 탁한 남은 육수를 다시 냄비에 붓고 약한 불로 은근하게 끓여준다. 끓이는 중간중간 표면의 기름과 불순물을 제거해준다.

이렇게 30분 정도 끓인 다음 불을 끄고 촘촘한 거름망에 부어 걸러주면 아주 맑은 육수만 남는다. 이 육수를 자기 대접에 부은 뒤 자연 냉각시킨다. 반나절 정도 지나면 육수가 단단해져 젤리 형태[9]가 되는데, 오랫동안 돼지 껍데기를 끓여서 얻은 젤리는 콜라겐과 물의 혼합물에 다름 아니다.

젤리와 비슷한 이 정도의 것을 수이징콰이라고 부르는 것은 아니다. 수이징콰이를 만들려면 또 다른 가공 과정을 거쳐야 한다. 젤리를 생선회처럼 얇게 떠서 소금과 식초, 겨자와 산초유로 정성껏 양념한다. 젤리를 너무 두껍게 썰면 투명하지도 않고, 맛을 내기도 쉽지 않다. 그렇다고 너무 얇게 썰면 쉽게 부서져서 집어 먹기가 어려우니 식감을 해치거나 모양을 만드는 데 영향을 미칠 수 있다. 그렇다면 어느 정도 두께가 적당할까? 주변 온도와 젤리의 수분 함량에 따라 다르다. 기온이 낮을수록 얇게 썰고 수분 함량이 많을수록 두껍게 썰어야 한다. 만약 조리 경험이 많고 칼솜씨가 좋아서 썰어낸 두께가 적당하고 크기가 균일하다면 마치 수정 조각들이 접시 위에 놓여 있는 것처럼 보일 것이다. 그렇다면 수이징콰이는 성공한 셈이다.

송나라 사람들은 수이징콰이를 만드는 데 일가견이 있었다.

---
[9] 중국에서는 일반적으로 '피둥皮凍'이라고 부르며, 묵 또는 편육과 비슷한 식감을 가지고 있다.

돼지 껍데기뿐만 아니라 돼지 족발이나 닭 껍질, 생선 껍질로도 수이징콰이를 만들었다. 게다가 지방 비율까지 조절해 젤리의 투명도까지 조절할 수 있었다. 완전히 투명하게 만들려면 지방을 전부 제거한 후 고깃국 속의 불순물을 여러 차례 걸러준다. 반투명한 효과를 내려면 지방을 조금 남겨두면 되는데, 지방이 많을수록 수이징콰이는 우윳빛에 가까워진다.

그러나 송나라에는 냉장고가 없었기 때문에 수이징콰이가 아무리 보기 좋아도 온도가 올라가면 녹아버릴 수밖에 없었다. 따라서 수이징콰이는 추운 계절에 만들어 먹었다. 이것이 바로 북송 개봉과 남송 항주에서 음력 섣달 무렵부터 수이징콰이를 팔았던 이유일 것이다.

가짜 물건, 가짜 고기

우리 집에는 고기를 구울 수 있는 바비큐 설비가 있다.

인터넷에서 구입한 것으로 보통은 양러우촨羊肉串(양꼬치)을 구울 때 사용한다. 나는 보통은 무슬림 친구가 운영하는 고깃간에서 신선한 양고기를 구입해 먹는데, 깨끗하게 손질해서 깍둑깍둑 썬 고기를 꼬치에 꿰어 숯불 위에 올려 굽는다. 굽는 중간중간 소금과 쯔란孜然[10]을 뿌려주는데 양 기름이 숯불 위에 한 방울씩 떨어져 '피식피식' 소리를 내면 양고기 냄새가 10리 밖까지 퍼져나간다. 발코니에 앉아 양꼬치에 맥주 한잔을 곁들이면 죽어도 여한이 없을 정도이다.

야시장에 가면 도처에 꼬치구이 노점이니 가서 몇 개 사먹는 게 낫지 않느냐고? 직접 구워먹는 것도 나름의 재미가 있다.

---

10 커민cumin이라고도 불리는 미나릿과 식물의 씨앗이다. 강한 향이 나는 향신료로 고대 로마 시대에도 고기에 뿌려 먹었다. 양고기의 잡내를 잡는 데 필수적이며 양꼬치에 뿌려 먹는다.

그렇지만 무엇보다 중요한 것은 길거리에서 파는 양고기는 양고기가 아니라 오리고기라는 점이다. 하지만 양꼬치 노점에서 파는 것이 전부 오리고기라는 말은 아니다. 내가 사는 곳 주변이 그렇다는 것이다. 거기서 유행하는 말이 있다. "오리고기를 양 오줌에 하룻밤 정도 담가두면 양고기 맛이 난다." 사실 거기서 사용하는 것은 양 오줌이 아니라(상식적으로 생각해보면 양 오줌을 모으는 것이 돈이 더 많이 든다. 양 오줌은 매우 귀하기 때문이다) 양러우징羊肉精[11]이나 연육제軟肉劑다. 양러우징과 연육제는 모두 불법 식품첨가제로 많이 먹으면 암을 유발한다.

현재 양고기는 매우 비싸고, 소고기도 싸지 않다. 악덕 상인들은 돈을 벌기 위해 가짜 고기를 대량으로 유통시킨다. 양꼬치가 아니라도 훠궈火鍋(중국식 샤브샤브) 식당에 가서 소고기 완자와 양고기를 시키면 십중팔구는 가짜 고기를 먹게 될 것이다. 오리고기에 양러우징을 섞으면 양고기로 변한다. 돼지고기에 쇠고기 추출물[12]을 섞어도 소고기가 된다. 더욱 놀라운 것은 돼지고기를 잘게 찢은 다음 다시 이어 붙여 화학 첨가제를 섞기만 하면 어떤 고기든지 만들어낼 수 있다는 점이다. 당연히 이 고기를 많

— 11　양고기 맛을 내는 백색 분말 형태의 화학조미료 혼합물.

　　12　지방을 제거한 신선한 소고기에 뜨거운 물을 부어 몇 시간 끓인 후 냉각 여과하여 농축시킨 것으로 황갈색의 고형물이다.

이 먹으면 암을 유발한다.

　이런 이야기를 들으면 세태를 한탄하며 인심이 예전 같지 않다고 여길 것이다. 그러나 인심은 '늘' 그러했다. 루쉰이 베이징에서 시안으로 갈 때 기차역에서 허예지荷叶鷄[13]를 샀다. 그런데 연잎을 벗겨보니 안에 든 것은 진흙 덩어리였다. 루쉰은 중국 역사 속에서 '흘인吃人'[14]이라는 두 글자를 읽어냈지만 그보다 '가짜 상품假貨'이라는 말을 읽어냈어야 하지 않을까?

　송나라는 문화가 흥성했던 시대로 미식 또한 넘쳐났으니 관심이 가지 않을 수 없다. 『무림구사』를 보자. "물건을 팔 때 가짜를 진짜로 둔갑시키기 일쑤다. 종이를 옷감으로 속이고, 동이나 구리를 금은으로 속이며, 토목을 향약香藥(향이 나는 약재)이라 속인다." 업종을 가리지 않고 가짜 상품이 만연했다. 『계신잡지』에도 이런 말이 나온다. "오늘날 판매되는 사슴 육포는 대부분 죽은 말고기로 만든 것이다." 진秦나라 때 지록위마指鹿爲馬[15]의 고사

13　장쑤성의 전통 음식으로 신선한 닭고기를 마늘, 파, 생강, 고추 등과 함께 연잎으로 싸서 뜨거운 물에 넣어 익힌 음식이다.

14　루쉰은 〈광인일기〉에서 중국 사회를 아이를 잡아먹는 '식인[吃人]'의 사회로 규정하고 '공맹의 도'로 대표되는 중국 전통 예교禮教가 사실은 '사람이 사람을 잡아먹는 도[吃人之道]'라며 신랄하게 비판했다.

15　"사슴을 가리켜 말이라 한다"는 의미로 윗사람을 농락하여 권세를 휘두르는 경우에 쓰인다. 『사기 · 진시황본기秦始皇本紀』에 나온다.

가 송나라 때에는 악덕 상인으로 인해 지마위록이 되었던 것이다.

남송 때 어떤 태수가 가짜 약을 판 약방 주인을 잡아들여 곤장 60대를 치고 이런 판결문을 남겼다. "가짜 음식은 맛이 좀 없다 뿐이지 피해가 그리 크지 않다. 그러나 가짜 약은 병을 낫게 하지도 못할 뿐만 아니라 자칫하다가는 사람의 목숨을 빼앗으니 그 해가 엄청나다!" 태수의 말은 틀리지 않다. 왜냐하면 당시의 가짜 고기에는 불법 첨가제가 들어 있지 않았기 때문에 속으면 그만일 뿐, 많이 먹는다 해도 암에 걸릴 확률은 없었기 때문이다.

식당에 가면 자주 볼 수 있는 안내문이 있다. "본 식당에서 판매하는 음식 외에는 외부에서 가져온 술이나 음료, 음식을 드실 수 없습니다." 그러나 송나라 음식점에서는 이런 안내문을 찾아볼 수 없었다. 송나라 식당에서는 손님이 술이나 음료, 음식물을 가져오는 것을 금지하지 않았기 때문이다. 물론 그 식당에서도 무언가는 팔아줘야 한다. 아무것도 주문하지 않고 자리만 차지하고 있는 것은 예의가 아니다.

동경 변량에 있는 큰 주점들 또한 '외부 음식'을 허용했으며, 행상들도 아무렇지 않게 식당 안으로 들어와 손님들에게 각종 간식을 팔 수 있었다. 물론 식당 주인도 그들을 내쫓지 않았다.

『동경몽화록』에 꼬치 메뉴가 열거되어 있다. 모두 행상들이 술집 안에서 판매하던 것으로 쯔지炙雞(구운 닭), 위야燠鴨(오리찜),

장샤薑蝦(새우 생강 볶음), 주셰酒蟹(술에 담근 게), 짱바獐耙(노루 육포), 루푸鹿脯(사슴 육포) 등의 육류와 워쥐萵苣(상추), 징순京筍(아스파라거스), 라차이(갓) 등의 채소류, 리탸오梨條(길게 잘라 말린 배), 리러우梨肉(설탕에 절인 배), 스가오柿膏(홍시 소), 자오자오膠棗(찐 대추), 자오취엔棗圈(말린 대추) 등의 미젠까지 들어 있다.

이 음식들 가운데 나는 짱바와 루푸에 관심이 간다. 그 이유는 첫째 노루고기와 사슴고기를 먹어본 적이 없기 때문이고, 둘째 북송의 시장에서 팔던 노루고기와 사슴고기는 대부분 가짜였다고 하니 얼마나 잘 만들었는지 궁금하기 때문이다.

짱바와 루푸는 원래 노루고기와 사슴고기를 말려서 만든다. 그러나 송나라 때 주밀이 쓴 『계신잡지』에 따르면, 그것들은 대부분 말고기로 만든 것이며 심지어 죽은 말고기를 사용한 것이 많아 결코 신선하지 않았다. 그렇다면 왜 죽은 말고기로 만들었을까? 송나라에는 말이 부족해서 조정에서 말의 도살을 금지했기 때문에 신선한 말고기를 구하기가 매우 어려웠다. 따라서 가짜 상품을 만드는 사람들은 늙어 죽은 말이나 병들어 죽은 말을 쓸 수밖에 없었다.

왕안석과 동시대 인물 중에 소송蘇頌이라는 사람이 있었다. 그에 따르면 동경 조문曹門 밖에 두 갈래 길이 있는데, 한쪽은 전문적으로 떠우츠豆豉를 파는 골목이고 다른 한쪽은 전문적으로 죽은 말을 매입하는 골목이었다고 한다. 그곳에서는 죽은 말을 싼 값에 사들인 후 가죽을 벗기고 고기를 큰 덩어리로 썰어 진흙 속에 묻어둔다. 하루 이틀 정도 지나 고기를 파내는데 외관은 신선해 보이지만 썩은 냄새가 너무 강해 아직 식재료로 쓸 수는 없다. 악덕 상인들은 악취를 없애기 위해 죽은 말고기를 짠맛이 강한 떠우즈에 절여 푹 삶는다. 하루 정도 삶으면 썩은 말고기가 노루고기와 사슴고기로 바뀌는데 색깔이나 식감 모두 구별하기가 쉽지 않았다고 한다.

소송은 동경 변량에 살면서 죽은 말고기가 노루고기와 사슴고기로 둔갑하는 흑막을 조사한 적이 있었다. 동경 조문에서 말 매입 골목을 지나가다보면 "아침에는 악취로 가까이 갈 수 없지만 저녁에는 향기로운 냄새가 수백 보까지 퍼진다"(『승상위공담훈丞相魏公譚訓·잡사雜事』 참조)고 하였다. 아침에는 악덕 상인들이 죽은 말을 파내느라 악취가 하늘을 찌르지만 저녁이 되면 짱바와 루푸가 되어 팔려나간 썩은 말고기가 행상들의 꼬치 요리가 되어 식탁에 오르니 그 향기가 진동한다는 의미이다.

소동파가 좋아한 생선회

당나라 때의 간식 가운데 '난러우즈南樓子'라는 것이 있었다. 양고기 1근을 얇게 저며내어 뜨거운 물에 데쳐 핏물을 뺀다. 그리고 물기를 제거한 뒤 소금, 생강, 후추를 뿌리고 밀가루 피에 싸서 화로에 넣고 굽는다. 밀가루 피가 다 익으면 먹는데, 이 음식의 특징은 밀가루 피는 익었지만 안에 들어 있는 양고기는 날것이라는 점이다. 따라서 이 음식은 그냥 양고기 샤오빙이 아니라 생양고기 샤오빙이라고 해야 한다.

송나라에 오면서 난러우즈를 만드는 방법에 약간의 변화가 생긴다. 먼저 편으로 썬 양고기를 쪄서 익힌다. 그런 다음 밀가루 전병 사이에 고기를 넣어 다시 굽는다. 이렇게 익힌 양고기는 비로소 맛 좋고 건강한 음식이 된다. 이것으로 송나라 사람들이 당나라 사람보다 총명했거나 당나라 사람들이 송나라 사람보다 야만적이었다고 생각할 수 있다(날고기를 먹는 것이 당연히 야만적이다).

그러나 송나라에서도 날고기를 먹었다. 개봉 서쪽 교외에 금명지金明池라는 연못이 있었다. 연못 안에는 잉어들이 많아서 매년 봄이 되면 개봉 시민들이 도마와 칼, 조미료를 가지고 낚시하러 나왔다. 그들은 대어를 낚으면 비늘을 벗기고 내장을 발라낸 다음 머리와 꼬리를 자르고 껍질과 가시를 제거하고 살을 얇게 저며 실처럼 가늘게 썰어 레몬즙을 뿌린 후 낚시하는 틈틈이 식초에 찍어 먹었다. 이것이 '찐밍쥐콰이金明斫鱠'인데 동경 변량만의 특별한 볼거리였다. '콰이鱠'는 편으로 가늘게 썰어 생으로 먹는 생선을 말한다. 생선회는 오늘날 중국인들도 자주 먹는 음식이니 특별할 것이 없지만, 이 또한 장강 이남에서나 그렇지 비린 것을 싫어하는 내륙에서는 거의 먹지 않는다.

그러나 송나라 때에는 강남에서건 내륙에서건, 귀족이건 평민이건 거의 모든 사람들이 생선회를 즐겨 먹었다. 소동파는 몸 안에 허열虛熱이 생길 정도로 생선회를 좋아해서 심한 결막염을 얻었다. 주위에서 생선회를 먹지 말라고 권유했지만 그때마다 그는 화를 내며 이렇게 말했다. "생선회가 내 눈에 실례되는 일을 하긴 했지만 그렇다고 생선회를 먹지 않는다면 내 입에 실례가 될 것이다. 눈과 입 모두 내 몸의 일부일진대 어찌 편애할 수 있겠는가!" 전홍숙의 장인인 손승우孫承祐도 하루도 거르지 않고 생선회를 먹었다. 그는 송 태조를 따라 전쟁에 나갈 때에도 병사들을 시켜 나무 궤짝을 들고 갔다. 맑은 물이 가득 차 있는 궤짝 안에서는 활어들이 헤엄치고 있었다. 그는 식사 시간이 되면 그중에 한두 마리를 잡아 진영 안에서 생선회를 만들어 먹었다. 북송의 시인 매요신梅堯臣은 생선회 뜨는 실력이 일류인 여자 요리사를 고용하기까지 했는데, 개봉 관청에서 일하던 구양수歐陽脩[16]가 이 소식을 듣고 휴가 때마다 시장에서 생선 몇 마리를 사서 매요신의 집으로 가 생선회를 부탁했다고 한다.(『피서록화避暑錄話』 참조) 왕안석 변법 전후의 인물인 정위丁謂라는 고관도 생선회를 좋아했다. 그는 동경 변량에 있는 자신의 집 마당에 연못을 파고 물고기 수백 마리를 길렀다. 평소에는 나무판자로 연못을 덮어두었다가 손님이 오면 판자를 열고 물고기 몇 마리를 잡아 바로 회를 떠서 먹었다.(『소씨견문록邵氏聞見錄』 참조)

동경 변량은 현재의 허난 카이펑이다. 오늘날 카이펑 사람들은 낚시는 좋아하지만 생선회는 잘 먹지 않는다. 비린 것을 싫어하니 낚시하면서 바로 회를 떠 먹는다는 것은 상상할 수 없는 일이다. 나는 예전에 카이펑을 방문한 적이 있었는데 간 김에 그곳 사람들에게 생선회에 대한 생각을 물어보았더니, 대부분의 사람들이 고개를 절레절레 흔들며 '노NO'라고 대답했다. 심지어 어떤

---

16 1007-1072. 중국 송나라의 정치가 겸 문인. 당송팔대가 중의 한 명으로 송대 시문 복고운동을 집대성했다.

사람은 생선회라는 이름조차 들어보지 못했다고 했다. 왜냐하면 생선회를 파는 식당이 거의 없었기 때문이다.

송나라 때 개봉 사람들은 생선회를 즐겨 먹었는데 현재 카이펑 사람들은 왜 생선회를 좋아하지 않는 것일까? 두 가지 이유가 있다.

첫째, 북송이 멸망하고 개봉이 금나라의 수도가 되자 중원의 수많은 사람들이 남방으로 피난을 떠났다. 개봉을 지배했던 여진족, 거란족, 몽고족은 모두 북방 민족으로 생선회를 전혀 먹지 않았다. 따라서 개봉과 중원에서 즐겨먹던 생선회는 금나라 이후 자취를 감추게 되었다. 이에 반해 강절과 민광閩廣(푸젠과 광둥·광시) 지역에서는 생선회를 먹는 풍습이 계속 이어져 내려왔다. 그곳은 북송 멸망 후 중원 사람들이 이주해 정착한 곳이다.

둘째, 소수민족의 남방 이주 정책으로 인해 원나라 때 중국인의 식습관에 또 한 차례 변화의 바람이 불었다. 이로 인해 광동과 광서, 복건 일대를 제외하고 대부분 지역에서는 생선회를 먹는 문화가 사라졌다. 오늘날 그 지역 사람들은 생선을 찌거나 튀겨서 먹지 날것으로 먹는 경우는 거의 없다.

생선 외에 송나라 사람들이 날것으로 먹는 고기가 있었다. 바로 돼지고기이다. 생선과 마찬가지로 껍질과 뼈를 제거한 다음 얇게 썰어 가늘게 채를 친 후 끓는 물에 살짝 데친다. 그리고 바로 건져올려 찬물에 여러 차례 헹군 뒤 화초 소금[17]에 찍어 먹는다. 어떤 사람들은 취향이 독특해서 화초 소금이 아니라 벌꿀에 찍어먹기도 한다. 생돼지고기를 꿀에 찍어 먹으면 어떤 맛일까? 감히 시험해볼 엄두가 나지 않는다.

어느 해 겨울인가 시솽반나西雙版納에 갔다가 부랑족布朗族[18]의 '연저연年豬宴'[19]에 참가하는 행운을 얻은 적이 있다. 잔칫상에 차려진 음식 가운데 부랑족 사람들이 정신없이 먹던 것이 있었는데, 그것이 무엇인지 차마 그 자리에서는 물어보지 못했다. 그 요리는 '훙성紅生'으로 육회의 일종이다. 신선한 돼지등심에 돼지 피를 바르고 고추와 소금에 버무린다. 볶지도 않고 튀기지도 않고 찌지도 않고 끓이지도 않는 생돼지고기를 칼로 저며서 바로 먹으니 싱싱한 날것 그 자체라 할 수 있다. 이런 식습관은 아마도 당송 때부터 이어져왔을 것이다.

---

17 볶은 화초(제피·산초)와 소금을 다져 가루로 만든 양념.

18 중국 윈난성 서남부에 분포하는 소수민족.

19 새해를 맞이해서 돼지를 잡아 부족 사람들과 함께 나누어 먹는 소수민족의 풍습.

개고기, 먹을까 말까

 남송 개희開禧 2년, 원나라 군대가 양양襄陽을 공격하자 양양 지부 조순趙淳은 성을 굳게 지키며 원나라 군과 십여 차례 격전을 벌인다. 원나라 군은 20만 대군이었지만 조순의 병사는 채 만 명이 되지 않았다. 심지어 소설 속에서처럼 영웅 곽정도 없고 개방丐幫[20]이 돕지도 않으니 중과부적의 상황에서는 진지전이 아닌 유격전에 기댈 수밖에 없었다. 조순의 참모 조만년趙萬年의 회고에 따르면, 적들이 대포로 맹공을 퍼붓는 낮 동안은 성을 굳게 닫고 밖으로 나오지 않다가 밤이 되면 결사대가 원나라 군대의 병영을 기습해 군량미와 공성攻城 도구를 불태웠다고 한다.
 기습 초반에는 공격이 그다지 순조롭지 않았다. 왜냐하면 양양성 밖 도처에 들개가 서식하고 있었기 때문이다. "성 밖에 천여 마리에 이르는 들개가 백여 무리를 이루고 도사리고 있어, 송

— 20　거지 조직. 『사조영웅전』에 주인공 곽정이 개방과 함께 원나라 군대에 맞서 싸우는 장면이 나온다.

나라 군이 포로영을 야습할라치면 한꺼번에 짖으니 수문병들이 경비를 더욱 삼엄하게 지켰다."(『양양수성록襄陽守城錄』 참조) 들개들이 의도치 않게 적군의 초병이 되어준 셈이다. 상황을 보고받은 조순은 성안의 백성들로 타구대打狗隊를 조직해 들개를 잡아오도록 했다. "열흘 동안 대부분의 개를 잡아들이니 병사들은 고기를 먹어 좋고 유격대는 적군에 발각되지 않아 큰 성과를 거둘 수 있었다." 들개를 없앤 후 원나라 군을 기습하니 초전박살, 속전속결이었고, 병사들도 1,000여 마리의 개고기로 푸짐하게 배를 채울 수 있었으니 일거양득이었다.

그렇지만 이런 이야기는 애견인이라면 참고 듣기 힘들 것이다. 개는 인류의 좋은 벗인데 어떻게 먹을 수 있다는 말인가? 그렇지만 이렇게 생각해보자. 첫째, 당시 전투가 급박해 사람 목숨도 보전하기 힘들 때라 개 목숨까지 생각할 여유가 없었다. 둘째, 들개는 적군을 돕는 셈이었다. 셋째, 개고기를 먹지 않는 것이 문명적 행위일 수는 있지만, 개고기를 먹는 것이 반드시 야만적이라고 할 수는 없다. 시대와 지역이 다르면 음식 문화도 다를 수밖에 없다.

사실 송나라 사람들은 개고기를 그다지 좋아하지 않았다(양양의 병사들이 개고기를 먹은 것은 식량이 부족했기 때문이다). 개고기를 좋아하지 않는 송나라 사람은 두 부류로 나뉘었다. 하나는 소동파처럼 애견인을 자처하는 사람들로 "사람들이 개고기 먹는 것도 참을 수 없는데 하물며 죽이는 것을 참을 수 있겠는가!"(『소식문집蘇軾文集·서주살구기徐州殺狗記』 참조)라고 말했다. 개를 사랑하기 때문에 개고기를 먹을 수 없다는 것이다. 다른 부류는 대다수의 사대부들로, 그들이 개고기를 먹지 않았던 것은 개를 사랑해서가 아니라 개고기는 질이 낮은 고기라 하층민들만 먹는 것이라고 생각했기 때문이다. "고급 연회에는 개고기를 올리지 않는다"는 민간 속담은 바로 그들의 입에서 나온 것이다.

깐랴오부터
깐첸까지

주나라 천자의 식단에 있었다고 알려진 여덟 가지 산해진미의 이름이 오래전부터 강호에 전해진다. 중국 음식사에서 '팔진八珍'이라고 불리는 이 여덟 가지 미식은 춘아오淳熬, 춘무淳母, 파오툰炮豚, 파오짱炮牂, 다오쩐搗珍, 쯔漬, 아오熬, 깐랴오肝膋이다.

『예기·내칙內則』에 팔진에 대한 자세한 설명이 나온다. '춘아오'는 다진 고기를 지져서 익힌 후 밥 위에 얹어 먹는 덮밥이다. '춘무'는 춘아오 같은 다진 고기 덮밥으로, 쌀밥이 아닌 조밥을 쓴다. '파오툰'과 '파오짱'은 각각 새끼 돼지와 새끼 양을 구운 다음 3일 동안 푹 고아 만든다. '다오쩐'은 소고기나 양고기, 돼지고기, 사슴고기의 등심을 여러 장 겹쳐놓고 방망이로 두드린 다음 삶아 익힌 것이다. '쯔'는 얇게 썬 신선한 쇠고기에 좋은 술을 부어 살균한 후 고기 페이스트를 바르고 쏸메이탕酸梅湯[21]을 뿌린

---
  21 매실이나 계화, 얼음 설탕 등으로 만들어 주로 여름철에 마시는 중국의 전통 청량음료.

것이다. '아오'는 연육 망치로 두드려 연하게 만든 신선한 쇠고기 힘줄을 소금, 생강가루, 계피에 버무려 건조시킨 것이다.

팔진 가운데 먼저 일곱 가지를 설명했다. 마지막으로 '깐랴오'를 살펴보자.

깐랴오는 개와 관계가 있다. 이 음식을 만들기 위해서는 개의 두 부위가 필요하다. 하나는 간이고, 다른 하나는 창자 밖에 붙어 있는 지방이다.『예기』에 이렇게 쓰여 있다. "개의 간 하나를 내장 지방 막에 싸서 굽는다. 다 익으면 그대로 먹는다." 개의 간을 뱃가죽 안의 지방에 싼 뒤 밀가루 반죽이나 쌀가루 반죽을 묻혀 불에 구우면, 주나라 천자가 즐겨 먹던 깐랴오가 완성된다.

절대로 천자가 야만적이라고 말하면 안 된다. 오늘날에도 개의 간과 창자의 지방으로 요리해 먹는 사람들이 있기 때문이다. 나는 작년에 한국을 여행하면서 여러 차례 개 간 볶음과 개고기 말이를 먹은 적이 있다. 앞의 음식은 개의 간으로, 뒤의 음식은 창자의 지방으로 만든 것인데, 이 두 가지 음식을 합치면 바로 팔진 가운데 하나인 깐랴오가 된다.

깐랴오의 '랴오膋'는 내장을 두르고 있는 지방막을 의미한다. 이 글자는 송나라 이후로는 쓰이지 않았기 때문에 생소하게 느끼는 사람도 많을 것이다. 송나라에서는 창자의 지방으로 말아서 만든 음식을 '첸籤'이라고 불렀다. 예를 들면 닭고기로 만든 비계말이는 지첸雞籤, 오리고기로 만든 비계말이는 야첸鴨籤, 천엽으로 만든 비계말이는 뚜셴첸肚胘籤이라고 했다. 따라서 깐랴오는 송나라 때 틀림없이 '깐첸肝籤'으로 불렸을 것이다. 그러나 송나라 사람들은 닭과 양, 돼지의 간으로만 깐첸을 만들었지 더는 개의 간을 사용하지 않았다. '첸'을 만들 때에도 돼지 내장의 지방만 썼지 절대 개 내장의 지방을 사용하지 않았다. 송나라 사람들(특히 상류사회)은 개고기를 좋은 음식으로 생각하지 않았으므로 개 간과 개 내장의 지방은 말할 필요도 없다. 굉장히 천한 음식으로 여겼을 뿐만 아니라 심지어는 먹을 수 없는 것으로 생각했다.

사람을 놀래 죽게 만든
광동 요리

소순은 50여 년 이상을 살았고, 소식蘇軾은 60여 년 이상을 살았으며, 소철蘇轍은 70세를 훌쩍 넘겨 살았다.[22] 고대의 기준으로 보자면 이 삼부자는 장수를 누린 셈이다. 하지만 소씨 집안 여성들은 그렇지 못했다.

소순에게는 팔랑八娘이라는 아명의 딸이 있었는데 17세에 죽었다. 소철에게는 완랑宛娘이라는 아명의 딸이 있었는데 11세에 요절했다. 소동파의 본처 왕불王弗은 26세에 병으로 죽었고, 조운朝雲이라는 첩 또한 30세를 넘기지 못했다.

송나라 여성은 남성보다 운명이 기구한 경우가 많았다. 송나라 때의 문집을 보면 죽은 여인을 애도하며 쓴 작품이 대단히 많다. 그 여인들의 사인은 세 가지로 요약될 수 있다. 첫째 난산, 둘

— 22 소동파로 알려져 있는 소식은 부친 소순, 동생 소철과 더불어 삼소三蘇로 불린다. 삼부자가 모두 당송팔대가에 속할 정도로 송대 문학사에 지대한 영향을 미쳤다.

째 병사, 셋째 가혹한 학대로 인한 자살이다. 팔랑은 시댁의 학대를 견디다 못해 자살했고, 완랑과 왕불은 병으로 죽었다. 조운의 죽음은 매우 특이한데, 그녀는 놀라서 죽었다.

그녀는 무엇에 놀란 것일까? 귀신일까? 강시일까? 모두 아니다. 답은 광동 요리다. 주욱朱彧이 쓴 『평주가담萍洲可談』에 이런 이야기가 실려 있다. "광남廣南 사람들은 뱀을 즐겨 먹어 시장에 뱀탕을 파는 곳이 있었다. 소동파가 혜주惠州에서 귀양살이할 때 조운이 사람을 시켜 음식을 사다 먹은 적이 있다. 그녀는 해산물인 줄 알고 먹었는데 나중에 알고 보니 뱀이었다. 놀란 조운은 몇 개월을 앓다 결국은 저세상 사람이 되었다." 소동파는 뱀탕을 좋아했고, 조운은 처음에는 해물탕인 줄 알고 맛있게 따라 먹었는데 다 먹고 나서야 비로소 뱀이라는 것을 알게 된 것이다. 조운은 깜짝 놀라 토했고, 이것이 병의 발단이 된 것이다.

광동 사람이 뱀, 특히 푹 곤 뱀탕을 즐겨 먹는 것은 오랜 역사를 갖고 있다. 송나라 때 장사정이 쓴 『괄이지·권유잡록』에 이런 이야기가 나온다. "영남嶺南 사람들은 뱀을 즐겨 먹는데 그 이름을 마오산茅鱓(풀밭의 장어)이라 바꿔 부른다. 쥐도 즐겨 먹는데 그 이름을 자루家鹿(집에서 기르는 사슴)로 바꿔 부른다." 『평주가담』에는 이런 구절도 나온다. "파리, 풀벌레, 지렁이를 잡아 죽통에 넣어 익힌 다음 대나무를 쪼개고 먹는다." 광동 사람들은 지렁이마저 식재료로 쓴 것이다.

『사조영웅전』 제20회에는 곽정과 황용의 스승이자 미식가인 홍칠공洪七公이 세상에서 가장 맛없는 음식이 지렁이라고 말하는 대목이 나온다. 그는 언젠가 지렁이를 날것으로 먹은 적이 있었는데 차마 삼킬 수 없었다고 말한다. 홍칠공은 북쪽의 거지로 광동에 가본 적이 없다. 가봤다면 지렁이를 죽통에 넣어 구워 먹는 방법을 알았을 테니 날것으로 먹는 것보다는 훨씬 먹을 만했을 것이다.

사실 조리법만 괜찮으면 지렁이도 먹을 수 있다. 나의 집사람이 산후조리 때 젖이 잘 나오지 않아 지렁이를 고아 먹인 적이 있다. 한약방에서 말린 지렁이를 사다 깨끗하게 데친 후 토종닭과 함께 푹 삶았는데 맛이 아주 좋았다. 그러나 나는 아직까지도 탕 속에 들어 있던 오징어 같은 것이 지렁이라고 이실직고하지 못했다. 집사람이 조운처럼 '놀라 죽을까봐' 걱정됐기 때문이다.

맹물에 삶는 것과 본연의 맛

생선 요리를 할 때 보통은 먼저 생선을 절여두는 경우가 많다. 생선 주둥이에 산초 몇 알을 채우고 아가미에는 후추 몇 알을 집어넣는다. 뱃속에는 레몬 반쪽을 넣고 등에는 칼집을 내어 소금과 맛술을 뿌려 체로 덮어둔다. 이렇게 한두 시간 지난 후 굽거나 튀기거나 찌거나 끓이면 맛이 일품이다. 생선을 절이는 것은 비린내를 없애고 맛이 잘 배어나게 하기 위해서다. 만약 절이는 과정 없이 바로 냄비에 넣고 찌면 별맛이 느껴지지 않을 것이다. 특히 북방 지역 저수지에서 잡은 생선의 경우 절이지 않고 삶으면 맛이 배어나지 않을 뿐더러 대단히 비려서 먹기 힘들 것이다.

그러나 절이는 과정 없이 생선을 요리해 먹었던 사람도 있다.

송나라 사람 원경袁褧이 대표적인 예다. 원경은 원래 개봉 사람으로, 북송이 망하자 가족을 이끌고 강남의 항주로 이주했다. 항주는 임시 수도라서 사람들이 북적댔을 뿐만 아니라 방값이 비싸서 원경은 마땅한 집을 얻을 수 없었다. 할 수 없이 그는 가족을 데리고 교외의 깊은 산속으로 숨어들어 집을 짓고 땅을 개간하고 도연명과 같은 은거 생활을 시작했다. 그렇지만 경제력이 없다보니 생활은 매우 고달팠다. 원경의 고충은 두 가지였다. 첫째, 밤낮없이 농사일에 매달리다보니 이루 말할 수 없이 피곤했다. 둘째, 곡식과 채소는 직접 길러 먹을 수 있지만 소금은 시장에서 사야 하는데 그 가격이 비싸 일 년에 몇 번 먹을 기회가 없었다. 원경은 수렵에 능했지만 소금이 없으니 사냥감을 맹물에 끓여 먹을 수밖에 없었다.

맹물에 끓이는 것은 일반인들의 구미에 맞지 않는다. 그렇지만 인간의 적응력이란 대단해서 자주 먹다보면 습관이 되고 습관이 오래되면 중독이 된다. 한 예로, 공자는 주공周公이 창포菖蒲를 즐겨 먹었다는 이야기를 듣고 자신도 따라 먹어보았다. 처음에는 "목을 움츠리고 먹을" 정도로 힘들게 삼켰지만, 3년을 먹고 나니 먹는 것이 조금도 힘들지 않았고 오히려 중독될 정도였다. 원경도 맹물에 삶아 먹는 식습관에 익숙해져 소금 없이 먹는 생선에서도 풍미를 느낄 수 있었다. 잘근잘근 천천히 씹다보면 어느 순간 깨끗하고 조화로운 맛을 느낄 수 있다. 이런 맛은 세상 어떤 조미료로도 만들어낼 수 없다. 특히 마음을 내려놓을수록 그 맛은 더욱 또렷해져, 마치 온 세계를 적시는 물처럼 자연스럽고 원초적인 느낌을 받게 된다.

이것이 '본연의 맛'이다. 현대인들도 본연의 맛을 추구하지만 우리가 말하는 본연의 맛은 맹물에 삶아 나온 맛이 아니다. 둥베이東北 지방에는 맹물에 먹는 훠궈가 있고, 윈난과 꾸이저우貴州에는 맹물에 먹는 생선 훠궈가 있다. 물을 끓이기 전이나 후나 소금을 넣지 않는다. 대신 물에 데친 고기를 소금에 찍어 먹는다. 탕을 끓일 때 소금을 넣지 않지만 고기에 찍어 먹는 소금의 양이 결코 적지 않다. 사실 소금을 조금이라도 넣어야 음식 본연의 맛을 느낄 수 있지 전혀 넣지 않는다면 그 누구도 먹기 힘들 것이다.

생각해보니 나도 소금기가 전혀 없는 음식을 먹어본 경험이 있다. 일본 오사카의 난젠지南禪寺(남선사)라는 절에서 물두부 한 사발을 먹었는데 맑은 국 안에 두부 몇 조각이 둥둥 떠 있는 것이 전부였다. 두부 맛 외에는 어떤 맛도 나지 않았다. 음식 가격은 3,000엔이었는데 난젠지에 들르는 사람이라면 반드시 먹어야 하는 음식으로 알려져 있었다. 물두부에 아무것도 넣지 않은 것은 모든 탐욕을 버린 사람을 상징하는 것으로, 물두부를 먹으면서 두부 본연의 맛을 체험하는 동시에 생명의 '자성自性'도 체험하게 된다. 나는 그렇게 대단한 느낌을 받지는 못했다. 아마 음식을 먹는 사람들이 자신을 위해 만든 변명거리일 것이라는 생각이 들었다. 물두부 한 사발 때문에 멀리서 일부러 찾아왔는데 아무런 신비감도 맛보지 못했다면 돈이 아깝지 않겠는가.

게를 따라 거처를 정한 구양수

사마광의 서술에 따르면 송 인종은 어려서부터 게 요리를 좋아했다. 한 끼라도 게를 먹지 않으면 참지 못했고, 먹기 시작하면 멈출 줄을 몰랐다. 게를 너무 많이 먹은 나머지 결국 인종은 병을 얻어, 어지럼증과 사지마비, 기침과 가래, 그리고 만성 변비로 고생했다.

게는 좋은 음식이다. 하지만 성질이 차가워서 많이 먹으면 '풍담風痰'에 걸린다. 풍담은 무엇인가? 바로 인종이 얻은 병이다.

당시 인종은 아직 어려서 친정을 할 수 없었기 때문에 명목상의 어머니인 유태후劉太后가 수렴청정을 하고 있었다. 유태후는 어린 황제가 게를 너무 많이 먹어 건강을 해치는 것을 보고 엄명을 내렸다. "새우나 게 등 해산물을 궁 안에 들이지 말라!"(『속수기문』참조) 게뿐만 아니라 새우도 궁에 들일 수 없었다.

인종은 태감이나 궁녀들에게 태후 몰래 궁 밖에서 게를 한두 마리씩 들여오라고 은밀히 명했지만 유태후의 처벌이 무서워

감히 따르는 자가 없었다. 이에 인종은 게가 먹고 싶어 죽을 지경이었고, 어려서부터 인종을 직접 기른 유태후의 자매 양태후楊太后가 보다 못해 이렇게 말했다. "태후는 어째서 내 아들을 이처럼 못살게 구는가?" 유태후가 게를 먹지 못하게 한다면 자신이 먹여주겠다고 생각한 양태후는 비밀통로로 인종에게 게를 전해주어 "숨겨놓고 먹게 했다".

인종은 장성한 후 양태후의 은혜에는 감사했지만 유태후에게는 원한을 품었다. 왜 유태후에게 원한을 품었을까? 표면적으로는 유태후가 오랫동안 수렴청정을 하며 그를 허수아비로 만들었기 때문이지만, 실제로는 인종이 게를 먹지 못하도록 엄명을 내린 장본인이었기 때문이다.

구양수도 게를 매우 즐겨 먹었다. 퇴직하기 전 그는 큰아들 구양발歐陽發에게 이렇게 편지를 썼다. "안휘安徽 부양阜陽(당시에는 영주穎州라고 불렸다)의 돼지고기와 양고기는 분명 황성보다 부드럽지 않다. 그렇지만 부양의 서호西湖에서 나는 게는 황성의 시장에서 파는 게보다 훨씬 맛있고 저렴하단다. 그런 까닭에 부양에서 만년을 보내고 싶구나.(『구양수집歐陽修集』참조)" 그리고 실제로 구양수는 만년에 부양 서호 강변에 땅을 사서 집을 짓고 술과 게를 즐기면서 유유자적했다. 이는 또 다른 대문학가 소동파가 흠모해 마지않던 신선놀음이었다.

소동파도 게를 굉장히 좋아했다. 그는 〈식객의 노래老饕賦〉에서 자신이 좋아하는 미식 몇 가지를 소개했다.

> 새끼돼지의 부드러운 목살을 즐기고,
> 가을바람이 일고 서리가 얼기 전 살이 통통하게 오른 게의 집게발을 맛본다.
> 앵두를 냄비에 넣고 푹 달여 꿀을 만들고,
> 살구씨 엿을 끓여 맛좋은 과자를 만든다.
> 동죽조개는 반숙으로 술안주 삼고,
> 게는 술지게미에 담갔다가 살짝 날것으로 먹는다.
> 이처럼 진귀하고 맛있는 음식이 있어,
> 나 같은 식객 살맛이 나네.
>
> 嘗項上之一臠,
> 嚼霜前之兩螯.
> 爛櫻珠之煎蜜,
> 瀹杏酪之蒸羔.
> 蛤半熟而含酒,
> 蟹微生而帶糟.
> 蓋聚物之天美,
> 以養吾之老饕.

시에는 모두 여섯 가지 요리가 나오는데 그 가운데 두 가지가 게와 관련이 있다.

그러나 뭐니 뭐니 해도 게 요리를 가장 좋아했던 송나라 사람은 구양수도, 소동파도 아닌 항주의 관원 전곤錢昆이었다. 그는 오월의 왕 전유의 후예로 송대 문학사에서 그다지 명성은 높지 않지만 그의 말 한마디는 역사에 길이 남아 있다. 그는 진사가 되어 이부에 발탁된 후 황제로부터 어느 지방의 수령이 되고 싶은지 질문을 받고, 이렇게 대답했다. "게는 있되 통판通判은 없는 곳이라면 어디든 상관없습니다."(『함순임안지』 참조)

현재로 치면 통판은 부시장급이지만 권력은 부시장보다 훨씬 크다. 시장이 명령을 하거나 어떤 안건에 대해 판결을 내릴 때는 반드시 통판의 서명을 받아야 했기 때문에 전곤은 통판의 간섭을 받지 않는 지방의 장관이 되고자 했던 것이다. 그렇지만 이것 말고 또 다른 조건이 있었는데, 그것은 임지에 반드시 게가 있어야 한다는 것이었다. 게를 너무 좋아해서 게가 없는 곳에서는 살 수 없었기 때문이다.

유명 인사나 관리가 아니더라도 송나라 백성들은 게 요리를 매우 좋아했다. 남송의 홍매가 엮은 『이견지夷堅志』에는 게와 관련된 몇 가지 에피소드가 나온다.

절강 호주湖州에 사씨 성을 가진 의원이 있었는데 그의 모친이 "게를 무척 좋아해" 매년 게가 시장에 나오면 하루에 십여 마리씩 사와 항아리에 넣어두고 제일 먼저 기어 나오는 놈들을 잡아 요리해 먹었다. 노부인이 평생 동안 먹은 게를 쌓아올린다면 아마 어마어마한 계산이 되었을 것이다.

강서江西 홍주洪州에도 "게 요리를 좋아하는" 노부인이 있었는데, 특히 게를 "술지게미에 담가 취하게 해서 먹는 것을 좋아했다".

강서 곤산昆山의 심씨 성을 가진 화가도 게 요리를 좋아했는데, 그의 게찜은 일품이었다. 그림을 그려서는 생계를 유지할 수 없었기에 그는 그림 그리는 틈틈이 게찜을 만들어 팔아 돈을 벌었다.

맹원로의 『동경몽화록』에 개봉의 샤오츠가 소개되어 있다. 당시 가장 큰 주점 앞에 매일 아침마다 게를 파는 행상이 장사진을 이루었는데, 게 철에는 활게를 팔았지만 다른 계절에는 술지게미에 담근 게를 팔았다.

주밀이 쓴 『무림구사』에는 항주의 먹자골목이 묘사되어 있다. 게를 파는 가게가 너무 많아서 게의 유통이나 경매·판매 등을 관리하는 상인 단체까지 만들어졌다고 한다.

그렇지만 송나라에도 게 요리를 먹기는커녕 구경조차 못해 본 사람들도 있었다. 심괄沈括이 쓴 『몽계필담夢溪筆談』에 이런 이야기가 나온다. 산서陝西의 강에는 게가 살지 않기 때문에 이 지역 사람들 대부분이 평생토록 게를 보지 못했다. 산서의 돈 많은 부호가 어떻게 해서 게 한 마리를 손에 넣었다. 그렇지만 감히 먹을 엄두가 나지 않아 장식품 삼아 줄곧 벽에 걸어두었다. 벽에 걸려 있는 말라비틀어진 게를 본 사람들은 이를 요괴라 여겨 놀라 도망치는 경우가 부지기수였다. 하지만 시간이 어느 정도 흐르자 게가 악귀를 내쫓는 영험한 능력을 갖고 있다고 생각해, 어느 집 아이가 경기를 일으키면 게를 빌려가서 문 앞에 걸어두고 아이의 병이 낫길 기원했다.

오늘날 가장 일반적인 게 조리법은 아무것도 넣지 않고 찌는 것이다. 하지만 송나라 때에는 그렇게 게를 먹는 사람이 거의 없었다. 보통사람이라면 생각지도 못할 기발한 조리법으로 게를 요리해 먹었다.

첫째는 기름에 튀기는 것이다. 『동경몽화록』에는 동경 변량 거리에서 '게 튀김'(『동경몽화록·음식과자飮食果子』 참조)을 팔았다는 대목이 나온다. 만드는 법은 다음과 같다. 먼저 게를 깨끗하게 씻어 모래를 제거한 후 날카로운 발톱을 잘라낸다. 내장을 바른 후 사등분하여 밀가루를 뿌리고 기름 냄비에 넣어 노릇하게 튀긴다. 잘 튀겨진 게를 건져올려 기름을 뺀 후 된장에 찍어 껍질째 먹는다. 그러나 이렇게 먹으면 게 본연의 맛은 전부 사라지니 그야말로 좋은 재료를 망치는 격이다.

두 번째는 물에 삶는 것이다. 『사림광기事林廣記 · 음찬류飮饌類』에는 북송 때 중원의 식당에서 '게살죽'을 만들어 팔았다는 기록이 있다. 게를 깨끗이 씻어 사등분한 다음 맹물에 넣고 게가 붉은색을 띨 때까지 삶는다. 다 삶아지면 소금과 초를 뿌려 간하여 탕은 마시고 게살은 발라먹는다.

세 번째는 날것으로 절이는 것이다. 상상이 잘 안 되겠지만 송나라 때에는 게 회무침을 만들어 먹는 것이 대단히 유행해서 황제의 연회에도 오를 정도였다. 게를 익히지 않고 날것으로 먹는 것은 놀라운 일로 만드는 법은 다음과 같다. 게를 깨끗이 씻은 후 칼로 잘게 자른다. 게알, 게 지방, 게 집게발, 게살까지 어느 하나 빼지 않고 걸쭉해질 때까지 칼로 다진다. 잘 다져진 게살과 껍질을 양푼에 담아 소금, 초, 산초, 회향, 레몬즙, 다진 마늘 등으로 양념한 다음 그대로 먹는다. 남송 포강의 여자 요리사인 오씨가 쓴『오씨중궤록』에서는 이처럼 신선하고 '엄청난 요리'를 '셰성蟹生(해생)'이라 지칭하고 있다. 송나라 강남의 미식가 부굉傅肱도『해보蟹譜』에서 이 음식을 '시셔우셰洗手蟹(세수해)'라고 지칭했다. 찌지도 튀기지도 않아 조리 시간이 매우 짧기 때문에 손님이 손을 다 씻는 동안 만들어 바로 먹을 수 있다고 해서 그런 이름이 붙은 것이다. 그러나 이렇게 만든 게가 정말 맛있을까? 나는 맛볼 엄두가 나지 않는다.

송나라 때 진정으로 게 맛을 알았던 소수의 미식가들은 '셰냥청蟹釀橙'과 '셰황떠우즈蟹黃兜子'를 만들 줄 알았다.

셰냥청은 게찜에 가까운 요리이지만 찌는 방법이 특이하다. 오렌지에 구멍을 하나 뚫는다. 그런 다음 게살이나 작은 게를 구멍에 집어넣어 채반에 올려 찐다. 오렌지 향이 신선함을 더하고 오렌지 즙이 비린내를 없애준다. 또한 오렌지 껍질이 게살의 육즙이 빠져나가는 것을 막아주니 일거양득, 아니 일거삼득이다.

셰냥청은 송나라 때 '청웡橙甕'이라고 불렸다. 오렌지 가운데에 구멍을 뚫은 모양이 입구가 작고 배가 불룩한 항아리와 비슷해 보여 붙여진 이름이다. 전해지는 이야기에 따르면 송나라에서 가장 뛰어난 요리사는 청웡을 만들 때 게 한 마리를 전부 사용하지 않았고 게알이나 게 지방도 쓰지 않았다고 한다. 다른 부위는 모두 버리고 소량만 얻을 수 있는 게의 두 집게발 살만 사용했다고 하니(그들은 집게발 살이 게에서 가장 맛있는 부분이라고 오해하고 있었다)(『옥식비玉食批』 참조) 이런 낭비가 어디 있겠는가!

셰황떠우즈는 게알과 기름진 돼지고기로 소를 만든 미식 빠오즈로, 오늘날 양저우의 식당에서 자주 볼 수 있는 셰황탕빠오蟹黃湯包와 비슷하다. 다만 셰황탕빠오가 밀가루로 피를 만든 데 반해 송나라 때의 셰황떠우즈는 두부로 피를 만들었다.(『거가필용사류전집』 참조) 여기서의 두부는 유부를 말한다(따라서 절대로 두부

피와 혼동해서는 안 된다). 유부는 밀가루 피보다 훨씬 얇아서 유부로 샤오마이(입구가 터져 있는 투구 형태의 떠우즈보다 샤오마이에 가깝다)를 만들면 안에 든 게알과 돼지고기가 그대로 바깥으로 비쳐 보이므로 식욕을 자극하기에 충분하다.

　송나라 때에도 당연히 셰황탕빠오가 있었다. 증민행曾敏行이 쓴 『독성잡지獨醒雜誌』에 따르면 북송의 간신 채경蔡京이 재상으로 있을 때 집으로 만조백관을 초대해 식사를 대접했는데, 이때 '셰황만터우' 한 접시씩을 돌렸다고 한다. 송나라 때 만터우라면 오늘날의 빠오즈를 말하니 셰황만터우는 셰황탕빠오일 가능성이 크다.

생명이 있는 것은 마음대로 죽이지 말라

송나라 때 남방 사람들은 매우 게을렀다. 시정의 부녀자들은 일도 안 하고 밥도 안 했을 뿐만 아니라, 아침은 아침 시장에서 사먹고, 점심은 거르고, 저녁은 야시장에서 해결했다고 한다. 아무리 배고파도 손가락을 물고 있을지언정 꼼짝하지 않았다고 한다. 남자들도 다르지 않았다. 그물을 던질 힘조차 쓰기 싫어 물고기를 잡으러 갈 때면 어망 대신 독약 한 병만 가져갔다. 독약을 물에 풀고 조금 기다리면 크고 작은 물고기들이 배를 뒤집고 물 위로 떠오른다. 그러면 장대로 건져내어 한 소쿠리 가득 채워서는 집으로 돌아왔다. 다음 날 아침, 전날 잡은 생선을 시장에 내다 판 후 다시 하루 종일 빈둥거린다.

여자들이 밥을 짓지 않는 것은 자기 혼자만 배고프면 끝나는 일이지만, 남자들이 독약을 풀어 물고기를 잡는 것은 다른 사람에게 피해를 주는 일이다. 이런 상황을 보다 못해 송 휘종은 교지를 내려 독약을 써서 물고기 잡는 것을 엄격하게 금지시켰

다.(『송회요집고·형법刑法』 참조)

첫째는 독약이 상수원을 오염시킬까봐 염려해서였고, 둘째는 독에 오염된 물고기에 사람이 다칠까봐 걱정되어서였다. 또한 살아 있는 것을 마음대로 죽여서는 안 된다는 방생물절方生勿折의 신념도 큰 영향을 미쳤다.

'방생물절'은 아직 다 자라지 않은 동물이나 익지 않은 열매는 수렵하거나 채집해서는 안 되며 가져다 먹어서도 안 된다는 도교 사상이다. 이를 지키지 않을 경우 하늘의 벌을 받아 수명과 복이 줄어든다. 우매한 백성들이 독약을 써서 물고기를 잡으면 다 자란 물고기뿐만 아니라 치어까지 목숨을 잃게 되니 '방생물절'의 원칙에 어긋나는 것이다.

소동파도 도교를 믿었다(동시에 불교도 믿었다). 그가 태어난 사천은 도교가 번성했던 곳으로 조부인 소서蘇序는 일찍이 장생불사를 위해 도사에게 연단술을 배우기도 했다. 소동파의 소학小學 선생이었던 장이간張易簡은 미산眉山의 도사였으며, 그의 절친한 친구였던 소학 동기 진태초陳太初는 벼슬길을 뒤로하고 도사가 되었다. 그는 관리가 된 후 동생 소철과 계속해서 서신 왕래를 했는데 편지의 대부분이 호흡법이나 신선 되는 법 등에 관한 내용이었다. 그는 또 황주黃州에 유배되어 있을 때 그곳의 도교 사원에서 방을 빌려 수련한 적이 있다. 그는 49일 동안 외부와의 접촉을 일체 끊고 여자와 고기, 술을 멀리하며 현묘하고 심오한 초자연적 세계를 체험하고자 했다. 이처럼 소동파는 진심으로 도교를 믿었으며, '방생물절'의 신념도 이러한 종교적 실천을 통해 얻은 것이라고 할 수 있다.

송나라 고급 연회에는 새끼 양 찜이 자주 올라왔다. 소동파는 이 요리가 천리天理를 위배한 것이라고 생각하여 절대 입에 대지 않았다(그러나 새끼 양 찜의 훌륭한 맛에 대해 노래하기도 했다). 송나라 사대부는 현대인과 마찬가지로 찻잎으로 부드러운 어린 잎을 선호했는데, 소동파는 이 또한 천리를 위배하는 것이라고 여겼다. 따라서 그는 다 자란 찻잎으로 만든 전차磚茶(벽돌 모양으로 굳힌 차)를 애용했다. 황정견의 외삼촌 이상李常은 부화 직전의 병아리 요리를 좋아했다(위동 지역에서는 '마오딴지毛蛋雞'라고 부른다).[23] 소동파는 참다못해 그와 절교를 결심한 적도 있다.

엄격히 말하자면 송 휘종과 소동파가 '방생물절'의 원칙을 견지한 것은 생태 보호 의식이 뛰어났기 때문이 아니라 윤회보응의 양생 관념에 사로잡혀 있었기 때문이다. 그렇다고 해도 이런 사상은 생태계에 좋은 영향을 미쳤다. 사람들이 물고기를 잡

---

[23] '마오지딴毛雞蛋', '마오딴毛蛋'이라고도 불리며, 오늘날 중국의 거리에서도 간혹 볼 수 있다. 프라이팬에서 익힌 달걀 껍데기를 깨면 털이 난 병아리가 들어 있는데 그대로 전부 먹는다. 대표적 혐오식품 중 하나이다.

을 때 지나치게 촘촘한 그물을 쓰지 않도록 함으로써 치어까지 남획하는 일을 어느 정도 막을 수 있었기 때문이다.

포어지사

옛날 진시황이 시찰 도중 급사하자, 따르던 신하들은 이를 비밀에 붙이고 부고를 내지 않았다. 평소와 다름없이 시황제의 마차 앞에서 조회를 하고 지시를 받고 저녁에는 보고를 하는 시늉을 하며 함양咸陽으로의 환궁을 재촉했다. 날은 무덥고 길은 먼데 냉장고도 없었으니 진시황의 시체는 빠르게 부패되어 마차에서 참을 수 없는 악취가 뿜어져나왔다. 신하들은 고심 끝에 진시황의 마차 뒤에 빠오위鮑魚를 가득 실은 수레 한 대를 뒤따르게 해 냄새를 속이기로 했다. 사람들이 악취를 맡더라도 그것이 황제의 마차가 아니라 빠오위를 실은 수레에서 나는 것으로 여기도록 하기 위해서였다. 결과는 대성공이었다.

이에 관한 이야기가 『사기』에 실려 있다. 나는 과거에 이 구절을 읽으면서 신하들의 지능에 문제가 있는 것이 아닌지 의심했었다. 빠오위는 매우 비싸고 귀한 재료인데 어디서 악취가 난다는 말인가? 진상을 숨기기 위해서라면 진시황의 마차 뒤에 분뇨 수레를 하나 이어 붙이면 그만인 것을. 나중에 다른 책을 통해 『사기』에서 말하는 빠오위가 현대인들이 말하는 귀한 전복이 아니라 소금에 절인 악취 나는 생선이라는 것을 알게 되었다. 『사기』뿐만이 아니라 『사서四書』, 『한서漢書』, 『삼국지三國志』, 『신당서新唐書』, 『구당서舊唐書』, 『오대사五代史』와 『송사』 등 원대 이전의 모든 책에 나오는 빠오위는 전부 소금에 절인 악취 나는 생선을 말한다. 따라서 '포어지사鮑魚之肆'라는 사자성어는 전복 파는 가게가 아니라 생선 썩는 냄새 진동하는 어물전이라는 뜻이다.[24]

만약 송나라의 문헌에 '빠오위'라는 글자가 나온다면 그것은 절인 생선을 의미한다. '빠오鮑'라고 한 글자만 썼다면 그것은 굴을 말한다. 굴은 송나라 때 '빠오'라고 불렸다. 송나라에는 '디수빠오뤄滴酥鮑螺'라는 굉장히 아기자기한 간식이 있었다. 크림을 점점이 짜내거나 나선형으로 장식해 굴이나 소라 형태로 만든 것이다.

그렇다고 송나라 때 전복이 없었던 것은 아니다. 다만 송나라 문헌에서는 전복을 '푸위鰒魚'라고 썼다. 『소식문집』에 실린 소식이 친구 등달도滕達道에게 보낸 편지에는 이런 구절이 있다. "푸위 삼백 마리, 흑금 바둑돌 한 벌, 달인 천마 한 첩, 모두 토산

---

[24] 여기서 '소인이나 악인들이 모이는 소굴'이라는 뜻도 파생되어 나왔다.

품이네." 즉 그가 전복 300마리와 그외의 귀한 토산품을 부쳐주었다는 말이다. 당시 소식은 산동 등주登州에 지부로 있었는데, 전복은 등주의 가장 유명한 특산품이었다.

소식의 절친한 친구 진사도陳師道는 시인이자 미식가로 차와 해산물에 대해 해박한 지식을 자랑했다. 그는 송나라에서 나는 것 가운데 네 가지를 뽑아 사절四絶이라 일컬었다. 홍주의 쌍정차雙井茶, 월주越州의 일주차日注茶, 명주明州의 강요주江珧柱,[25] 등주의 전복이다. 사절 가운데 등주의 전복은 가장 얻기 힘든 것이었다.(『후산담총後山談叢』 참조) 여기까지 읽고 보니 내 생각에 소식이 등주의 전복 300마리를 진사도에게 보내주는 것이 더 낫지 않았을까 하는 생각이 든다.

전복이 '푸위'라고 표기된 것은 꽤 오래전으로 한위漢魏시대에도 이렇게 썼다. 『한서 · 왕망전王莽傳』을 살펴보자. "밖으로는 장수들이 전쟁에서 패하고 안으로는 신하들이 반란을 일으키니 좌우로 믿을 만한 자가 없었다. (……) 왕망은 근심에 젖어 다른 음식은 먹지 못하고 술과 푸위만으로 끼니를 때웠다."

또 조식曹植[26]이 쓴 〈제부문祭父文〉을 보자. "선친께서 푸위를

---

25 조개관자.

26 192-232. 조조曹操의 아들로 총명하고 문재文才가 뛰어난 시인이었다.

좋아하셨으므로 서주徐州의 장패에게 편지를 보내 푸위 이백 마리를 보내라고 했다." 조식은 아버지가 생전에 전복을 즐겨 먹었던 것을 알고 있었기 때문에 산동의 관원을 시켜 전복 200마리를 조조의 영전에 바치게 한 것이다.

왕망과 조조는 모두 권력자들로 원하는 것은 무엇이든 먹을 수 있었다. 그렇지만 일반 백성들은 아무리 전복이 먹고 싶어도 쉽게 먹을 수 없었다. 전복은 매우 비쌌기 때문이다.『남사南史 · 저유지전褚裕之傳』에 이런 이야기가 나온다. 남북조 시기의 어떤 고관이 선물로 전복 30마리를 받았다. "식객 중 누군가가 계책을 내어 전복을 내다 팔았는데 십만 전이나 받았다." 30마리를 10만 전에 팔았다니 도대체 1마리에 얼마를 받은 것인가? 당시 가난한 백성들 절반의 재산을 합쳐도 2만 전이 채 되지 않았으니 전 재산을 다 팔아봤자 전복 몇 마리 살 수 없었던 것이다.

송나라 때는 전복이 그리 비싸지 않았다. 송나라 때는 전복 생산지가 비교적 많았기 때문이다. 수당 이전에는 오로지 산동에서만 전복이 생산되었지만, 송나라 때에는 광동, 절강, 복건 등지에서 모두 전복을 생산했다. 다만 산동의 전복에 비해 명성이 높지는 않았다. 송나라 때 전복이 상대적으로 저렴했던 또 다른 중요한 이유는 당시 '워뤄倭螺'라고 불리던 일본 전복이 수입되었기 때문이다. 북송의 동경 변량 사람들은 워뤄를 살 수 있었다. 오늘날 대형 마트에서 저렴하고 바로 먹을 수 있는 전복 통조림을 살 수 있는 것처럼 말이다.

이전 시대와 비교해볼 때 송나라 전복은 저렴했다. 그러나 다른 식재료와 비교해보면 여전히 전복은 고가의 식품에 속했다. 송나라 때 갈승중葛勝仲이라는 사람이 절강에서 벼슬을 하고 있을 때 산동에 있는 동료에게 전복을 맛보게 해달라고 사정한 적이 있다. 그는 〈전복을 청하다從人求鰒魚〉라는 제목의 굉장히 솔직한 시 한 편을 지어 보냈는데 처음 두 구절은 이러하다. "바닷가의 주거邾莒라는 나라는 물산이 풍부한데, 사람들이 말하길 그중에서도 전복이 가장 귀하다 하네." 송나라 때 양언령楊彦齡이라는 사람도 이렇게 말했다. "전복의 귀함은 조개관자를 능가한다. 말려서 먹을 수 없기 때문이다."(『양공필록楊公筆錄』 참조) 조개관자도 매우 진귀한 식품인데, 왜 전복이 더 귀하게 취급되었을까? 조개관자는 말려서 먹어야 맛을 제대로 느낄 수 있지만 전복은 신선하게 날것으로 먹을 때 맛이 가장 뛰어나다. 전복을 말리면 원래의 풍미가 사라지는데다 운반조차 쉽지 않으니 관자보다 훨씬 귀하게 여겨졌던 것이다. 양언령의 말에서 알 수 있듯이 송나라 사람들의 전복 가공 기술은 오늘날에 훨씬 못 미쳤을 것이다.

제5장

각종 식기

飮食器具

송나라 사람은
자기를 좋아하지 않았다

청말 민초, 광저우廣州에 송나라 자기瓷器를 좋아하는 수장가 쉬셔우바이許守白라는 사람이 있었다. 그는 이렇게 말했다. "중국은 자기 제조에서 천하제일이다. 그중에서도 특히 송나라 자기가 으뜸이다." 맞는 말이다. 송나라의 자기 제작 기술은 분명 최고 수준에 올라 있었으며, 따라서 송나라 자기는 골동품 시장에서 큰 환영을 받았다. 그러나 만약 여러분이 송나라 사람이고 손님을 초대해 식사를 대접하려 한다면 절대 자기를 내어놓아서는 안 된다. 특히 그것이 송나라 자기라면 두말할 필요도 없다.

현대인들은 송나라 자기를 보물로 여기지만 송나라 사람들은 거들떠보지도 않았다. 비단 송나라 자기만이 아니라 시대를 막론하고 자기라면 눈길 한번 주지 않았다. 송나라 수장가들도 서예 작품이나 옥기玉器, 종정鐘鼎, 청동기 등은 수집했지만 자기만은 예외였다. 어느 시대든 자기는 생활용품에 불과했으며 가격도 대체로 저렴했다.

송나라 때 자기가 얼마나 값어치가 없었는가는 출토된 문물을 보면 알 수 있다. 허베이에서 출토된 송나라 백유각화련판완白釉刻花蓮瓣碗의 바닥을 보면 가격이 '삼십문족맥三拾文足陌'이라고 쓰여 있다. 푸젠에서 출토된 송나라 갈유자과릉개완褐釉瓷瓜楞蓋碗은 뚜껑 아래에 가격이 '삼십 문'이라고 적혀 있다. 이 두 그릇을 지금 경매장에 내어놓는다면 아마 수십억 원을 호가하겠지만 송나라 때에는 30문에 불과했다. 송 진종眞宗 대중상부大中祥符 2년 (1009년) 가을 개봉의 물가를 기준으로 말하자면 30문은 밀 1말 정도의 가격이었다.(『서당집西塘集·개창조미開倉糶米』참조)

아마 자기가 이처럼 저렴했기 때문에 송나라 귀족과 부자들이 자기를 좋아하지 않았을 수도 있고, 반대로 귀족과 부자들이 자기를 좋아하지 않았기 때문에 송나라 때 자기가 저렴했을 수도 있다. 이유야 어쨌든 자기로 된 잔이나 공기, 접시, 쟁반 등 식기는 송나라 궁정에서 거의 찾아볼 수 없었으며, 그것은 고급 음식점에서도 마찬가지였다. 『동경몽화록』에 북송 시기 궁정에서 사용하던 식기들이 나오는데, 각양각색의 금은 식기가 주를 이루고 홍칠紅漆 나무 쟁반 정도가 가끔 끼여 있을 뿐 자기는 하나도 포함되어 있지 않다. 『이견지』에서도 남송의 중산층 가정에서 손님을 대접할 때 사용하는 주기酒器를 이렇게 소개하고 있다. "손에는 칠기 쟁반을 받쳐 들었는데 쟁반에는 과일과 음식이 가득

하다. 별도로 은으로 만든 잔에 술을 가득 채워두었다."개봉의 교량 아래 있던 왕가주루王家酒樓에서는 손님들을 등급에 따라 달리 접대했는데, 최상층의 손님에게는 금으로 만든 그릇에 음식을 내고, 그다음 등급의 손님에게는 은으로 만든 그릇에 음식을 내며, 그다음 등급 손님에게는 나무로 만든 쟁반에, 최하 등급의 손님에게는 백자 쟁반에 음식을 담아냈다.(『송원소설가화본집宋元小說家話本集』 참조)

귀족과 부자들이 자기를 거들떠보지도 않았다면 송나라 때 만든 자기는 누가 사갔을까? 우선 금은으로 만든 그릇이나 칠기를 살 수 없는 가난한 사람들이 샀을 것이고, 다음으로는 중국의 상황을 잘 모르는 외국에서 수입해갔을 것이다. 따라서 몇몇 큰 요窯(가마)는 걱정 없이 성업할 수 있었던 것이다.

파리 그릇은 보물

『아미타경阿彌陀經』에 불교의 칠보七寶가 소개되어 있는데 황금, 백은, 유리琉璃,[1] 파리玻璃,[2] 차거硨磲, 마노瑪瑙,[3] 적주赤珠가 바로 그것이다. '차거'는 흰색 산호, '적주'는 붉은색 진주를 말한다. 산호, 진주, 황금, 백은과 마노는 모두 귀한 것이지만 유리와 파리는 어떤 이유로 일곱 가지 보물에 포함된 것일까?

후대 사람이 불경에 단 주석을 보면 유리는 유리가 아니라 청옥靑玉이고, 파리 또한 파리가 아니라 수정水晶이다. 하지만 내 의견은 다르다. 구마라습鳩摩羅什[4]이 『아미타경』을 번역할 당시 중

---

1 유리瑠璃라고도 하며 색깔을 내는 유약을 바른 인조 수정을 원료로 고온에서 구워 만든 것이다. 영어로는 'colored glaze'라고 한다.

2 석영, 붕소, 붕산 등 여러 가지 무기 광물을 원료로 하여 다른 소량의 보조 원료를 섞어 만든 투명도 높은 물체. 영어로는 'glass'라고 하며 오늘날 우리가 '유리'라고 부르는 것이다.

3 단백석과 옥수, 석영이 섞인 광택을 지닌 보석의 하나. 원석이 모양이 말의 뇌수를 닮았다고 하여 '마노'라는 이름이 붙여졌다.

국은 남북조시대였다. 따라서 청옥, 묘안석貓眼石,[5] 수정 등의 광물은 생활 속에서 어렵지 않게 볼 수 있었으며, 당시 중국어에도 '청옥'과 '수정'이라는 단어가 있었다. 만약 서방 극락 세계의 칠보에 청옥과 수정이 포함된다면 불경 번역의 대가 구마라습이 왜 굳이 유리와 파리라고 썼겠는가?

산스크리스트어의 칠보 가운데 두 가지인 유리와 파리는 구마라습이 번역한 것이지만 그다지 정확한 번역은 아닌 듯하다. 그렇지만 당시 유리와 파리는 중국뿐만 아니라 동방 세계에서는 대단히 귀중한 물건으로, 황금이나 백은, 진주, 마노와 함께 충분히 칠보에 속할 만한 가치가 있었다. 남북조 이후 청나라 중엽까지도 유리와 파리는 중국에서 여전히 귀중한 보석으로 간주되었다. 역대 제왕들의 궁전에 왜 유리기와를 올렸겠는가? 원명원 이궁離宮의 창은 왜 파리로 만들어졌겠는가? 『서유기』에서 권렴대장捲簾大將이 유리잔을 하나 깨뜨리는 바람에 하계로 쫓겨난 것도 그만큼 유리가 귀중했기 때문이다.

---

4 344-413. 중국 남북조시대에 활동한 인도 승려로, 인도인 아버지와 구자국龜玆國 왕의 딸인 어머니 사이에서 출생했다. 401년 장안長安에 도착하여 『법화경法華經』, 『아미타경』, 『중론中論』, 『대지도론大智度論』 등 35부의 불경을 한역漢譯했다.

5 백록색으로 광물성 섬유가 남아 있고 고양이 눈처럼 단백광蛋白光을 발하는 보석의 하나이다. 방향에 따라 다른 색을 띤다.

유리는 중국에서도 자체적으로 구워 만들었지만 파리는 주로 수입되거나 조공으로 바쳐졌다. 따라서 파리가 유리에 비해 더 귀했다. 이백李白[6]은 아들의 이름을 이파리李玻璃(원래는 '파려頗黎'인데, 파리와 같은 뜻이다)라고 지었는데 이는 아들을 파리와 같이 보배롭게 여겼기 때문이다. 송나라 사람들이 사용하던 식기 중에 파리잔과 파리 그릇은 수량이 매우 적었기 때문에 금은으로 만든 식기보다 귀하게 여겨졌다.

송나라 저작 가운데 『보화변의寶貨辨疑』라는 책을 읽어본 적이 있다. 책에는 파리와 금은, 옥기, 마노, 수정, 호박, 산호, 진주, 묘안, 대모玳瑁,[7] 서각犀角,[8] 상아, 용연향[9] 등 귀중한 물건들이 언급되어 있다. 또한 당시에 국산 파리 식기도 존재했는데 품질이 수입품보다 못했다는 말이 나온다. "남번에서 나는 불그스름한 자색 파리, 공기와 접시, 술잔과 쟁반은 구경조차 힘드네." 중국에 수입된 파리 식기들은 품질이 매우 우수했지만 한번 보기 힘

---

6 701-762. 자는 태백太白, 청련거사青蓮居士이다. 당나라의 시인으로 두보杜甫와 함께 중국 최고의 고전시인으로 꼽히며 '시선詩仙'으로 일컬어진다. 저서로는 『이태백집李太白集』이 있다.

7 바다거북의 등껍데기를 갈아 만든 공예 재료이다.

8 코뿔소 뿔로 공예 재료로 쓰인다.

9 수컷 향유고래의 창자에서 만들어지는 향료 물질로 일종의 결석結石이다. 앰버그리스ambergris라고도 한다.

들 정도로 수량이 적었다는 의미이다.

어떤 사람이 송나라 시인 이광李光에게 파리 그릇 한 점을 선물했다(주의하시라, 한 세트가 아니다). 그는 대단히 흥분해서 반나절 내내 감상하다 선물이 너무 과하다며 되돌려주었다. 그는 편지에 이렇게 썼다. "이처럼 귀중한 보물을 어찌 사용할 수 있겠습니까!" 그는 생활필수품만으로 생활하던 터라 파리로 만든 귀한 식기를 쓸 엄두가 나지 않았던 것이다.

만약 여러분이 송나라에 가서 손님을 초대한다면 파리잔과 파리 그릇으로 대접하는 것이 가장 좋을 것이다. 다른 사람들의 주목을 끌고 흠모를 받는 것은 물론이고 여러분의 품격 또한 올라갈 것이기 때문이다. 만약 자기로 만든 술잔, 그릇으로 대접한다면 손님은 여러분을 인색하다고 할 것이며, 금 술잔과 은 쟁반으로 대접한다면 속되다고 여길 것이다.

국자와 젓가락

남북조 이전의 중국인들은 볶음 요리라는 것을 몰랐다. 당시의 조리법은 이 네 가지가 전부였다. 첫째 절이기, 둘째 굽기, 셋째 채 썰어 날것으로 소스에 찍어 먹기, 넷째 뜨거운 물로 익히기이다.

'뜨거운 물로 익히기'는 당시의 가장 주요한 조리법으로 고기나 생선, 채소 할 것 없이 솥에 넣고 끓였다. 옛날 솥은 매우 원시적이었으며 '정鼎'이나 '격鬲'이라고 불렀다.[10] 정과 격은 주로 청동으로 만들었다. 그런데 청동의 용해점은 낮은 편이라 불이 너무 강하거나 조리 시간이 길어지면 정이나 격의 세 다리가 녹아 바닥으로 쏟아져내렸기 때문에 고기 한 솥을 그대로 버려야 했다. 따라서 가마솥이 발명되기 전까지 중국인들은 고기를 삶을 때 충분히 익힐 수 없었다.

10　정은 3개의 다리와 2개의 귀를 가진 형태의 식기로 음식을 끓이고 삶거나 고기 등을 담아두는 용도로 쓰인다. 격은 정과 비슷하지만 다리의 속을 비워 음식이 빨리 데워지도록 고안되었다. 죽을 끓일 때에도 사용되었다.

그렇다면 덜 익은 고기는 어떻게 먹었을까? 유럽인들이 스테이크를 먹을 때처럼 먼저 칼로 고기를 잘게 썬 다음 포크로 찍어서 먹었다. 그러므로 전국시대 이전 중국인들의 식사에는 칼과 나이프가 필수적이었다.

전국시대를 지나면서 포크는 점점 자취를 감추었다. 이를 대신해서 더욱 쓰임새가 좋은 젓가락이 등장했다. 나이프도 긴 손잡이에 끝이 날카롭거나 칼날처럼 얇은 도구로 개량되었다. 옛날 사람들은 이것을 '숟가락'이라고 불렀다. 이때부터 숟가락과 젓가락은 짝으로 맺어져 2,000년 이상 중국인의 식탁에 오른다. 둔황敦煌 모가오굴莫高窟(막고굴)의 제473호 벽화를 보면 당나라 사람들이 식사하는 장면이 나온다. 9명의 남녀가 긴 탁자에 둘러앉아 있는데, 각각의 앞에 젓가락과 숟가락이 놓여 있다. 젓가락은 반찬을 집는 데 쓰고 숟가락은 밥을 먹거나 고기를 자르는 데 쓴다.

송나라 사람들은 밥을 먹을 때 주로 젓가락을 사용하고 숟가락은 보조 도구로 썼다. 가난한 집에는 젓가락만 있을 뿐 숟가락은 없었다. 그러나 부유한 집에서는 숟가락과 젓가락을 모두 사용했으며 그 역할도 분명했다. 젓가락은 반찬을 집을 때 쓰지만, 쌀밥을 먹으려면 반드시 숟가락을 써야 했다. 젓가락으로 쌀밥을 먹었다가는 교양 없는 사람으로 낙인찍히기 십상이었다.

유럽 사람들은 식사 때 왼손에는 포크, 오른손에는 나이프를 쥐고 양손을 사용한다. 송나라 사람들은 인도 사람과 비슷하게 오른손만으로(왼손잡이는 예외다) 젓가락과 숟가락을 모두 사용했다. 도학가 주희朱熹가 말한 것처럼 오른손으로 숟가락과 젓가락을 동시에 잡는 것은 당연히 허용되지 않았다. "숟가락을 들면 젓가락은 반드시 내려놓아야 하고, 젓가락을 들면 반드시 숟가락은 내려놓아야 한다."

당나라와 북송 사람들은 위생에 크게 신경 쓰지 않았던 것 같다. 국자勺子[11]를 들 경우 젓가락은 식탁 위에 그대로 내려놓았는데 이렇게 하면 더러운 것이 쉽게 묻을 수 있었다. 남송에 들어오자 '지저止箸'가 발명되었다. 지저는 대나무를 깎아 만든 것으로, 높이와 길이가 각각 1촌씩이며 윗부분이 반달 모양으로 움푹 파여 있어 젓가락을 내려놓기 안성맞춤이다.(『지정직집至正直集 · 지저』 참조)

이런 물건은 오늘날에도 사용된다. 일반적으로 자기로 만들고, 식탁 위에 수저 받침용으로 둔다. 모양도 각양각색으로 현대인들은 이것을 '수저받침'이라고 부른다.

---

11 '샤오즈'. 국자라고 해석하지만 한국에서 쓰는 것과는 다르다. 중국의 샤오즈는 일반적으로 손잡이가 짧은 도자기 숟가락을 말한다. 식사할 때 숟가락과 젓가락을 함께 사용하는 한국과 달리 중국에서는 숟가락을 거의 사용하지 않으며, 국물을 떠먹을 때(국물도 주로 마신다) 가끔씩 샤오즈를 사용한다.

송 고종의 공용 젓가락

청조의 궁정에는 식사량과 관련해서 사람마다 다른 공급 기준이 있었는데, 이것을 '분례分例'라고 불렀다. 당연히 황제의 분례가 가장 많아서 청나라 중후기에 오면 황제는 매일 양 1마리, 닭 5마리, 오리 3마리, 돼지고기 27근, 우유 100근, 무 60근, 배추 19근, 만터우 30개, 찻잎 75포를 받았다. 황제가 이것을 다 먹을 수 있을까? 당연히 먹지 못했다. 그렇다면 남는 것을 어떻게 처리했을까? 황제의 시중을 드는 궁녀나 태감, 또는 황제가 아끼는 처첩들이나 신하들에게 이를 하사했다.

자희慈禧(서태후)도 예외는 아니었다. 그녀의 분례는 황제를 능가해서 매 끼니마다 훠궈 2개, 요리 네 접시, 채소 네 접시, 볶음요리 여섯 접시, 네 종류의 분식과 통오리 구이 1마리를 받았다. 이와는 별도로 통돼지구이 1마리, 제비집으로 만든 죽과 상어 지느러미 등 보양식도 받았다. 그녀는 적은 양을 여러 번 먹었는데 당뇨병 환자처럼 매일 여섯 끼를 먹었다. 이러다보니 끼니마다 남는 음식이 매우 많았다. 서태후는 자상하게도 남은 음식을 비빈이나 왕공王公들에게 나누어주었다. 그들은 서태후의 침이 천하에서 가장 영험한 조미료나 되는 것처럼 그녀가 남긴 음식을 맛보는 것을 영광스럽게 생각했다.

다른 사람이 먹다 남긴 음식물을 먹는 것은 당연히 비위생적이다. 침이 섞이거나 병균이 전파될 수도 있다. 그러나 청나라 사람들은 위생을 그리 중요하게 여기지 않았다. 청조의 황제나 황태후도 다른 사람들의 건강을 염두에 두지 않았다.

이에 비해 송나라 황제의 처신은 매우 적절했다. 예를 들면 인종은 과감하게 분례를 없애고 매일 양고기 1근과 분식 2근만을 받아 상당량의 식재료를 아낄 수 있었다. 고종의 경우 비록 분례는 많았지만 평소 음식 절약을 생활화하고 공용 젓가락을 사용해 음식을 덜어먹음으로써 자신의 타액이 다른 사람의 입에 들어가지 않도록 했다.

『서호지여西湖志餘』에 송 고종의 식습관에 대한 기록이 나온다. "반드시 숟가락과 젓가락을 두 벌씩 둔다. 먹을 음식은 별도의 젓가락으로 덜어 자기 그릇에 옮겨놓으며, 남기지 않고 먹는다. 밥도 별도의 숟가락으로 덜어 먹는다. 오후吳后가 그 이유를 묻자 고종은 이렇게 대답했다. '내가 먹다 남긴 음식을 궁인이 먹지 않게 하기 위함이다.'"

어다상

당나라 때의 인물 팽박통彭博通은 힘이 장사로 유명했다. 한번은 그가 3명의 장사와 내기를 했다. 세 사람이 힘을 합쳐 자신이 베고 있는 베개를 빼낼 수 있다면 그들이 원하는 것을 들어주기로 한 것이다. 세 사람은 젖 먹던 힘까지 다 써보았지만 결국 베개를 빼내지 못하고 팽박통이 누워 있던 상床 다리만 부러뜨리고 말았다.

또 한번은 팽박통이 친구들을 집으로 불러 식사 대접을 한 적이 있다. "혼자 상을 두 개나 떠메고 달빛 아래 어두운 계단을 내려왔는데 술이나 안주 어느 하나 흐트러지거나 쏟아진 것이 없었다."(『어사대기御史臺記』 참조)

여기서 말한 팽박통과 상에 관한 두 가지 이야기는 모두 당나라 한완韓琬의 글에 나온 것이다. 앞의 이야기에 나오는 '상'은 분명 침대이며, 뒤의 이야기에서 팽박통이 혼자서 2개나 떠메고 계단을 내려온 것은 침대가 아니라 식탁이다.

'상'이라는 글자는 당나라 때만 해도 여러 가지 의미를 지니고 있었다. 어떤 경우에는 침대를 의미하고 어떤 경우에는 마자馬縒[12]를 지칭했으며, 또 어떤 경우에는 교의交椅,[13] 어떤 경우에는 식탁을 가리켰다. 이백의 〈정야사靜夜思〉에 이런 구절이 나온다.

상 앞에 스며드는 밝은 달빛,

땅에 내린 서리가 아닌가 생각했네.

고개 들어 동산 위 밝은 달을 바라보다,

머리 숙여 고향을 그리네.

床前明月光,

疑是地上霜.

擧頭望明月,

低頭思故鄕.

이 시에 나오는 상은 마자 또는 교의이다. 이 시는 시선이 잠을 이루지 못해 정원에 앉아 있다가 지은 작품이다. 만약 방 안 침상

---

12 낚시 의자처럼 다리를 교차해 접을 수 있도록 만든 휴대용 의자. '호상胡床'이라고노 한다.

13 마자와 비슷하나 등받이가 있어 휴대에 용이하지 않다. '교상交床'이라고도 한다.

에 누워 있다 고개를 들어 올려봤다면 눈에 들어온 것은 밝은 달이 아니라 천장이었을 것이다.

송나라에 오면 상의 의미는 매우 단순해져 일반적으로 침상을 의미하게 된다. 그러나 물론 예외도 있었다. 예를 들면 남송의 사인詞人 유극장劉克莊이 지은 〈매화 한 가지―剪梅〉에는 이런 구절이 나온다.

> 술이 거나하게 올라 흥분해서 세상사를 논하다보니,
> 이웃의 담이 넘어가는 것도,
> 호상이 넘어지는 것도 알지 못했네.
> 酒酣耳熱說文章,
> 驚倒鄰牆,
> 推倒胡床.

넘어졌다고 했으니 분명 의자이지 시몬스 침대는 아니었을 것이다. 침대였다면 한번 출렁거리고 말았을 테니 말이다.

송나라 때에는 '다상茶床'이라는 것이 있었다. 황제가 정식 연회를 베풀 때 사용한 것으로, 황제가 직접 사용하는 것이라 '어다상御茶床'이라고도 불렸다.

어다상은 아주 작고 작달막하다. 길이는 3척, 너비는 2척, 높이는 6촌에 불과하다. 송나라 황제가 앉는 용상은 높이가 3척을 넘었기 때문에 6촌 높이의 어다상과는 비율이 맞지 않는다. 그렇다면 황제는 엎드려서 밥을 먹어야 했을까? 당연히 그건 아니다. 황제가 신하들에게 연회를 베풀 경우 그의 앞에는 비교적 높은 탁자가 놓였다. 이 탁자는 황제가 집무 시에 사용하는 것으로 희곡에 '용서안龍書案'이라는 이름으로 자주 등장한다. 태감들이 용서안 위에 어다상을 올려놓으면 높이가 음식 먹기에 안성맞춤이었다. 연회가 끝나면 어다상을 다시 물린다.

송 고종이 퇴위 후 태상황이 되어 덕수궁德壽宮[14]에 머무르던 중 생일을 맞았다. 황제인 효종과 황태자, 문무백관들이 생일 축하를 위해 왔는데, 생일 축하의 전 과정이 『송사』에 1,000여 자 정도로 상세하게 묘사되어 있다.

생일 하루 전, 관련 부서에서 잔치 분위기가 나게 덕수궁을 꾸며놓는다. 대전 북쪽에는 고종의 용상과 용서안을 놓아두고 용서안 서쪽에는 어다상을 둔다. 용서안 동쪽에는 술 주전자와 술잔, 잔을 씻는 대야를 두고 방석 하나를 깔아둔다. 용서안 남쪽에도 방석 하나를 깔아둔다. 대전에서 나와 남쪽 바깥을 보면 생화와 대나무, 금은색 실로 꾸며진 장식용 아치가 눈에 들어온다.

---

14 원래는 남송의 재상이자 간신인 진회의 구택舊宅이었으나 퇴위한 고종이 신궁新宮으로 개축하여 거주했다.

생일 당일이 되면 황제와 태자, 문무백관들이 함께 덕수궁을 방문한다. 황제가 앞에 서고 태자가 뒤에 따르며 문무백관은 좌우 양편으로 나뉘어 질서정연하게 이동한다. 그리고 대전에 공손하게 들어가 태상황 고종을 기다린다. 고종이 내전에서 나와 용상 위에 앉으면 태자와 문무백관의 축하가 시작된다. 신하들은 자신이 선 자리에서 머리를 조아려 절하고, 황제는 고종의 용서안 남쪽의 방석 위에서 절을 한다. 절을 마친 후 황제는 일어나서 몸을 숙이고 태상황의 축수를 빈 후 용서안 동쪽에 가서 선다. 이어서 태자와 문무백관이 함께 축수를 올린다.

축수가 끝나면 내전에서 태감이 어다상을 들고 나와 용서안 위에 얹는다. 그러면 관리 몇 명이 용서안 동쪽의 방석 위에 꿇어앉아 잔을 씻어 술을 따른 뒤 황제에게 술잔을 올린다. 황제가 그 술잔을 어다상에 가져다놓으면 고종이 잔을 들어 마신다. 황제가 다시 용서안 남쪽의 방석 위에서 절을 하면 아래에 서 있던 태자와 백관들도 따라서 절한다. 황제는 다시 한 번 축수를 올린다. "신臣 신춘(효종의 이름은 조신趙昚이다)은 문무백관들을 대표해 천신절天申節(고종의 생일은 법정 명절로 천신절이라 불렸다)을 크게 경축하며 태상황 폐하의 만수무강을 기원합니다!" 고종은 황제와 백관들에게 고마움과 만족을 표한 후 몸을 일으킨다. 술을 올리고 축수하는 과정이 끝나면 태감은 어다상 위에 놓인 술잔을 거두고 어다상을 물린다. 이것으로 생일 축하연은 끝난다.

축수 과정에서 어다상은 매우 중요한 역할을 한다. 어다상이 놓여야 비로소 술을 올릴 수 있으며, 어다상을 물려야 행사가 끝난다. 그러나 어다상은 정식 연회에서 상징적으로만 사용되었을 뿐 평상시에 송나라 황제들이 식사할 때는 대형 식탁을 사용했다.

삽산과 식병

춘추시대 이전에 사용하던 주방 도구는 오늘날과 매우 큰 차이가 있었다. 대부분의 주방 도구들에는 다리가 붙어 있거나 받침대가 있었다. 다리가 달린 것은 대부분 취사도구였다. 예를 들면 정과 격은 다리가 셋인, 기본적으로 솥이라고 할 수 있다. 정의 다리는 속이 차 있지만 격의 다리는 속이 텅 비어 있다. 받침대가 있는 것은 식기들이다. 예를 들면 변籩과 두豆[15]는 쟁반에 가깝지만 아랫부분에 둥글게 받침대가 있었다. 변의 받침대는 대나무로 짰고 두의 받침대는 금속으로 만들었다.

취사도구에 '다리가 달린' 것은 상고시대 사람들이 부뚜막을 몰랐기 때문이다. 평지에서 불을 피워 취사를 하다보니 삼발이로 솥을 받치지 않으면 음식을 익히기가 힘들었다. 또한 옛날에는 바닥에 꿇어앉아 밥을 먹었는데 바닥에 놓인 공기나 쟁반

---

15 제사나 연회 때 과일이나 말린 고기를 담는 그릇. 나무로 만든 것이 '두', 질흙으로 만든 것이 '등䇺', 대나무로 만든 것이 '변'이다.

이 흙으로 쉽게 더러워졌기 때문에 점차 식기에 받침이 생기게 되었다.

춘추시대 이후로 취사도구와 식기는 혁명적으로 변화했다. 송나라에 오면서 취사도구와 식기의 형태가 오늘날과 똑같아졌다. 만약 여러분이 송나라 사람을 집에 초대해 식사를 대접한다 해도 식기 사용법을 일일이 설명할 필요가 없다. 그는 젓가락으로 반찬을 집고 밥그릇을 들어 밥을 담아야 하며 다른 사람이 술을 권할 경우 남김없이 다 마셔야 한다는 것을 잘 알고 있을 것이다. 물론 주방 가전을 보고는 깜짝 놀라겠지만, 현대화된 취사도구도 새로운 연료를 사용하는 것일 뿐 조리의 원리는 송나라 때와 크게 다르지 않다는 것을 알 것이다.

이와는 반대로 송나라 때에는 오늘날 찾아볼 수 없는 대단히 창의적인 식탁 장식 도구가 있었다. 남송의 사대부가 손님을 초대해 식사를 대접할 때 연회 자리에 두는 '삽산揷山'과 '식병食屛'이 한 예다.

삽산은 정교하게 깎은 나무 조각으로 주로 신선이 산다는 봉래산蓬萊山의 모양을 본떠 만드는데, 여기에 음식이 담긴 접시들을 한 층 한 층 올려두면 평면적인 느낌을 주던 요리가 입체감을 띠게 된다. 식병은 접시에 담긴 음식을 종류에 따라 구분하기 위해 사용하는 작은 병풍이다. 고기, 채소, 냉채, 더운 요리, 디저트 등 팔선상八仙桌[16] 가득 차려진 산해진미 사이로 높이 반 척, 길이 1척 정도의 병풍 몇 장을 세워 음식을 구분한다. 고기를 좋아하는 손님이라면 고기 근처에 앉게 해도 괜찮고 소식素食을 즐기는 손님은 채소 근처에 앉게 해도 괜찮다. 살찌는 것에 크게 구애받지 않는 손님의 경우 디저트가 많은 쪽에 앉을 것이다. 유유상종이라는 말처럼 식탁 위에 이런 작은 병풍이 있다면 요리별로 사람들도 나누어 앉게 될 것이다. 취향에 따라 자연스럽게 사람들이 모이니 여기서 또 어떤 재미있는 일들이 생겨날까?

---

16   8명이 둘러앉아 먹을 만한 식탁.

가림막과 개완

송 이종理宗 때 태학생 한 명이 권력자 가사도賈似道의 죄상을 낱낱이 밝히며 그를 비판한 일이 있었다.

첫 번째 죄는 과도한 겉치레였다. 가사도는 모친의 생일잔치 때 대형 과일 접시를 몇 장丈[17] 높이로 피라미드처럼 층층이 쌓아올리게 했는데 과일이 '우르르' 쏟아져내리는 바람에 근처에 있던 손님들이 압사하고 말았다. 두 번째 죄는 지나친 낭비였다. 가사도는 집에서 만터우를 먹을 때 피를 먹은 적이 한 번도 없었다. 집안의 남녀노소 모두가 만터우의 피를 벗기고 소만 먹으니 일 년에 수백 근의 밀가루를 낭비하는 셈이었다.

가사도에게는 분명 여러 가지 죄상이 있었다. 그러나 대형 과일 접시를 쌓아놓는다거나 피를 버려 양식을 낭비하는 것 정도는 큰 죄라고 말하기 힘들다. 예를 들면 만터우 피를 벗겨내고

---

17 1장은 약 3.33m이다.

먹는 것은 일종의 식습관으로 오늘날에도 피를 먹지 않는 사람들이 많다. 가사도 외에도 만터우 피를 먹지 않는 송나라 사람은 많았다. 남송의 주휘는 이렇게 말했다. "롱빙, 쩡빙 등을 먹을 때는 반드시 피를 제거하고 먹는데 이는 북방에 모래먼지가 많기 때문이다."

송나라에는 흙먼지가 많았다. 특히 북방 도시의 대로는 항상 황토로 덮여 있었다. 비가 오면 진흙밭이 되고 맑은 날이면 온 하늘이 먼지로 뒤덮였다. 바람이라도 불면 온 집안이 먼지로 뒤덮이니 책상이든 주방이든 끊임없이 닦아야 했다. 따라서 그 시대에 먼지떨이는 없어서는 안 되는 가재도구였다. 평소 결벽증이 있던 서예가 미불米芾은 단불段拂이라는 청년을 사위로 삼았다. 단불의 자字가 거진去塵(먼지를 제거하다)인 것을 알고 미불이 이렇게 말했다. "먼지를 떨어내고 제거한다는 뜻이니 참으로 내 사위가 될 만하다!"

모래먼지가 많았기 때문에 부잣집에서 손님을 초대할 때면 사람을 고용해 휘장을 치고 가림막을 세웠다. 포목으로 만든 휘장을 식탁 주위에 둘러 바람을 막는 것이다. 가림막은 일종의 간이 천장으로, 수수대로 뼈대를 세우고 위에 큰 대나무 자리를 덮어 만든다. 가림막이 있으면 모래먼지가 음식에 떨어지는 것을 막을 수 있다. 이 두 가지가 없으면 식사를 할 수 없었다. 내가 어렸을 때 우리 집에도 가림막이 있었다. 오래된 집의 대들보에 끈 2개를 묶어 가림막을 고정시킨 후 그 아래에서 밥을 먹었다. 이러면 먼지나 쥐똥이 떨어질까봐 걱정하지 않아도 되었다.

만터우의 피를 벗기고 먹고, 가림막을 치고 연회를 열었던 것을 보면 송나라 사람들의 위생관념은 철저했던 것 같다. 그렇지만 다도를 기준으로 삼을 경우 청나라 사람들에게는 미치지 못했다. 청나라 사람들은 차를 마실 때 개완蓋碗[18]을 사용했지만 송나라 사람은 그러지 않았기 때문이다. 송나라 사람은 왜 개완을 사용하지 않았을까? 아마 뜨거운 차탕에서 나온 열기가 뚜껑 때문에 찻잔 안에 갇혀 차향에 영향을 줄까봐 걱정했기 때문일 것이다.

송나라 사람은 오직 밥을 옮길 때만 개완을 사용했다. 다 지어진 밥을 주방에서 안채로 옮길 때 정원을 거치기 때문에 이때 먼지가 들어가는 것을 방지하기 위해 개완을 사용한 것이다.

---

18 뚜껑 있는 찻잔이나 그릇.

술잔에 관한
몇 가지 일화

『수호지』 제24회에는 무송과 무대랑 부부가 술을 마시는 장면이 나온다. 술이 다섯 순배 정도 돌자 무송은 권배勸杯 한 세트를 꺼내와 거기에 술을 가득 채운 후 무대랑에게 건넸다. 무대랑은 술을 한 방울도 남기지 않고 다 마셔버린 뒤 잔을 다시 무송에게 돌려주었다. 이번에는 무송이 다시 술잔을 채워 반금련에게 건네지만, 반금련은 기분이 상해 술잔을 밀쳐버리고는 '쿵쿵'거리며 아래층으로 내려가버렸다.[19]

여기서 주목할 것은 무송이 술을 권할 때 사용한 '권배'이다. 권배는 주로 상대방에게 술을 권할 때 사용되는 잔으로 벌주를 마실 때 사용되기도 한다.

---

[19] 무송은 동경으로 떠나기 전에 형 무대랑, 형수 반금련과 함께 이별주를 마시며 자신을 유혹하려고 혈안이 되어 있던 반금련에게 "집안을 잘 다스리고 울타리를 든든하게 하라"는 충고를 한다. 이 말을 들은 반금련이 부끄럽고 화가 나서 무대랑에게 한바탕 퍼부어댄 후 술잔을 밀치고는 아래층으로 내려가버린 것이다.

송나라 때에는 '권잔勸盞'이라는 것도 있었다. 기능은 권배와 같지만 모양이 다르다. 일반적으로 권배에는 작은 손잡이가 달려 있어, 술을 권할 때 한 손으로 손잡이를 잡고 다른 손으로는 잔의 바닥을 받쳐 손님에게 가져간다. 그리고 두 손으로 공손히 잔을 올린다. 이에 비해 권잔에는 손잡이가 없다. 따라서 술을 권할 때에는 작은 쟁반(잔 받침)이 필요하다. 송나라 사람들은 이것을 '권판勸盤'이라고 불렀다. 권잔에 술을 가득 채운 후 권판에 올려 손님에게 공손하게 가져다주면 손님은 권판에서 권잔을 들어 술을 단숨에 들이켠 후 다시 권판에 올려놓는다. 그러면 주인이 다시 권잔에 술을 따라 다른 손님에게도 술을 권한다.

격식을 중시하는 사람들은 권배에도 잔 받침을 썼다. 송나라에서는 일반적으로 술을 병에 담아 판매했다. 매병梅甁이라고 불린 병은 아가리가 좁고 배가 불뚝 나온 형태라 술병을 들어 잔에 술을 따르기가 쉬웠다. 집에서 직접 담근 술은 단지나 술통에 담겨 있었을 것이며, 술을 권배에 채울 때에는 국자를 사용했을 것이다. 권배와 권판, 여기에 국자를 더하면 술을 권할 때 필요한 주기酒器 한 세트가 완성된다. 『수호지』에서 무송이 가져온 '권배 한 세트'는 바로 이것이다.

권배 한 세트에는 잔이 하나만 있는 것이 아니다. 개수도 여러 개일 수 있고, 크기도 다양하게 갖출 수 있다. 큰 잔에는 술 반

근을 담을 수 있고 작은 잔에는 1전錢20 정도밖에 들어가지 않는 다. 술을 권하기 전에 먼저 상대방의 주량을 물어본 뒤 주량이 크면 큰 잔을 쓰고 주량이 작으면 작은 잔을 쓴다. 송 효종은 연회 때 내시들을 시켜 친왕과 재상, 집정관에게 술을 권하면서 "각자의 주량에 맞춰 주도록" 했다.(『송회요집고』참조) 주량에 따라 서로 다른 권배를 사용하게 한 것을 보면 효종이 휘종보다 훨씬 개화한 황제였다는 것을 알 수 있다.

휘종은 술을 좋아해서 연회 때마다 신하들에게 억지로 술을 권했다. 북송의 간신 채경에게 채소蔡絛라는 아들이 있었는데, 관직이 예부상서禮部尙書까지 이르렀다. 휘종은 그와 술을 마실 때면 "자주 큰 잔으로 권하곤 했다".(『산당사고山堂肆考·권주지전勸酒至顚』참조) 채소가 한번은 술을 더 마시면 죽을 것 같다고 엄살을 부리자 휘종은 이렇게 말했다. "어서 마셔라. 오늘 네가 마시고 죽는다 해도 짐은 예부상서 하나를 잃는 것뿐이니 뭐 그리 대단한 일이겠는가?" 황제의 입장에서 보자면 예부상서는 확실히 별것이 아니다. 그러나 채소의 입장에서는 목숨은 하나밖에 없으니 죽을 때까지 마실 수는 없는 일 아닌가.

삼국시대 유비劉備의 족형族兄 유표劉表는 세 가지 다른 크기

---

20 5g.

의 권배를 만들고 각각 '백아伯雅', '중아仲雅', '계아季雅'라는 이름을 붙였다. 백아는 일곱 되의 술을 담을 수 있고 중아는 여섯 되, 계아는 다섯 되를 담을 수 있었다. 삼국시대의 한 되는 오늘날의 200ml에 해당하니 백아, 중아, 계아의 용량은 1,400ml, 1,200ml, 1,000ml 정도였을 것이다. 현재 맥주 한 병이 대략 500ml 정도이니 유표가 손님에게 술 한잔을 권할 때 가장 작은 권배를 쓴다 해도 맥주 2병에 해당한다. 주량이 그다지 세지 않은 손님이라면 한 잔만 마셔도 바로 취해버릴 것이다.

송나라 때의 권배는 이렇게 크지 않았다. 저장에서 출토된 남송 시기의 금권배는 용량이 30ml였지만 술을 가득 채워도 30g이 채 되지 않았다. 위동 사람들은 술을 마실 때 주로 1회용 플라스틱 컵을 사용하는데 가득 채울 경우 백주白酒[21] 1병의 1/3이 담긴다. 연거푸 3잔을 마시면 술 1병을 마시는 셈이니 그 양이 금권배보다 더하면 더했지 덜하지는 않을 것이다. 손님에게 큰 잔으로 술을 권하는 것은 사실 그다지 품위 있는 행동이 아니다. 그런 점에서 위동 사람들이나 삼국시대 유표가 술을 권하는 방식은

---

[21] 중국 술은 일반적으로 백주, 황주, 과주果酒, 약주藥酒, 맥주로 구분된다. 이 가운데 우리에게 가장 잘 알려져 있는 것은 백주로, 향, 누룩의 종류, 발효 방법 등에 따라 다시 여러 종류로 나뉜다. 백주는 과거에 소주燒酒, 고량주高粱酒라고도 불렸으나 중화인민공화국 건립 이후 백주, 빼갈白干로 통일되었다. 엄격하게 따지자면 빼갈은 백주의 일종이다.

대단히 품위가 없다고 할 수 있다(유표의 권배는 백속伯俗, 중속仲俗, 계속季俗으로 불려야 마땅하다).

이에 비해 남송의 술 권하는 방식은 훨씬 고상했다. 사대부들은 술을 권할 때 작고 정교한 금잔, 은잔, 호박잔, 마노잔을 사용했으며 심지어 침향잔을 쓰기도 했다. 침향 조각으로 술잔을 만들면 어떤 술에서든 침향을 느낄 수 있을 테니 그 술맛이 어떻겠는가. 물론 정말로 술을 좋아하는 애주가라면 술맛에 영향이 갈까봐 이런 잔은 사용하지 않을 것이다. 남송 궁정에서 식기의 보관을 담당하던 관리가 쓴『보화변의』에 파리잔(즉 유리잔)이 나온다. 파리잔은 외국에서 수입된 고급품으로 자수정처럼 반짝이고 투명하다. 여기에 잔 받침까지 파리로 만들었으니 당시로서는 매우 드문 것이었다.

파리잔은 매우 귀해서 우연한 기회에 볼 수는 있어도 손에 넣기는 힘들었다. 남송 연회에서 상대적으로 쉽게 볼 수 있었던 것은 '해어배解語杯'였다. 아직 피지 않은 연꽃 한 송이를 따다 조심스레 봉오리를 열고 그 안에 권배를 올려둔다. 그리고 권배에 술을 가득 채운 후 다시 봉오리를 닫고 조심스레 손님에게 건넨다. 꽃봉오리로 잔 받침을 삼은 것은 굉장히 고상하고 재미있는 발상이다. 그런데 왜 해어배라고 불렀을까? 옛 사람들은 꽃에 영혼이 있어 사람의 말을 알아듣는다고 생각했다. 남송의 사인 갈

립방葛立方이 쓴 『복운산원卜運算元·연꽃을 감상하며 연잎으로 술을 권하다賞荷以蓮葉勸酒作』의 마지막 구절을 보자.

연꽃을 술잔 삼아 술을 권할 제,
갠 하늘에 오색 낙조 퍼져가네.
葉葉紅衣當酒船,[22]
細細流霞擧.

즉 권배를 연꽃 속에 넣어 술을 따라 마시니 흥취가 남다르다는 의미이다. 이 정도 수준으로 술을 즐길 수 있다면 헛되이 살지는 않은 것이다.

그러나 위생적인 측면에서 송나라 술자리는 고쳐야 할 점이 많았다.

먼저 분찬제가 송나라 때 철저하게 공찬제로 바뀌었다. 접시와 대접 일고여덟 개를 쌓아두고 각자 마음대로 가져다 쓰도록 하니(제왕과 승려는 제외) 그릇을 낭비할 뿐 아니라 비위생적이기까지 하다. 차라리 수당 이전에 유행했던 분찬제만 못하다. 다음으로 송나라 사람들은 술을 권할 때 일반적으로 권배(혹은 권잔)

---

[22] 이 구절을 "붉은 연꽃이 주선(술상이 차려진 배) 주위를 휘감고"라고 해석하기도 한다.

를 사용했다. 술을 권배에 채워 상대방에게 마시게 한 후 그 잔에 다시 술을 담아 다음 사람에게 권한다. 이렇게 한 바퀴 돌고 나면 연회에 참가한 모든 사람이 술잔 하나로 술을 마신 것이나 다름없다. 비록 각자의 술잔이 있긴 하지만 술을 권할 때는 공용 권배를 사용하니 이런 구습에서 위생을 따져 뭘 하겠는가. 제일 좋은 것은 권배를 없애고 술을 권할 때 술 주전자나 술병을 들고 가서 상대방의 잔에 직접 따라주는 것이다.

또 다른 방안이 있다. 다른 사람이 마신 권배를 바로 물로 씻어 남은 술과 타액을 제거한 뒤 다음 사람에게 건네는 것이다. 이 방법은 사실 오래전부터 전해 내려오던 예법인데 후대로 오면서 사라졌다. 남송의 대유학자 주희는 향음예의鄕飮禮儀를 고쳐 이 예법을 회복해야 한다고 주장했다. 술자리에 반드시 물통을 준비해 두고 술을 권할 때마다 물통에서 술잔을 깨끗이 씻은 뒤 술을 건네야 한다는 것이다. "술을 다시 권할 때에는 물로 깨끗이 씻는다."(『송사·향음주의鄕飮酒儀』 참조)

술잔뿐만 아니라 손도 깨끗이 씻어야 한다. 술잔과 손을 씻은 후에는 '양치揚觶'를 해야 한다. 여기서 '치觶'는 술잔을 가리킨다. 즉 술잔을 들어 깨끗한지 여부를 좌중에 확인시켜야 한다.(『사림광기事林廣記·향음주례鄕飮酒禮』 참조) 오늘날 허난의 음주 풍속 가운데 '양배亮杯'라는 것이 있다. 술을 단숨에 들이켠 후 술잔을 들어 잔 속에 술이 남아 있지 않다는 것을 사람들에게 보여주는 것이다. 다른 한편으로는 나는 임무를 깨끗이 완수했으니 이제는 당신들 차례라는 것을 알려주는 것이기도 하다. 양치도 술잔을 사람들에게 보여 깨끗한지 여부를 확인하게 하는 것이라는 점에서 양배와 비슷하다고 볼 수 있다.

아쉬운 점은 이런 위생적인 습관을 송나라의 소규모 연회에서는 자주 찾아볼 수 없었다는 것이다. 사마광이 쓴 『거가잡의居家雜儀』(아마 남송의 유생이 사마광의 이름을 도용해 지은 책일 것이다)에 사대부 집안의 연회 풍경이 나온다. 자손들이 술을 올리면 집안의 어른이 먼저 마신 후 술잔을 자식들에게 넘긴다. 그러면 계속해서 그 잔을 돌려가며 술을 마시는데 중간에 잔을 씻는 과정은 없다.

만약 어떤 자손이 어른이 준 술잔을 받아 물가에 가서 씻는다면 그는 연장자로부터 위생 관념이 철저하다고 칭찬을 받는 것이 아니라, 어른에 대한 존경심이 없고 어른을 지저분하다고 여긴다고 크게 꾸지람을 들을 것이다.

송나라 다도 입문

당나라 사람들은 차[23]를 마실 때 무조건 끓여서 마셨다. 우선 차 절구를 이용해 전차를 가루 형태로 부순 다음 차를 거르는 체(다라茶羅)로 찌꺼기를 걸러냈다. 그런 다음 끓는 물에 넣고 물만두를 끓이듯 3분 정도 끓인 후 그 차탕茶湯을 마셨다.

송나라 사람들은 먼저 작은 국자로 차 가루를 몇 개의 찻잔에 나누어 넣은 후 뜨거운 물을 부었다. 차를 우리는 것과 동시에 빠르게 저어 차 가루와 뜨거운 물을 잘 섞어주었는데, 이것을 '점차點茶'라고 한다. 차가 제대로 혼합되면 카푸치노나 일본의 말차抹茶에서 볼 수 있는 유백색 포말이 차탕 표면에 형성된다.

---

[23] 복건성福建省에서는 차를 테이tay라고 불렀다. 따라서 복건의 항구에서 교역하던 네덜란드 수입상들도 차를 '테'나 '테이'로 발음하기 시작했고, 시간이 흐르면서 티tea가 되었다. 대부분의 유럽 국가들은 네덜란드를 통해 차를 수입했기 때문에 서구에서 tea라는 용어가 보편화되었다. 이에 반해 광동성에서는 차를 차cha라고 불렀고, 포르투갈은 광동의 항구를 통해 차를 수입해갔기 때문에 지금까지도 cha라고 발음한다. 한국의 경우 tea에서 유래한 '다'와 cha에서 유래한 '차', 두 가지 발음을 모두 받아들여 사용한다.

송나라 다도茶道에서는 물을 끓이는 방식이 무척 중요했다. 송나라 사람들은 차를 마실 때 일반적으로 철로 만든 그릇에 물을 끓이지 않고 질그릇 병에 물을 끓였다. 이 질그릇 병은 특별 제작된 것으로 송나라 사람들은 이것을 '사병砂瓶(사기로 만든 병)'이라고 불렀다. 사병은 고온에 잘 견디기 때문에 직접 불 위에 올려놓고 가열할 수 있다. 사병에 물을 반쯤 채우고 가열하면 얼마 지나지 않아 물이 끓는다. 병이 투명하지 않기 때문에 물이 끓는 것을 직접 볼 수는 없고 소리만 들을 수 있다. 따라서 송나라 차 예술계에서는 소리로 물이 끓는 정도를 판단할 수 있는 능력을 굉장히 높게 평가했다.

송나라 때는 차병茶瓶을 주로 진흙으로 만들었고 다완茶碗(찻잔)은 자기로 만들었다. 이보다 앞선 당나라 때 상류사회에서는 자기를 경시하는 경향이 있어서 차를 마실 때는 금은동으로 만든 다완을 사용했다. 심지어 철 대접을 쓰는 한이 있더라도 자기 찻잔은 쓰지 않았다. 나중에 소이蘇廙[24]라는 다도의 고수가 나오고 나서야 분위기가 바뀌었다. 그는 금이나 은으로 만든 다기는 너무 비싸고 동이나 철로 만든 것은 조잡하고 철 냄새가 심해 차

— 24 그에 대해서는 알려진 바가 거의 없으나 대략 당나라 말기에서 오대 사이 혹은 오대에서 송나라 초기 사이의 인물로 여겨진다. 저서로 차 끓이는 방법을 논한 『십육탕품十六湯品』이 있다.

탕의 맛과 색에 영향을 준다며, 자기로 만든 다기야말로 이상적인 다구라고 주장했다.(『선아전仙芽傳』 참조) 소이의 견해는 대단히 과학적이다. 그의 이런 견해에 따라 송나라에서는 자기 찻잔으로 차를 마시는 습관이 크게 유행하기 시작했다.

이미 송나라 때는 자사紫砂[25]로 다구를 만드는 것이 가능했다. 그러나 송나라 사대부들은 자사를 좋아하지 않았다. 그것은 첫째, 자사는 통기성이 매우 강해서 차탕이 쉽게 배어들어 차를 마신 후 세척하기가 힘들기 때문이다(현재는 자사로 만든 찻주전자가 유행하기 때문에 차로 주전자를 길들일 수 있다고 한다. 그렇지만 이 찻주전자의 미세한 구멍에 찻잎 찌꺼기가 쉽게 낄 수 있어 위생적으로도 좋지 않고 차 맛에도 영향을 준다). 둘째, 자사에서는 흙냄새가 나기 때문이다.

당나라 사람들은 차를 끓여 마셨고 송나라 사람들은 차를 휘저어 마셨으며 현대인들은 차를 우려 마신다. 송나라의 다도에서는 차호茶壺(찻주전자)가 필요 없었다. 따라서 송나라에서는 차호를 생산하지 않고 다완만 생산했다. 다완은 종류가 매우 다양하다. 남송의 경덕진景德鎭[26]에서 생산하는 다완은 영청자影靑瓷[27]

---

25 강소성 의익현宜興縣에서 생산된 도자기용 흙. 찻주전자를 만드는 데 주로 사용되었다.

26 현재의 장시성 푸량현浮梁縣에 있으며, 예로부터 도자기의 산지로 유명하다.

에 속하는데, 태胎가 얇고 유약은 흰색으로 반투명한 것이 대단히 보기 좋다. 그러나 이런 다완은 그다지 환영받지 못했다. 송나라 사람들이 가장 좋아하던 다완은 건주요建州窯[28]에서 생산된 작고 검은 다완으로 태가 두껍고 형태가 투박해 아주 무거워 보인다. 그러나 고온에 잘 견디고 열전도율이 낮아 차를 담아 마시기에 적합하다.

현대인들은 차를 마실 때 유리잔이나 자사배紫砂杯, 백자배白瓷杯 등을 사용하지만 송나라 사람들은 흑자완黑瓷碗을 좋아했다. 왜냐하면 송나라 때 가장 좋은 차탕은 유백색을 띠었기 때문에 검정색 잔에 따랐을 때 색감을 제대로 느낄 수 있었기 때문이다. 만약 백자완이나 백자배, 투명한 유리잔에 따른다면 별다른 흥취를 느낄 수 없었을 것이다.

---

27 북송 중기 경덕진의 독창적 작품으로 투광도가 좋아 빛을 투사하면 겉에 새겨신 문양이 안팎으로 모두 투영되기 때문에 '영청자影青瓷' 또는 '영청자映青瓷'라고 불렸다.

28 송의 8대 요 가운데 하나로 '건요建窯'라고도 한다.

송 휘종의
차탕 그림

오늘날 찻집에 가면 흔히 볼 수 있는 다예茶藝 기술[29]로 한신점병韓信點兵,[30] 관공순성關公巡城,[31] 봉황삼점두鳳凰三點頭[32] 등이 있다. 그렇지만 이것들은 이미 진부해져서 제대로 보려면 청두의 콴자이샹즈寬窄巷子[33]에 가서 주둥이가 긴 동銅 주전자를 이용한 묘기

- [29] 고난도의 기예를 연기하며 차를 따르는 것으로, 대부분 동작들이 전통 무술(공부功夫)에서 유래했기 때문에 '꽁푸차功夫茶' 또는 '쿵푸차'라 부르기도 한다.
- [30] 한나라 맹장 "한신이 병사를 한 사람 한 사람 사열하다"라는 말에서 비롯한 동작으로 찻주전자 안에 얼마 남지 않은 차탕을 마지막으로 찻잔에 한 방울씩 고루 나누어주는 것을 말한다.
- [31] 찻주전자의 차탕을 찻잔에 골고루 분배하는 모습이 마치 『삼국지』의 장수 "관우가 성을 순례"하는 것과 같아 유래한 이름이다. 여러 개의 찻잔에 차의 양이 같도록 잘 조절해 따르는 것이다.
- [32] '봉황새가 머리로 세 번 절한다'는 뜻으로 '손님들에게 예를 갖추어 환영을 표시'한다는 의미이다. 차탕을 따를 때 절하듯이 세 번 정도 나누어 따라 물의 높낮이를 조절하는 것을 말한다.
- [33] 쓰촨성 청두시에 있는 청나라 옛 거리로 중국 전통 건축인 사합원들이 모여 있다.

를 봐야 한다. 금계독립金雞獨立,[34] 이어타정鯉魚打挺,[35] 백학양시白鶴亮翅,[36] 망룡번신蟒龍翻身[37] 등의 자세를 취하며 2척이나 되는 주전자의 가는 주둥이를 앞가슴에서 머리, 머리 위에서 다시 등 뒤로 자유자재로 휘두른다. 놀라운 것은 이렇게 어려운 동작을 하면서도 한 치의 오차 없이 손님들의 찻잔에 차를 따른다는 것이다. 말레이시아에는 떼 따릭Teh tarik이라는 차가 있다. 이 차는 밀크티의 일종으로 점성이 강해 용수철처럼 늘어났다 줄어들었다 한다. 양철로 된 용기를 양손에 각각 잡고 위에서 아래로 옮겨가며 섞는데 내용물이 끊어지지도, 튀지도 않는다.

떼 따릭 다예는 대단히 동적이어서 주둥이가 긴 주전자로 차를 따르는 장면보다 훨씬 볼만하다. 그렇지만 정적인 연기를 보려면 송나라로 가야 한다. 송나라의 다예 고수는 어떻게 차를 따라주었을까?

송나라 때의 '분차分茶'는 찻주전자의 차를 여러 잔에 골고

---

34 '닭이 외발로 서다'라는 의미로 외발로 선 채 차를 따르는 기술을 말한다.
35 '잉어가 펄쩍 튀어오른다'는 의미로 뒤로 누웠다가 배치기로 뛰어 앉는 동작을 말한다.
36 '백학의 밝은 날개'라는 의미로 백학이 날아오르기 전 날개를 펼치는 것 같은 동작을 말한다.
37 '용이 부활하다'는 의미로 어깨의 유연성을 이용해 차를 따르고 빠르게 물러서는 것을 말한다.

루 따르는 것이 아니라 국자나 젓가락으로 차탕을 갈라 재미있는 그림을 만들어내는 것을 의미했다. 오늘날의 차탕으로는 그림을 만들어내는 것이 불가능하다. 그렇지만 송나라 때에는 가능했다. 송나라 사람들은 차를 우려먹지 않고 '점차'로 먹었기 때문이다. 끓는 물에 차 가루를 넣고 물과 차 가루가 완전히 섞일 때까지 저으면서 끓여주면 걸쭉해지는데 조금 지나면 차유茶油가 차탕 위로 떠올라 두텁게 층을 이룬다. 여기에 칼로 열십자를 그으면 글자가 사라지지 않고 오랫동안 그대로 유지된다.

물론 분차는 열십자 하나 긋고 끝나는 정도로 간단한 것이 아니었다. 송나라 다예사茶藝師들은 작은 국자(지금은 모두 차선茶筅38으로 바뀌었다)를 이용해 다양한 모양을 만들었다. 빠른 속도로 휘젓다 국자를 빼내면 찻잔 속 차탕이 산처럼 솟아올랐다 가장자리부터 층층이 아래로 꺼진다. 다예사가 다시 한 번 휘저으면 이번엔 차탕 표면에 갑자기 한 송이 꽃이나 한 폭의 그림, 혹은 사람 얼굴 등이 만들어진다. 이처럼 불가사의한 기예는 오대 말기에 시작되어 남송 때 전국적으로 유행했다.

송 휘종은 분차에 뛰어난 소질이 있었다. 연복궁延福宮 대연회에서 술자리가 무르익어 흥이 오르자 황제는 태감에게 다구를

---

38 말차 등을 만들 때 차 가루와 뜨거운 물이 잘 섞이도록 저을 때 사용하는 대나무 다구.

가져오게 하여 다예를 선보였다. 황제가 작은 국자를 찻잔에 넣어 빠르게 '휘휘' 저으니 차탕 위에 그림 한 폭이 그려졌다. 살랑살랑 밤바람이 불어오는 밝은 달 성긴 별 아래에서 보는 그림이 얼마나 황홀했겠는가?

휘종보다 앞선 인물 가운데 더욱 대단한 분차 대가가 있었다. 법명이 복전福全인 승려로 그는 찻잔 4개에 든 차탕을 국자로 휘저어 각각의 찻잔에 시구 한 구절씩을 만들어냈다.

첫 번째 찻잔: 찻잔 속 차탕 위에 그린 그림生成盞裡水丹靑.
두 번째 찻잔: 절묘한 그림 솜씨는 배워서 익힐 수 있는 것이 아니지巧畫工夫學不成.
세 번째 찻잔: 그래도 옛날 육우[39] 정도는 비웃어줄 수 있다네卻笑當時陸鴻漸.
네 번째 찻잔: 기껏해야 차 잘 끓여서 얻은 명성일 뿐煎茶贏得好名聲.

찻잔 4개를 아래위로 배열하니 절묘한 칠언절구가 되었다.

---

39   733-804. 중국 당나라의 문인. 중국의 차 문화에 큰 기여를 하여 '차성茶聖'으로 불리며, 차에 관한 지식을 집대성한 『다경茶經』을 저술했다.

송나라 보온병

다른 왕조와 비교해볼 때 송나라 황제들은 비교적 인간미가 있는 편이었다. 특히 송 인종의 경우 더더욱 그랬다.

인종은 배려심이 깊었다. 어느 날 저녁 양고기 구이가 먹고 싶어진 그는 어선방에 조리를 하명하려다 그 말을 속으로 삼켜버렸다. 어선방 나인들이 모두 쉬고 있을 야심한 시간에 조리를 명해 휴식을 방해한다면 다음 날에 영향이 있을 것이라 생각했기 때문이다. 다른 한편으로는 아랫사람들이 그의 환심을 사기 위해 이후에도 계속해서 양고기 구이를 저녁 식탁에 올릴까봐 걱정했기 때문이기도 했다. 오늘은 먹고 싶지만 내일은 먹기 싫어질 수도 있는 것 아닌가? 황제가 요구할 것을 대비해 어선방에 항상 준비해둔다면 이 또한 낭비가 아니겠는가?

한번은 그가 궁 안 화원에서 산책을 하고 있을 때였다. 걷다 보니 목이 말라 고개를 돌려 '요자燎子'를 찾아보았지만 보이지 않았다. 그는 시종들을 번거롭게 하기 싫어서 목마름을 참았다

대전에 돌아와 단숨에 물 두 사발을 들이켰다.

요자는 무엇일까? 어떤 사람은 이렇게 말한다. 옛날에는 문단속 하는 사람을 '문자門子', 밭을 관리하는 사람을 '원자園子'라 했으니 요자는 당연히 물 끓이는 것을 담당하는 사람이 아닐까? 틀렸다. 요자는 물을 끓이는 기구이다. 금속으로 만들었는데, 윗부분은 원형이고 아래에는 삼발이가 달렸다. 물을 끓일 때는 탄불을 피워 요자의 삼발이 아래에 두고 물을 가득 채운 사기병砂瓶을 요자에 넣는다. 탄불의 맹렬한 불꽃이 사기병 아랫부분을 데우면 조금 후에 물이 끓기 시작한다.

송나라 사람들은 차를 가마솥에 끓였다. 그러나 가마솥으로 끓인 물에서는 쇠 비린내가 나기 때문에 차를 우리기에 적합하지 않다. 따라서 차를 제대로 즐기려는 사람은 요자를 이용해서 사기병에 물을 끓였다. 그렇지만 사기병은 진흙으로 빚은 것이라 안이 보이지 않아 물이 얼마나 끓었는지를 소리로 판단해야 했다. 다도 고수들은 이를 일컬어 '소리를 듣고 물을 판별한다'고 한다.

이 밖에도 사기병은 보온성이 좋지 않아 물이 빨리 끓고 빨리 식는다. 오늘날의 정수기처럼 물이 바로 뜨거워지지 않으면 차를 우릴 수 없다. 송나라 사람들은 보온을 위해 특수 제작한 목함에 사기병을 넣어 보관했다. 목함에는 손잡이가 달려 있었고 대단히 두꺼운 데다 안에 볏짚과 천이 채워져 있었는데, '탕차합자湯茶盒子'라고 불리기도 했다. 사기병을 탕차합자에 넣어 물이 식는 속도를 늦춘 것이다. 송나라에서는 '제병매차提瓶賣茶'라 해서 뜨거운 차탕을 사기병에 넣은 후 사기병을 다시 탕차합자에 넣어 거리에 나가 판매했다. 늦게까지 팔아도 차탕은 식지 않고 따뜻함이 유지되었을 것이다.

과거에 농촌에서 보온병이 유행한 적이 있다. 바깥쪽은 외피, 안쪽은 막이 있는 형태다. 외피와 막 사이에는 진공층이 있어서 보온 효과가 매우 뛰어나다. 이런 보온병은 송나라 때에도 있었는데 '탕병湯甁'이라고 불렸다. 탕병 외피는 쇠로, 막은 유리로 만들었다. 그러나 중간에 진공층이 없어서 보온 효과가 그다지 좋지는 않았다. 그럼에도 가격은 매우 비쌌다. 『이견지』에 이런 글이 나온다. 어떤 사람이 "쇠로 된 탕병을 샀는데 가격이 750문이나 되었다. 손해가 크다". 탕병 하나가 750문으로 자기병보다 몇 배나 더 비싸니 '손해가 크다' 할 만하다.

제6장

상형 식품

象形食品

조자 왔어요!

『사조영웅전』에 등장하는 영고瑛姑는 일등대사一燈大師의 전처이다. 기문오행奇門五行에 정통하고 고차방정식을 잘 풀기 때문에 강호 사람들은 그녀를 '셈 귀신'이라고 불렀다. 그녀만의 독보적인 무기는 '산주算籌(산가지)'였다. 대나무를 반 촌 너비, 4촌 길이 정도로 깎아 만든 것인데, 암기暗器로도 사용되며 셈할 때도 쓴다.

예를 들어 영고가 산주를 사용해 2+8=10을 계산하려면 먼저 산주 2가닥을 꺼내 좌측에 세워 2를 표시하며 다시 3가닥을 우측에 세우고 횡으로 하나를 놓아 8을 표시한다. 그런 다음에 양편의 산주 중간에 2가닥으로 + 기호를 표시하고 마지막으로 우측에 산주 2개로 10을 표시한다.

이런 식은 아이들이 유치원에서 배우는 손가락셈(사실 손가락셈도 산주에서 유래한 것이다. 손가락 대신 작은 대나무 가지로 바꾼 것뿐이다)처럼 매우 유치하다. 따라서 주판이 세상에 나오자 산주는 더 이상 쓰이지 않게 되었으며, 형태를 크게 바꾸어 요식업계로 진출한다.

영고는 남송 때 사람으로 당시에는 이미 주산이 보편적으로 사용되고 있었다. 아주 적은 사람들만이 산주를 고집하고 있었다. 그러나 일상생활에서는 산주를 쉽게 찾아볼 수 있었다. 첫째, 도박판과 술자리에서 수를 세는 용도로 사용되었다('굉주교착觥籌交錯'이라는 사자성어는 원래 '술잔으로 술을 마시고 산주로 수를 센다'는 뜻으로 술잔이 바쁘게 왔다 갔다 하는 상황을 묘사한 말이다). 둘째, 개봉과 항주의 샤오츠 노점에서 비슷한 형태의 상형 식품으로 만들어졌다.

산주 상형 식품은 주로 고기로 만드는데 돼지고기, 소고기, 사슴고기, 노루고기 어떤 것이든 상관없다. 마블링이 뚜렷하고 육질이 비교적 거친 고기일수록 적합하다. 우선 고기를 깨끗하게 손질해 결에 따라 길게 썬다. 여기에 소금, 설탕, 산초가루, 사인砂仁을 섞어 반죽한 뒤 건조시켜 찜통에 넣고 찐다. 다 쪄지면 서늘한 곳에서 식힌 후 야시장에 내다 파는데 인기가 매우 좋다.(『오씨중궤록』 참조)

상형 식품을 만드는 비결은 이것이다. "돼지고기든 양고기든 제사상에 올리는 소고기든 한 근을 썰면 열여섯 가닥이 나온다."(『거가필용사류전집·육식肉食』 참조) 즉 어떤 고기든 1근의 고기로 16조각의 육포를 얻는다는 것이다. 이렇게 가공되어 나온 것은 크기나 형태, 색상, 질감 등 모든 면에서 대나무 산주와 흡사하다. 눈으로만 봐서는 진짜 산주로 오해할 것이다.

송나라 사람들은 산주를 '산조자算條子(쏸탸오즈)'라고도 불렀다. 따라서 앞서 말한 상형 식품도 쏸탸오즈라고 했는데 간단하게 부를 때는 '운산원運算元' 또는 '조자條子(탸오즈)'라고 했다. 만약 여러분이 송나라 야시장을 쇼핑하다 "손님, 조자 왔어요!"라는 외침을 듣는다 해도 오해 말기 바란다.[1] 단속 경찰이 뜬 게 아니라 상인이 손님에게 조자를 내어주며 외치는 말이기 때문이다.

---

[1] 현대 중국에서 '탸오즈條子'는 '끄나풀' 또는 '경찰'을 의미하는 은어로 사용된다.

상형
식품

위동 지역에 전해 내려오는 풍습 가운데 이런 것이 있다. 매년 정월 초이틀 또는 초사흘, 출가한 딸이 친정을 방문하는데 이때 반드시 '대추꽃'을 선물로 가지고 와야 한다는 것이다.

이때 '대추꽃'은 대추나무에서 피는 꽃이 아니다. 그것은 아주 크고 납작하고 둥글게 생긴 간식의 일종으로 뒷면만 보면 흡사 솥뚜껑 같다. '솥뚜껑'을 뒤집어보면 모양이 각기 다르고 생동감 넘치는 형상의 귀여운 과자들이 다닥다닥 붙어 있다.

사실 '솥뚜껑'은 밀가루 반죽을 발효시켜 만든 크고 둥그런 과자다. 그리고 '솥뚜껑' 위에 붙어 있는 작은 형상들은 밀가루와 설탕, 대추, 그리고 그 밖의 여러 가지 재료들로 만든 작은 동물 모양의 과자이다. 금붕어, 비둘기, 제비, 닭, 오리, 양, 돼지, 소, 두꺼비 등 거의 모든 동물들이 망라되어 있다.

동물 모양 과자는 송나라 때부터 등장했다. 송나라의 채식 음식점에서는 각종 동물 모양을 본뜬 대추 떡을 팔았는데, 메추라기, 사자, 금붕어를 안고 있는 동자童子 등 그 형태가 굉장히 다양했다. 『수호지』 제54회에는 이규가 공손승公孫勝을 청해 오는 도중에 대추떡을 사와 시장해하던 공손승에게 주는 장면이 나온다. 아마 이 대추떡은 분명 평범한 모양이 아니라 위동 지역의 특산인 '대추꽃'처럼 각양각색의 동물 모양으로 만들어졌을 것이다. 그렇지 않다면 아무런 재미가 없다.

오늘날에는 어떤 사물의 형상을 모방해서 만든 음식을 '상형 식품'이라고 부른다. 송나라 때에는 상형 식품이라는 개념이 없었지만 송나라 사람들은 상형 식품 만드는 것을 매우 좋아했다. 그들은 상상력을 발휘해서 동물 외에도 식물이나 인물, 건축물, 생활용품 등 무엇이든 모방해냈다.

만약 당신이 송나라에 간다면 아주 재미있는 몇 가지 상형 식품을 보게 될 것이다. 예를 들면 미녀의 웃는 얼굴을 닮은 '샤오예얼笑靨兒'이라는 미젠이 있다. '화과花瓜'는 꽃 모양으로 조각한 과일이고, '셔우탕獸糖'은 각양각색의 틀로 만든 사탕인데 사자나 호랑이, 꽃사슴 모양도 있다.

이 외에도 밀가루와 물엿을 섞어 만든 '팅얼亭兒'이라는 것이 있다. 붉은 칠을 한 나무판 위에 대전, 편전, 인공산, 연못, 정자, 누각 등의 모양을 본떠 배치해놓은 과자로, 독특한 운치가 있다. 몇백 문의 돈을 쓰더라도 반드시 '팅얼' 한 세트를 사보시라. 인공산 위의 작은 정자부터 먹기 시작해서 문루 바깥의 주홍색 가장자리를 먹는다. 화원 별장 한 채까지 다 먹고 나면 배가 안 부를 수가 없다.

왕유쳰, 양터우첸

국학대사國學大師 장타이옌章太炎[2]은 식사에 그다지 신경 쓰지 않았다. 있는 대로 대충 먹고, 음식이 맛있든 맛없든 크게 개의치 않았다. 따라서 사람들은 그를 가리켜 "왕개보王介甫의 기풍이 있다"고 말했다.

왕개보는 누구인가? 바로 왕안석이다. 왕안석도 식사에 크게 신경 쓰지 않았다. 식탁에 온갖 산해진미가 가득해도 자기 앞에 놓인 것만 먹었다. 한동안 식사 때마다 식탁에 노루고기가 올라온 적이 있는데, 시종이 매번 노루고기를 왕안석 바로 앞에 두는 바람에 한동안 왕안석은 노루 고기만 먹었다. 이를 본 사람들은 왕안석이 노루 고기를 가장 좋아한다고 오해하여 왕안석의

---

[2] 1869-1936. 중국 근대의 사상가이자 혁명가. 나중에 이름을 빙린炳麟으로 바꿨다. 베이징대학 총장 차이위엔페이蔡元培와 함께 광복회光復會를 만들었고, 동맹회同盟會 기관지 《민보民報》의 주편을 역임했다. 역사학, 철학, 정치학, 의학 분야에서 괄목할 만한 성과를 거두었다.

부인에게 이렇게 말했다. "대감께서 노루 고기를 좋아하시니 앞으로도 자주 해드리시지요!" 그러자 부인이 웃으며 이렇게 말했다. "다음번 식사 때는 다른 요리를 대감 앞에 놓아보세요." 그 말을 듣고 나중에 노루 고기 대신 다른 음식을 왕안석 앞에 두었더니 왕안석은 자기 앞에 놓인 음식만 먹을 뿐 그가 '좋아하는' 노루 고기가 어디 놓였는지 전혀 신경 쓰지 않았다.

장타이엔과 왕안석은 식성은 좋지만 미각은 그리 발달하지 않은 사람들이다. 이들의 장점은 절대 음식 투정을 부리지 않는다는 것이고, 단점은 요리의 고수가 될 수 없다는 것이다. 음식 맛에 민감하지 않으니 당연히 요리사가 될 수 없고, 미식가가 되려는 꿈은 꿀 수도 없다. 하지만 장타이엔도 좋아하는 음식이 아예 없었던 것은 아니었다. 그의 제자인 홍콩의 명의 천춘런陳存仁 선생에 따르면 장타이엔은 생전에 초우떠우푸臭豆腐[3]를 굉장히 즐겨 먹었는데, 썩은 내가 심하고 짠맛이 강한 것을 훨씬 좋아했다고 한다. 왕안석 역시 즐겼던 음식이 있었다. 청나라 역사학자 고동고顧棟高가 정리한 『왕형국문공유사王荊國文公遺事』에 따르면 왕안석이 가장 좋아했던 음식은 양터우첸이다. 왕안석은 독서하면서 양터우첸을 먹는 것을 즐겼는데 마치 오늘날 젊은 사람들

— 3 소금에 절인 두부를 발효시킨 것으로 냄새는 역하지만 맛은 좋다.

이 영화를 보면서 팝콘을 먹는 것과 비슷하다.

양터우첸은 어떤 음식인가? 어떤 송나라 음식 연구가는 음식 이름만으로 의미를 짐작해 양터우첸이 양 머리고기를 꼬챙이에 꿰어 불에 구운 음식이라고 주장했다. 즉 꼬치구이의 일종이라는 것이다. 또 어떤 학자는 양터우첸이 일종의 고깃국이라고 주장했다. 송대의 문헌에 '첸껑籤羹'이라는 단어가 나오는데 첸과 껑 모두 국을 의미하므로 양터우첸도 국이라는 것이다. 그렇지만 이 두 주장은 모두 틀렸다. 양터우첸은 꼬치도 아니고 고깃국도 아닌 왕유쥔網油捲을 말한다.

왕유쥔을 만드는 방법은 다음과 같다. 우선 돼지 내장을 둘러싸고 있는 왕유網油[4]를 벗겨내 깨끗하게 씻은 후 접시에 깔아둔다. 양 머리 고기를 잘 익혀 가늘게 썬 뒤 소금과 조미료로 양념하여 왕유 위에 펼쳐놓는다. 그런 다음에 김밥 말듯이 싸서 작은 도막으로 썬다. 그리고 묽은 밀가루물이나 계란 푼 물에 담갔다가 끓는 기름에 넣어 황금빛을 띨 때까지 튀긴다. 다 튀겨지면

---

[4] 돼지 내장을 둘러싸고 있는 섬유질 형태의 지방 막으로 대망막大網膜(omentum), 대망, 장막腸膜이라고도 하며 요리에서는 '크레핀crepine', '콜팻caul fat'이라고 한다. 현존하는 가장 오래된 서양 요리서로 기원전 1세기 전후 로마의 미식가 마르쿠스 가비우스 아피키우스Marcus Gavius Apicius가 쓴 『데 레 코퀴나리아De re coquinaria』에 여러 가지 재료를 다졌거나 조직이 연해서 모양을 잡기 어려운 재료의 표면에 감싸는 데 크레핀을 사용한다는 언급이 나온다.

뜰채로 건져 기름기를 빼 그릇에 담는다. 이것이 바로 겉은 바삭하고 속은 부드러운 양터우첸이다. 먹어보면 향긋한 왕유의 맛과 연한 양고기의 식감에 완전히 정신을 잃을지도 모른다.

구양수의
자즈 사랑

　북송에는 네 개의 '경京'이 있었다. 동경, 서경, 남경, 북경이다. 동경은 개봉, 서경은 낙양을 말한다. 그러나 당시의 북경은 현재의 베이징北京이 아닌 허베이 다밍大名이고, 당시의 남경 또한 현재의 난징南京이 아닌 허난 상츄商丘(상구)를 가리켰다.

　북송 때 상구의 위상은 개봉과 낙양에 버금갈 정도로 높았다. 송나라 때에는 아직 '일선도시一線城市'⁵라는 개념이 없었다. 만약 있었다면 개봉, 낙양, 상구는 오늘날의 베이징, 상하이, 광저우와 같은 일선도시였을 것이다. "먹을거리는 광저우가 으뜸"이라는 말이 있을 정도로 광저우의 음식은 전국적으로 유명했다. 북송 시기 상구의 샤오츠 또한 대단히 유명했다. 종류도 많고 모

5　전국에서 정치, 경제 등 사회활동에서 중요한 위치에 있으며 주도적인 역할을 하는 영향력 큰 대도시를 말한다. 2018년 기준으로 베이징과 상하이가 초일선도시超一線城市이며 광저우, 선전深圳이 일선도시이다. 이 외에도 준일선도시準一線城市, 이선도시二線城市, 삼선도시三線城市, 신일선도시新一線城市 등이 있다.

양도 정교하며 맛도 좋아 수도 개봉의 샤오츠와 견줄 만했다.

상구의 수많은 샤오츠 가운데 '자즈夾子'라는 미식이 있었다. 특히 구양수가 이 음식을 좋아해, 그는 상구에서 3일짜리 시장市長을 했을 때 매일 자즈를 먹지 않고는 배기질 못했다고 한다.

자즈는 '자얼夾兒'이라고도 한다. 송나라 때는 상당히 보편적인 음식이어서 상구에도 있고 개봉에도 있었다. 『동경몽화록』을 보면 상국사相國寺 남쪽의 주교州橋 야시장에서 '젠자즈煎夾子'라는 샤오츠를 파는 노점상에 대한 묘사가 나온다. 남송 때 자즈는 항주 야시장에서 큰 인기를 끌었다. 남송의 유신遺臣 오자목은 『몽양록』에서 임안의 샤오츠를 소개하는데, 자즈만 해도 수십 종류가 된다. 어메이자얼蛾眉夾兒, 쉰러우자얼筍肉夾兒, 유자자얼油炸夾兒, 진팅자얼金梃夾兒, 장위자얼江魚夾兒, 간장자얼肝臟夾兒……. 이 외에 각종 채소로 만든 자즈도 있는데 오자목은 그것들을 통칭해서 "각종 채소 튀김 자얼"이라고 소개하고 있다. 구양수가 남송 때까지 살았다면 아마 항주에서 노년을 보내려 했을 것이다. 그가 좋아하는 자즈가 항주에 이처럼 다양하고 풍부하니 한 달 동안 자즈만 먹어도 물리지 않았을 것이다.

아쉬운 점은 문헌에는 구양수가 자즈를 즐겨 먹었다는 것과 상구와 항주에서 자즈를 팔았다는 것만 기록되어 있을 뿐 자즈가 어떤 음식인지 전혀 나오지 않는다는 것이다. 2007년 중화서

국中華書局에서 교열한 남송의 음식 문화 문헌인 『무림구사』에는 '간장 자즈'가 "오늘날의 러우자모와 비슷한 음식"이라고 설명되어 있다. 20년 전 카이펑시 정부는 유명 요리사와 학자들과 함께 송나라 샤오츠 발굴 프로젝트를 추진한 적이 있다. 그때 '젠자즈'를 발굴한 사람들은 '젠煎(지지다)'이라는 글자에만 주목해 그것이 오늘날 카이펑 아침 시장에서 흔히 볼 수 있는 수이젠빠오水煎包와 같은 것이라고 설명했다. 그러나 내가 수년간 연구한 결과, 자즈는 러우자모도 아니고 수이젠빠오도 아니다. 오히려 오늘날의 어우허藕盒나 체허茄盒[6]에 훨씬 가깝다.

연근이나 가지, 죽순을 칼로 자른 다음(두툼하게 잘라 중간에 십자 모양으로 칼집을 낸다) 칼집 낸 곳에 생선이나 고기, 게알 또는 채소를 채워 넣는다. 겉을 밀가루물로 두른 다음 기름에 넣고 튀기거나 찜기에 찐다. 이것이 바로 송나라 사람들이 말하는 자즈이다. 죽순에 돼지고기나 양고기 소를 넣은 것이 '쉰러우자얼'이다. 내장으로 소를 만들어 넣으면 '간장자얼'이 된다. '어메이자얼'과 '진팅자얼'은 칼집 모양에 따른 이름일 것이다. 즉 '어메이자얼'은 가늘고 둥근 눈썹 모양의 자얼이고, '진팅자얼'은 두껍고 넓적한 모양으로 금괴 모양과 흡사했을 것이다(송나라 때의 금

---

[6] 어우허는 연근 속에 고기를 넣어 튀긴 것이고, 체허는 가지 속에 고기를 넣어 튀긴 것이다.

괴는 후대의 배 모양 원보가 아니라 장방형으로 매우 두꺼웠는데 당시에는 '진팅'이라고 불렸다).

또 『몽양록』의 주석에는 자즈가 군만두의 일종이라고 나와 있는데, 이 또한 신빙성이 없다. 자즈는 피와 소가 있기 때문에 형태상으로는 군만두와 비슷하다. 그러나 군만두는 밀가루 피 안에 소를 넣는 데 반해 자즈는 연근이나 가지, 버섯, 죽순으로 소를 싼다. 군만두의 피는 조연에 불과할 뿐이지만 자즈의 피는 소와 함께 주인공이라 할 수 있다. 칼집을 낸 재료의 자연적인 장력張力으로 또 다른 주인공인 소를 잡아줄 뿐만 아니라 소의 맛을 중화시켜 전체적인 맛을 조화롭게 만들어준다.

물만두건 훈툰이건 탕위엔이건 펀쩡허빠오건, 소가 들어가는 대부분의 음식은 소가 주연이고 피는 조연이다. 소가 으뜸음이고 피는 코러스이다. 조화가 잘되었다 해도 코러스는 장식일 뿐이다. 따라서 코러스에 해당하는 피는 음식 맛에 별다른 영향을 미치지 못한다. 그러나 자즈는 다르다. 달콤한 죽순과 두툼한 소의 맛은 조화로운 음악에 비견될 수 있다. 사각사각한 죽순과 바삭바삭한 소가 만들어내는 복합적인 식감은 입체적인 음악을 듣고 있는 듯한 착각을 불러일으킨다. 죽순은 신선하고 소는 향기롭다. 죽순은 담백하고 소는 맛이 깊다. 소를 싸고 있는 죽순의 약한 박자가 소의 강한 박자를 중화시켜준다. 서로 다른 음정과 박자가 조화를 이루어 새로운 음악을 만들어내듯이 자즈도 이런 조화와 간결함을 담고 있는 음식이라고 할 수 있다.

화식 딤섬
띠쑤빠오뤄

『금병매』 제64회에 서문경西門慶이 온수재溫秀才, 응백작應伯爵과 함께 집에서 눈을 감상하는 장면이 나온다. 술상이 다 차려지자 기녀 정월아鄭月兒가 간식 2상자를 가져오는데, 한 상자에는 궈센딩피쑤果餡頂皮酥가 다른 상자에는 쑤유파오뤄酥油泡螺가 들어 있었다. 응백작은 쑤유파오뤄의 맛을 보고 감탄하며 이렇게 말한다. "윗부분의 주름이 마치 소라 같소."

응백작은 입이 근질거려 참지 못하고 쑤유파오뤄 하나를 입에 넣고는 하나를 온수재에게 건넸다. "선생도 하나 맛보시죠. 드셔보면 회춘할 것이외다. 이처럼 희귀한 음식을 맛보았으니 10년은 더 살겠소!" 온수재가 과자를 입에 넣자마자 과자가 그대로 녹아서 사라졌다. 그가 맛을 칭찬하며 말했다. "이것은 서역에서 온 것인가! 인간 세상의 것이 아닌 듯하오. 폐와 심장을 녹이니 이것이야말로 천계의 음식이 아니겠소?"

사실 당시 강소와 절강 일대의 많은 제과점에서는 쑤유파오뭐를 팔았으니 희귀한 음식이라고 할 수 없다. 온수재가 "이것은 서역에서 온 것인가! 인간 세상의 것이 아닌 듯하오"라고 호들갑 떤 것은 사실 과장된 표현이라고 할 수 있다. 『금병매』의 작가 난릉소소생蘭陵笑笑生은 쑤유파오뤄의 이름조차 잘못 쓰고 있다. 정확한 이름은 마땅히 '쑤유빠오뤄酥油鮑螺'여야 한다. 물론 판각공이나 필사자가 실수했을 가능성도 있다.

쑤유빠오뤄는 크림으로 만든 일종의 화식花式 딤섬[7]이다. 우유를 단지에 넣어 자연 발효시켜 얻은 쿠아르크Quark[8]를 오랫동안 휘저으면 크림이 분리된다. 여기에 꿀과 자당蔗糖[9] 등을 섞어 응고시킨 후 짤주머니에 넣어 원을 그리며 쟁반에 짜내면 작은 과자가 하나씩 만들어진다. 이것이 바로 쑤유빠오뤄 또는 띠쑤빠오뤄인데, 아래는 둥글고 위는 뾰족하며 둥근 주름이 잡혀 있는 것이 소라 모양과 흡사하다. 남송의 임안과 명나라 강남 지역에서 흔히 볼 수 있었으며, 특히 중추절이나 원소절이 되면 부잣집이나 가난한 집 할 것 없이 손님 접대용으로 만들었다. 『금병매』의 등장인물들이 이처럼 흔한 간식을 세상에 드문 진귀한 음식으로 여긴 것은 그들이 내륙 지방에 살아서 강남의 미식을 맛볼

---

[7] 꽃 모양으로 만든 간식을 가리키지만 동물 모양 등 다른 형태도 있다.

[8] 치즈의 일종.

[9] 사탕무와 사탕수수에 함유되어 있는 당.

기회가 없었기 때문일 것이다.

이미 눈치챘겠지만 띠쑤빠오뤄는 크림으로 만든 상형 식품이다. 제빵사들이 케이크를 만들 때 꽃 모양으로 크림을 짜는 광경을 본 사람들은 잘 알 것이다. 크림은 처음에는 굉장히 부드럽지만 금방 굳어버리기 때문에 기술이 좋다면 어떤 형태든 만들 수 있다. 그렇지만 송나라 때는 기술이 비교적 단순했기 때문에 주로 소라 모양으로만 만든 것이다. 납작하게 만들면 굴 모양이 되고 높이 만들면 소라 모양이 된다. 송나라 사람들은 굴을 '빠오鮑'라고 불렀기 때문에 굴이나 소라처럼 생긴 크림 과자를 띠쑤빠오뤄라고 부른 것이다.

송나라 때에도 크림 장식 고수가 있었다. 예를 들면 북송의 시인 매요신의 친척집에 있던 시녀는 크림으로 꽃봉오리, 과일, 기린, 봉황 등을 만들었을 뿐만 아니라 심지어 시를 쓰기까지 했다. 그 시녀가 오늘날까지 살았다면 분명 제과점을 열었을 것이다.

달콤한 환시퇀

송나라 때에는 떠우퇀豆團, 마퇀麻團, 환시퇀歡喜團 등 경단 형태의 간식이 몇 가지 있었다.

떠우퇀은 팥으로 만들었다. 팥을 푹 삶은 뒤 갈아서 팥소를 만들고 여기에 설탕과 밀가루를 섞어 동그랗게 만든 뒤 기름에 넣고 튀긴다. 마퇀은 쯔마퇀芝麻團이라고도 한다. 찹쌀가루에 단맛이 나는 소를 넣어 동그랗게 빚은 후 참깨에 굴려 기름에 넣고 튀긴다. 환시퇀을 만드는 과정은 조금 번거롭다. 먼저 찹쌀을 튀밥처럼 볶은 후 잘 다린 시럽을 그 위에 붓고 힘주어 섞어준다. 그리고 이것이 식기 전에 달걀 크기 정도로 빚은 다음(빚을 때는 중간중간 물을 묻혀준다. 화상을 피하고 음식이 손에 달라붙지 않게 하기 위해서이다) 귤껍질을 이용해 색깔을 내준다.

어렸을 때 위동 농촌의 골목에서 황아장수가 소고小鼓를 흔들며 "화지퇀花吉團"이라고 외치며 지나가던 장면을 자주 보았다. 화지퇀은 송나라 때의 환시퇀과 상당히 비슷하다. 찹쌀을 볶아

튀밥처럼 만든 다음 그 위에 잘 다린 시럽을 부어 작은 경단 모양으로 만든 것이다. 다만 귤껍질로 색을 내지는 않는다. 오늘날에는 황아장수도 자취를 감췄고 나의 어린 시절을 달콤하게 물들였던 화지탄도 찾아볼 수 없다.

화지탄은 순백색이지만 송나라 때의 환시탄은 흰색과 붉은색의 중간색 정도였다. 그것은 송나라 때 백설탕이 없었기 때문이다(송나라 사람들은 원당原糖 시럽에서 직접 흰색의 당상糖霜을 뽑아내는 방법을 알고 있었다. 그렇지만 당상은 백설탕과 다르다). 간식을 만들 때 쓰는 설탕은 흑설탕과 맥아당뿐이었다. 이런 설탕으로 만든 시럽은 갈홍색을 띤다. 이것을 흰색의 튀밥과 섞은 후 귤껍질로 색을 내면 귤홍색 환시탄이 완성된다. 내가 어렸을 때 먹었던 화지탄은 화지탄이라 부르기 힘들고, 오히려 송나라 때의 환시탄이 화지탄에 가깝다. 왜냐하면 환시탄이야말로 '꽃'처럼 보이기 때문이다.

환시탄은 송나라 사람이 발명한 음식이 아니다. 내가 조사한 바에 따르면 그것은 인도에서 들어왔다. 불교가 중국에 전래되면서 당송 시기에 중국의 시장에서 흔히 볼 수 있는 간식이 되었다. 고대 인도 사람들은 환시탄을 '마호도가摩呼荼迦'라고 불렀는데 환희천歡喜天(가네샤)의 음식이라는 뜻이다. 환희천은 춤의 신 시바의 아들로 음식과 색色을 좋아하고 탐욕이 많아 악행을 많이 저질렀다. 나중에 관세음보살이 미녀로 변해 환희천을 옭아맨 뒤 그의 색욕을 억눌러버렸다. 그러나 식욕만은 어쩌지 못했다. 따라서 인도 사람들이 환시튄을 만들어 환희천의 손에 쥐여주고 환희천이 먹고 싶을 때 언제든지 먹게 하니 비로소 세상이 청정해졌다고 한다.

고대 인도 사람들이 만든 환시천 조각상은 코끼리 머리에 사람 몸을 한 괴물이 가부좌를 틀고 앉아 있는 모습으로 표현되는데, 관세음을 껴안고 손에는 환시튄을 들고 있다. 나중에 이 환시천상은 힌두교의 한 분파인 '탄트라교'의 토템이 되었고, 밀종密宗에도 받아들여져 환희불歡喜佛이 되었다. 이런 변천 과정 중에도 남녀가 서로 껴안고 있는 형태는 줄곧 변하지 않았다. 다만 환희천의 코끼리 코는 사라졌고, 손에 들고 있던 환시튄도 보이지 않게 되었다.

식물성 고기

나의 인상 속에서 송나라 시대의 유명한 인물들은 대부분 불문佛 門과 관계가 있다.

    소동파는 어려서 도교를 신봉했지만 중년 이후에는 불교를 믿었다. 황정견은 어려서부터 불교를 믿어 죽을 때까지 바뀌지 않았다. 왕안석은 만년에 불교를 믿었는데 신앙이 대단히 독실해서 집까지 팔아 절을 짓는 데 바쳤다. 이청조는 불교를 신봉하지는 않았지만 북송 멸망 후에도 남편 조명성과 계속 상국사를 참배했다. 사마광도 불자는 아니었지만 본처 상을 당했을 때 승려를 불러 독경과 함께 극락왕생을 빌어주도록 했다. 주희는 유가의 대종사大宗師로 평소에는 불교를 쳐다보지도 않았지만 제자들에게 격치格致 공부를 시킬 때에는 선승처럼 평정한 마음으로 좌선하도록 했다. 양만리楊萬里는 관직에 있을 때 관아에서 살지 않고 절간의 방을 빌려 생활했다. 구양수는 중신重臣이었음에도 개봉 정인사淨因寺, 북경 압사사壓沙寺, 진강鎭江 금산사金山寺의 방장들과 친교를 쌓았다. 게다가 그의 아명은 '화상和尙(중)'이었다.

이상에서 말한 주요 인물들 외에 일반 백성들도 불교를 많이 믿었다. 그들은 이론도 모르고 선문답도 모르고 불학에 흥미도 없었지만 유명인들 못지않게 윤회와 인과에 깊이 빠져들었다. 불교에 심취한 백성들은 살생을 하지 않고 고기도 먹지 않았으며 단지 배추와 두부 등으로만 생활했다. 불교의 영향으로 많은 사람들이 채식을 고집하자 채식 요리 전문점들이 성업하기 시작했다.『몽양록』에 따르면 항주 성안에 채식 요리 전문점인 '소식분다素食分茶'가 굉장히 많았다고 한다.

오늘날의 채식 요리 전문점에서는 고객을 유치하기 위해 다양한 형태의 식물성 고기를 선보이고 있다. 고구마로 만든 훙샤오저우즈紅燒肘子(족발찜), 연근으로 만든 추류파이구醋溜排骨(새콤달콤한 갈비), 글루텐과 대두 단백질로 만든 카오야烤鴨(오리구이), 유부 피와 연근 가루로 만든 햄, 김과 목이버섯으로 만든 해삼, 무채로 만든 제비집, 죽순으로 만든 샥스핀, 당근을 갈아 만든 칭쩡셰편淸蒸蟹粉(게살 찜) 등 닭고기, 오리고기, 가금류, 가축류, 해산물까지 만들지 못하는 것이 없다. 2009년 상하이에서 방송 촬영을 할 때 징안스靜安寺(정안사) 2층에 있는 식당에서 채소로 만든 자라를 먹은 적이 있다. 표고버섯과 팽이버섯을 이용해 만든 자라였는데 윤택이 좌르르 흐르는 게 마치 살아 있는 듯했다. 모양뿐만 아니라 맛도 자라와 대단히 비슷해서 이 정도면 성공한 식물성 고기라는 생각이 들었다.

남송의 채식 전문 식당에도 굉장히 많은 식물성 고기 메뉴가 있었다. 예를 들면 '자쯔야假炙鴨(가짜 구운 오리)', '자셴즈假蜆子(가짜 바지락 조개)', '자양스젠假羊事件(가짜 양 내장)', '자루스젠假驢事件(가짜 당나귀 내장)', '자젠바이창假煎白腸(가짜 양 순대 지짐)', '자젠우위假煎烏魚(가짜 오징어 지짐)', '자구터우炸骨頭(갈비 튀김)', '쑤관페이素灌肺(채소로 만든 돼지나 양의 폐 요리)', '자삐에겅假鱉羹(가짜 자라 스프)', '싼셴둬쩐지三鮮奪眞雞(채소와 콩으로 만든 삼선 닭 요리)' 등이다. 음식 이름만으로도 채소 요리라는 것을 알 수 있지만 실제 완성된 요리는 식감과 맛 모두 고기 요리와 흡사하다.

불교도만 송나라 채식 요리 전문점의 고객이었던 것은 아니다. 호기심 때문에 온 미식가들도 있었다. 그들은 진짜 닭과 진짜 오리만 먹어봤지 가짜는 먹어본 적이 없었기 때문이다.

푸드 데코레이션

 남송에 장준이라는 장수가 있었다. 악비의 동료로 악비가 죽고 난 후 군왕에 봉해져 송 고종의 총애를 받았다. 어느 해 고종이 자신의 친척들과 문무백관을 이끌고 그의 집을 방문했다. 장준은 황제의 호의에 감격해 온갖 산해진미를 준비해 연회상을 차렸다.

 『무림구사』에 따르면 그날 연회는 모둠과일과 전채 요리로 시작되었다. 술을 마시기 시작하자 다시 수십여 가지의 안주가 올라왔고, 술을 마시고 나자 삽식揷食이 올라왔다. 삽식을 먹고 나자 다시 모둠과일이 나왔고, 정교하게 빚은 과자 또한 올라왔다. 잇달아 올라온 음식만 해도 수백 가지여서 고종과 함께 온 신하들은 아침부터 저녁까지 눈과 입이 호사를 누렸다.

 모둠과일, 과자, 전채 요리, 술안주 등은 이미 우리가 잘 아는 것들이다. 그러나 안주 다음에 나온 '삽식'은 어떤 음식일까? 예전에 나는 글자만 보고 삽식이 술 마시는 도중에 나오는 주식이라고 생각했는데, 나중에 책을 보니 예쁘게 장식된 음식을 말하는 것이었다.

음식을 어떻게 장식했을까? 송나라 사람들은 두 가지 방법을 사용했다. 음식 위에 직접 꽃이나 오색 깃발 등을 꽂거나, 대나무나 철사 등으로 모양을 만들어 음식 위에 올렸다.

송나라 사람들은 중양절重陽節[10]에 중양까오重陽糕를 선물하는 풍습이 있었는데 여기서 말하는 중양까오가 바로 삽식이다. 삽식을 만드는 법은 간단하다. 쌀가루를 설탕물에 반죽해서 찜기에 넣고 찌면 된다. 중요한 것은 이웃 사람들에게 떡을 나눠주기 전에 쌀떡의 윗부분에 작은 깃발을 꽂는다는 것이다.(『몽양록·구월九月』 참조)

멀쩡한 떡에 깃발은 왜 꽂았을까? 그것은 맛을 내기 위해서라기보다 예쁘게 보이기 위한 것이다. 미녀가 여러 가지 장신구로 예쁘게 치장하듯 깃발을 꽂는 것도 맛 좋은 음식을 보기 좋게 만들기 위해서이다.

또한 송나라 사람들은 단오절 때 집집마다 쑥과 창포, 해바라기 등으로 작은 나무나 작은 산의 형상을 만들어 대문 앞에 두거나 수십 개의 쫑즈粽子[11]를 붉은 실로 묶어 문에 걸어두었다. 쫑

---

[10] '9'가 두 번 겹친 날(음력 9월 9일)로, 동아시아에서는 예로부터 이날 화전을 부쳐 먹거나 국화주를 마시고 시를 짓는 등의 활동을 해왔다.

즈는 서양 사람들이 성탄절 때 크리스마스트리에 매달아두는 사탕과 같은 것이다.(『무림구사·단오端午』참조) 부유한 사람들은 금실과 은실로 커다란 지네 한 마리를 만들어 지네의 다리 수백 개를 하늘로 향하게 한 뒤 다리마다 귤, 깐즈柑子,[12] 쫑즈, 미젠 등을 꿰어두는데, 이것을 당시에는 '삽식반가揷食盤架'라고 불렀다. 여기에 매달린 과일과 미젠 등을 먹으면 벽사辟邪의 효과가 있다고 한다.

이제 다시 장준이 송 고종을 위해 열었던 연회에 나온 삽식으로 돌아가보자. 차오바이야오즈炒白腰子(콩팥볶음), 쯔두준炙肚䏑(양 내장 구이), 쯔춘즈푸炙鶉子脯(메추리 구이), 쯔추이빙炙炊餠(만터우 구이), 부쯔추이빙不炙炊餠(찐 만터우) 등은 평소에 쉽게 볼 수 있는 음식들이다. 그러나 장준은 장식 전문가를 불러 인공산과 분재를 만든 뒤 이를 음식 위에 장식했고, 이로 인해 음식의 느낌이 완전히 달라졌다.

---

11 중국 단오절의 전통 음식. 대나무 잎에 싼 찹쌀밥으로 전국시대 초나라의 굴원屈原을 추모하기 위해 만들었다는 전설이 있다.

12 주로 남방 지역에서 나는 홍귤.

제7장

음료와 술

飲料加美酒

송나라 냉음료 가게

여러분이 만약 한여름에 동경 변량으로 여행을 간다면 반드시 송나라의 냉음료를 맛보아야 한다.

개봉에는 세 곳의 대형 냉음료 가게가 있었다. 한 곳은 '조가종식曹家從食'(종식은 부식품副食品이 아니라 빠오즈, 만터우, 수이자오, 훈툰, 셴빙 같은 주식을 말한다)이란 가게로 주작문朱雀門 바깥에 있었고, 다른 두 곳은 구송문舊宋門 밖에 있었는데 상호는 전해지지 않는다. 이 세 곳에서는 삥쉐冰雪, 량장涼漿, 깐차오탕甘草湯, 야오무과藥木瓜, 수이무과水木瓜, 량수이리즈까오涼水荔枝膏 등의 냉음료를 팔았다.

'삥쉐'는 송나라식 아이스크림이고, '량장'은 시원한 발효 식혜, '깐차오탕'은 시원한 감초물, '야오무과'는 벌꿀과 다양한 약재에 절인 모과를 끓는 물에 넣어 하얗고 흐물흐물해질 때까지 삶아서 얼음물에 넣은 것이다. '수이무과'는 제조법이 간단하다. 모과의 껍질을 벗긴 뒤 씨를 발라내고 과육만 남겨 적당한 크기로 자른 후 얼음물에 넣으면 된다. '량수이리즈까오'는 리치와는 아무런 관계가 없다. 오매烏梅를 잘 다려 과교果膠(펙틴pectin)로 만든 후 얼음물에 담아내면 된다.

여기서 말한 음료들은 모두 얼음 없이는 만들 수 없다. 그런데 송나라 때에는 현대화된 제빙 설비가 없었다. 뜨거운 여름날 어디서 얼음을 구했을까? 겨울에 언 얼음을 잘 보관해두는 것이 유일한 방법이었다. 그렇다면 어디에 보관했을까? 지하의 얼음 창고나 얼음 굴이다. 송나라에는 얼음 창고가 매우 많았다. 궁에 대형 얼음 창고가 있어 여름이면 후비와 대신들에게 얼음을 나누어주었다. 민간에는 소형 얼음 창고가 있었는데, 추운 겨울날 사람을 고용해 강의 얼음을 깨서 얼음 창고에 넣어두었다가 여름에 내다 팔았다.

송나라 때에는 냉장고가 없었기 때문에 얼음 창고에서 얼음을 꺼내면 굉장히 빨리 녹아버렸다. 이를 해결하기 위해 송나라 음료 가게에는 특별한 설비가 마련되어 있었다.[1] 형태는 큰 솥과 비슷한데, 겉은 백동白銅으로 만들어졌고 안에 넣을 수 있는 나무 용기가 별도로 있었다. 음식을 넣은 나무 용기를 얼음을 채운 솥

---

1 빙감氷鑒 또는 감부鑒缶라고 한다. 『주례周禮』에 이 용기에 대한 설명이 처음으로 나오는데 주로 제사 때 쓸 술이나 음식물 등을 차갑게 보관하는 용도로 사용했다고 한다.

안에 넣어 덮개를 덮어두면 2, 3일이 지나도 냉기가 식지 않았다. 또한 음료를 나무통 속에 넣어두면 냉장 효과가 뛰어난데, 만약 냉장할 것이 없을 때에는 나무통을 에어컨으로 사용할 수도 있었다. 방 안 네 구석에 통을 하나씩 두고 덮개를 열어두면 찬 기운이 나와 방 안의 온도를 낮출 수 있었다.

송나라의 냉음료에는 색소나 방부제를 쓰지 않았다. 당시의 기술 수준으로는 가짜 주스나 과립을 만들어낼 수 없었기 때문에 말하자면 굉장히 안전했다. 그러나 앞서 말했듯이 송나라 때 음료용 얼음은 모두 강에서 채취한 천연 얼음으로 불순물이 많이 포함되어 있었다. 따라서 온도가 낮을 때는 별 문제가 없었지만 직접 마시면 배탈이 날 수도 있었다.

『송사』에 남송 효종과 예부시랑 시사점施師點 간의 대화가 기록되어 있다. 효종이 말했다. "짐이 며칠 전에 차가운 음료를 많이 마셨더니 배탈이 나 설사를 했다. 다행히 지금은 괜찮아졌다." 시사점이 말했다. "황상은 국가 최고의 통치자로 일거수일투족이 강산사직江山社稷 및 백성들의 생활과 큰 연관이 있습니다. 아무리 냉음료를 좋아하신다 해도 앞으로는 맘껏 드시는 것을 삼가주시옵소서." 효종은 "그렇게 하겠다"며 그의 의견에 동의했다.

'삥쉐'는 오늘날의 아이스크림과 비슷하다. 송나라 사람들은 겨울이 오면 동으로 만든 그릇에 물을 받아 설탕과 과즙, 과교를 넣은 뒤 실외에서 얼려 얼음 창고에 보관해두었다. 그리고 다음 해 여름이 되면 그것을 꺼내어 작은 조각으로 자른 후(동물 모양으로 자르기도 했다) 냉음료 가게에 내다 팔았다.

'량장'은 밥으로 만든다. 쌀이나 좁쌀을 반 냄비 정도 걸쭉하게 끓여 이것이 찐득해지면 다시 찬물을 붓고 잘 섞은 다음 단지에 부어 뚜껑을 덮고 자연 발효시킨다. 5, 6일 정도 지나 밥이 당화糖化되면 거름망으로 걸러 미즙米汁만 남긴다. 이 미즙을 작은 자기병에 나눠 담은 후 얼음 통 속에 잘 넣어두면 새콤달콤한 량장이 완성된다. 과거에는 청명절 날 성묘하러 갈 때 '량장수이판涼漿水飯'을 가져가서 친척들과 나눠 먹었을 뿐만 아니라 묘소에도 몇 잔 뿌려 넋을 위로하기도 했다. 량장수이판은 반발효 미즙이다.

이 밖에 '커수이渴水'와 '러수이熱水'라는 냉음료도 있다.

커수이를 만드는 과정은 매우 번거롭다. 우선 리치나 사과, 배, 귤, 딸기 등 과육이 부드럽고 과즙이 많은 과일을 깨끗이 씻은 후 껍질과 씨를 제거하고 과즙과 과육을 냄비에 담는다. 여기에 깨끗한 물을 붓고 처음에는 센 불에 끓이다가 어느 정도 끓어오르면 찐득해질 때까지 약한 불에서 천천히 달인다. 중간에 찌꺼기를 걸러내가며 수분이 남지 않을 때까지 달이면 마지막에는 엿처럼 점성이 강하고 투명한 물질만 남는데, 이것이 '과교'이다.

과교를 작은 단지에 옮겨 담아 밀봉한 후 찬 음료가 생각날 때마다 조금씩 떠서 얼음물에 풀어 마신다. 이것이 바로 커수이다.

러수이를 만드는 방법은 비교적 간단하다. 이름에서 알 수 있듯, 러수이를 만들 때는 당연히 끓는 물이 필요하다. 그러나 끓는 물이 있다고 러수이라고 할 수는 없다. 송나라 사람들이 러수이를 만드는 방법은 다음과 같다. 죽엽이나 벼잎, 또는 귤잎을 깨끗하게 씻어 말린 후 냄비에서 덖어준다. 이것을 끓는 물에 한 줌 가량 넣고 뚜껑을 닫은 후 한소끔 삶는다. 잎은 건져내어 버리고 이 물에 설탕을 넣은 다음 옹기에 옮겨 담아 밀봉해 깊은 굴속에 보관한다. 이 음료들은 건강에도 좋을 뿐 아니라 청량감과 담백한 자연의 맛을 느낄 수 있게 해준다.

어린 시절 내 고향 위동에서는 밀을 수확할 때면 농가마다 농사용으로 쓸 대나무 빗자루를 하나씩 준비했다. 빗자루를 사용하기 전에 대나무 잎 몇 개를 떼서 깨끗하게 씻어 말린 후 불을 쪼여 대나무 향이 올라오게 한 다음 물에 우려서 차로 마셨는데 그렇게 하면 삼복더위를 이길 수 있었다. 아마 송나라 때부터 이어 내려온 풍습이 아닐까 싶다.

손님맞이 차, 손님 배웅 탕

청나라와 민국 시기, 관료 사회에서는 차로 손님을 맞이하고 배웅하는 것이 크게 유행했다. 손님이 오면 먼저 차를 권하고 차를 마시며 이야기한다. 어느 정도 이야기가 마무리되면 주인은 정색하며 찻잔을 받쳐 드는데, 그러면 손님은 가야 할 시간이 되었다는 것을 알고 자리에서 일어난다.

그러나 송나라 때의 관습은 그렇지 않았다. 남송의 대시인 육유는 이렇게 말했다. "손님이 오면 차를 준비하고 손님이 갈 때면 탕을 내온다. ……관청에서 일반 가정에 이르기까지 누구나 이런 관습을 따랐다." 즉 송나라 때는 손님을 배웅할 때 차가 아니라 탕을 받쳐 들어 의사를 표현했다.

나는 허난 사람이기 때문에 이런 관습에 매우 익숙하다. 우리 고향에서는 결혼식 때 잔칫상에 음식이 나오는 순서가 정해져 있다. 찬 음식이 앞에 뜨거운 음식이 뒤에, 짠 음식이 앞에 단 음식이 뒤에 나온다. 접시 요리가 앞에, 찜요리가 뒤에 나온다.

찜요리와 주식을 먹고 나면 마지막으로 탕이 나오는데, 이 탕에는 반드시 계란이 들어가 있다. 즈차이딴화탕紫菜蛋花湯(계란 김국) 아니면 판치에딴화탕番茄蛋花湯(토마토 계란탕), 지딴보차이탕雞蛋菠菜湯(계란 시금치탕), 또는 달고 뜨끈하고 영양 많은 계란 푼 위미껑玉米羹(옥수수 계란탕)이 나온다. 탕 속에 계란이 들어 있어 우리는 잔치 마지막에 나오는 탕을 '군딴탕滾蛋湯'[2]이라고 불렀다. 손님들은 군딴탕이 식탁에 오르면 잔치가 막바지에 이르렀다는 것을 알고 부지런히 탕을 마시고는 자리에서 일어났다.

송나라 사람이 손님을 배웅할 때 내오던 군딴탕에는 계란이 들어 있지 않았다. 사실 당시의 군딴탕은 탕이 아니라 굉장히 달짝지근한 약의 일종이었다. 북송 때 주욱이 쓴 『평주가담』에는 이런 내용이 나온다. "손님을 배웅하는 탕은 약재와 감향甘香으로 만들었다. 따뜻하게도 차갑게도 마시는데 모두 감초가 들어간다. 이런 풍습을 모르는 사람은 거의 없다." 손님 배웅용 탕은 감초, 사인, 진피陳皮,[3] 백단白檀, 사향, 곽향藿香 등 한약재에 죽엽, 연밥蓮子, 박하, 행인杏仁, 벌꿀, 금은화金銀花 등을 섞어 진하고 달짝지근하게 달여 만든다. 따뜻하게 마시면 원기 회복에 도움이 되고, 해

---

2 '군滾'의 원래 뜻은 '(물이) 흐르다', '(물이) 끓다'이고, '딴탕蛋湯'은 '계란탕'을 말한다. 그러나 '군딴滾蛋'이라 하면 '꺼져버려!'라는 의미가 된다.

3 말려 묵힌 귤껍질 등.

열과 해독 효과가 있어 건강에 좋다.

남송에서 북쪽으로 올라가 회하를 건너면 금나라다. 금나라는 여진족 정권으로 송나라와는 정반대의 풍속을 갖고 있었다. 손님을 맞이할 때는 탕을 내오고 손님을 배웅할 때는 차를 올렸다. 잘 알다시피 여진족은 후에 청나라를 건국한 만주족의 조상이며, 청나라 관리들은 조상들의 관습을 그대로 계승했다. 만약 청나라를 세운 것이 만주족이 아니라 한족이었다면 선탕후차先湯後茶가 아니라 송나라 풍습인 선차후탕先茶後湯의 풍습을 따랐을 것이다.

소동파의 칵테일

소동파는 신종이 추진한 신법에 반대했다가 황주로 유배를 당했다. 하루아침에 죄인의 신분이 된 소동파는 녹봉도 없고 상여금도 없고 수당도 없는 농사꾼 신세로 전락하고 만다. 장사 수완도 없으니 손바닥만 한 논에라도 농사를 지어 가족들을 먹여 살리는 수밖에. 그는 가을에 거두고 겨울에 씨 뿌리고 봄에 경작하고 여름에 김매는 농사일로 하루도 쉴 틈이 없었다. 그러나 아이러니하게도 집에 좋은 술이 떨어진 적은 한 번도 없었다.

당연히 그 술들은 그가 산 것이 아니다. 끼니를 걱정해야 하는 형편인데 그에게 어디 술 살 돈이 있었겠는가. 그렇다고 뇌물로 받은 술도 아니었다. 그는 관직에 있지 않았기 때문에 누구도 그에게 아부할 필요가 없었다. 그렇다면 그가 직접 담근 것일까? 그것도 아니다. 비록 소동파가 술에 대해 일가견이 있긴 했어도 직접 술을 빚지는 못했다. 언젠가 한번 기상천외한 방법으로 찹쌀에 벌꿀을 섞어 술을 만든 적이 있긴 하다. 그때 담근 술은 분명히 매우 달았을 것이다. 그러나 얼마 지나지 않아 벌꿀이 부패하고 찹쌀에는 푸른곰팡이가 피어 신맛과 악취가 나는 술로 변해버렸다. 이 술을 마신 소동파는 속이 뒤집혀서 다리가 후들거릴 정도로 설사를 해댔다고 한다.(『피서록화』 참조)

   소식은 어떻게 좋은 술을 손에 넣었던 것일까? 선물로 받은 것이다. 그는 문장과 시사로 명성이 높은 대문호였다. 그를 앙모하는 수많은 사람들이 그에게 술을 선물했다. 황주 주변의 네다섯 도시의 관리들도 자신들의 관할구역 내에서 최고로 좋은 술을 구해 그에게 보내주었다.

   소식은 술을 매우 좋아했지만 주량이 세지는 않아서 "하루 종일 술을 마셔도 오합五合을 넘지 않았다"(오합은 반 되로, 송나라 때 반 되는 약 300ml 정도이다).(『서동고자전후書東皐子傳後』 참조) 즉 많이 마셔봤자 맥주 한 캔 정도였던 것이다. 그는 주량이 세지 않았기 때문에 술을 마시는 데 한계가 있었고, 그래서 술이 많이 남았다. 그렇지만 남은 술을 팔지는 않았다.

   그의 집 북쪽 담장 아래에는 술 단지들이 길게 줄지어 서 있었고 항아리마다 명주들이 채워져 있었다. 여름이 되면 제대로 밀봉되지 않은 단지 위에 파리와 모기떼가 어지러이 날아다녔다. 소식은 술이 상할까봐 남은 술을 모두 모아 큰 항아리에 부은 후 진흙으로 밀봉해두었다가 손님들이 올 때마다 꺼내 대접했다. 그는 황주에 있을 때 임시로 거처할 방 세 칸을 지은 적이 있다. 그리고 방의 사방 벽에 설경을 그려두고 방 이름을 '설당雪堂'이라고 지었는데, 바로 여기에 술을 모아둔 항아리를 보관했기 때문에 '설당의준雪堂義樽'[4]이라는 말이 생겼다.

소식이 닭 꽁무니에서 털 하나를 뽑아[5] 술에 넣은 다음 '휘휘' 저어 '칵테일'이라고 이름 붙였어도 안 될 것이 없다. 대략 700년 후 뉴욕의 한 술집에서 베시 플래너건Betsy flanagan이라는 여종업원이 손님들이 남긴 몇 종류 술을 섞어 새 술인 척 팔았는데, 이를 계기로 칵테일이 세상에 나오게 되었다고 하니[6] 소식이 만든 술과 다를 게 없지 않은가.

---

4 '의준'은 혼합주를 말한다.
5 중국에서는 칵테일cocktail을 영어 그대로 의역해서 '닭 꽁무니 술', 즉 '지웨이주雞尾酒'라고 한다.
6 칵테일의 유래는 굉장히 다양하다. 그중 비교적 유명한 이야기는 미국 독립전쟁 때로 거슬러 올라간다. 병사 한 명이 기병대 바에서 병사들이 즐겨 마시는 혼합 음료 병에 수탉 꼬리를 꽂아두었는데 술 취한 병사가 그것을 보고 "그 수탉 꼬리Cock's tail 멋있군!"이라고 감탄한 데서 유래했다고 한다.

돼지고기로 술을 빚다

포산佛山의 '위삥샤오玉冰燒'라는 술은 매우 유명하다. 링난嶺南(영남) 특산으로 다른 지방에는 없는 술이다. 나는 재작년에 인터넷으로 구매해서 마셔봤는데 목 넘김이 매우 부드러웠다. 유일한 단점은 단맛이 많아 나 같은 북방 사람의 입맛에는 잘 맞지 않는다는 것이다. 내 입맛은 라오바이갈老白乾(빼갈의 일종)이나 고량주, 얼궈터우二鍋頭 등 씁싸름하면서도 신맛이 느껴지는 대국大麴[7]의 맛에 길들여져 있다. 따라서 단맛이 조금이라도 느껴지면 술

---

[7] 바이주를 빚을 때 사용하는 누룩은 크게 대국大麴, 소국小麴, 부국麩麴으로 나눌 수 있으며, 당화제 혹은 발효제로 무엇을 사용하는지에 따라 대국법, 소국법, 부국법으로 부른다. 대국은 보리, 밀, 완두 등을 사용하며 누룩의 발효 기간이 비교적 길다. 대국법은 술을 만드는 과정이 비교적 복잡한 반면 술맛이 깊고 풍성하다. 그렇지만 얻는 술의 양이 적어 가격이 비싸다. 바이주 가운데 좋은 술은 대부분 대국법으로 만든다. 소국은 쌀, 밀가루, 쌀겨 등으로 만들며 발효 기간이 비교적 짧다. 소국법으로 만든 술은 맛이 상쾌하며 부드럽고 가격이 싸다. 부국은 밀기울(밀껍질)로 만들며 양조할 때 인위적으로 효모균을 넣기 때문에 발효 기간이 짧다. 술의 양이 많고 가격도 저렴한 반면 향미가 떨어지는 단점이 있다. 중저가 바이주는 대부분 부국법으로 생산한다.

이 아니라 음료를 마시는 것 같은 착각이 든다.

나는 위삥샤오 양조법을 모르기 때문에 단맛이 어디서 비롯된 것인지 모른다. 그러나 왜 그처럼 목 넘김이 좋고 술맛이 부드러운지는 알고 있다. 그것은 양조 과정에서 돼지고기를 넣기 때문이다. 먼저 쌀로 황주를 빚은 뒤 다시 황주를 이용해 바이주를 증류해낸다(샤오싱 사람들은 이것을 '댜오샤오吊燒'라고 한다). 그런 다음 익힌 돼지고기를 항아리에 넣고 거기에 바이주를 부은 뒤 밀봉한다. 반년가량 지난 후 항아리를 열어 고기 찌꺼기를 체로 걸러내면 위삥샤오가 완성된다.

돼지고기로 술을 담그는 것은 링난 사람들만의 특기이다. 중원 사람들은 죽었다 깨어나도 이런 방법을 생각해내지 못할 것이다. 그러나 송나라 때 중원 사람들은 양고기로 술을 빚었다. 물론 이름도 위삥샤오가 아니라 '양까오주羊羔酒'였다.

『동경몽화록』에 이런 내용이 나온다. 북송의 황성 개봉 앞에는 동서로 길게 뻗은 대로인 국원가麴院街가 있었다. 이 대로상에 수많은 양조장이 있었는데 그 가운데 몇 집에서 양까오주를 빚었다. 양까오주는 가격이 매우 비싸서 일반 사람들은 맛볼 수 없었다. 『무림구사』를 보면 남송 황제가 신하들과 설경을 감상한 후 어주御酒를 1잔씩 내리는데 그것이 바로 양까오주였다고 한다. 이로써 양까오주는 북송과 남송에서 모두 매우 귀한 술이었다는 것을 알 수 있다.

양까오주와 위삥샤오의 양조법은 다르다. 먼저 재료부터 다르다. 위삥샤오는 쌀과 돼지고기로 만들지만 양까오주는 쌀과 양고기로 만든다. 둘째, 고기를 넣는 시기가 다르다. 위삥샤오는 증류주를 완성한 다음에 고기를 넣는 데 반해 양까오주는 처음부터 양고기탕과 쌀밥을 섞은 후 누룩을 넣는다. 완성된 양까오주는 증류를 거치지 않는다. 송나라 때의 양생 서적인 『수친양로신서壽親養老新書』에 서술된 양까오주 양조법을 보자. "쌀 한 석으로 평소처럼 밥을 짓는다. 기름진 양고기 일곱 근과 누룩 열네 냥을 준비하는데, 누룩은 어떤 것이든 상관없다. 양고기를 네모난 덩어리로 자른 후 고기가 흐물거릴 때까지 끓인다. 국물이 일곱 말 정도 남으면 밥과 누룩을 섞는다. 한 냥 정도의 목향木香을 넣어 함께 양조하되 물이 섞이면 안 된다. 열흘 정도 익히면 맛이 지극히 달고 부드러워진다."

잘 알다시피 쌀로 술을 빚을 때 제일 조심해야 할 것은 기름을 묻히지 않는 것이다. 자칫하다가는 바로 검정 곰팡이가 핀다. 위삥샤오 양조에 성공할 수 있었던 것은 발효가 끝난 후에 고기를 넣었기 때문이다. 송나라 사람들은 고깃국에 직접 밥을 말아 넣었는데 어떻게 양조에 성공한 것일까? 아마 내 생각에는 목향을 넣었기 때문에 가능했던 것 같다. 기회가 된다면 실험해보고 싶다.

쉐화주

소동파의 문하생 장뢰張耒는 애주가여서 어디를 가든 반드시 그 지방에서 나는 술을 마셔보았다. 그는 양주揚州의 까오유주高郵酒[8]가 가장 맛이 좋아 어주와 견줄 만하다고 했다. 다음으로는 하남 회양淮陽에서 나는 총예주瓊液酒를 꼽으며 신선이 마실 법한 명실상부한 미주라 할 수 있다고 말했다.

총예주는 기장으로 만든다. 기장을 물에 불려 부드럽게 만든 다음 맷돌에 넣고 갈아준다. 그리고 이것을 가마솥에 넣어 물을 부은 뒤 된죽이 될 때까지 끓인다. 죽이 식으면 누룩을 섞어 단지에 넣고 밀봉해서 발효시킨다. 누룩의 작용으로 기장 속의 전분이 빠른 시간 내에 당화되고 가수분해를 일으켜 주정酒精과 이산화탄소가 만들어지면 단지 속에 자연스럽게 술이 차오른다. 술이 기장 위까지 올라오면 한 국자 퍼서 맛을 본다. 단맛 가운데 약간

---

[8] 까오유高郵 지역에서 나는 술.

의 쓴맛이 느껴지면 이때가 바로 술을 끓일 때이다. 술과 지게미를 함께 솥에 부어 끓이다, 끓여서 식혀둔 맹물을 넣고 다시 강한 불로 끓인다. 온 방 안이 술 냄새로 가득 차면 불을 끄고 술지게미를 걷어낸 뒤 미세 거름망으로 여러 번 술을 걸러준다. 그런 다음 걸러진 술을 단지에 넣고 밀봉해서 지하에 묻는다. 몇 년간 기다렸다 꺼내서 밀봉한 진흙을 떼어내고 단지를 열어보면 침전물이 얇게 가라앉아 있을 것이다. 그 침전물 위에 있는 맑은 액체가 바로 총예주이다.

총예주는 도수가 10도가 채 되지 않을 정도로 낮다. 그러나 향이 진하고 맛이 부드러울 뿐만 아니라 얼음물처럼 맑고 투명하다. 오늘날 만드는 술은 대체적으로 맑고 투명하지만 송나라 때는 그렇지 않았다. 당시의 양조 설비는 보잘것없었고 증류 과정도 없었기 때문에 술은 대부분 붉은색이나 녹색을 띠었다. 술도 비교적 탁했는데 이를 통해 볼 때 맑고 투명한 술인 총예주가 얼마나 귀한 것인지 잘 알 수 있다.

나는 총예주를 마셔보지 못했다. 하지만 술맛은 대략 짐작해볼 수 있다. 분명 진한 향 외에 가벼운 쓸쓸함과 떫은맛이 교차할 것이다. 기장술에는 대부분 이런 문제가 있다. 양조에 일가건이 있는 술꾼이라면 쓸쓸하고 떫은맛을 없애기 위해 술에 얼음을 띄워 차게 마시거나 벌꿀을 섞어 마시기도 하겠지만 그러면 술의 진한 향을 눌러버리게 되니 안타까울 따름이다.

송나라의 또 다른 칵테일 제조법이 있다. 양 다리 하나를 준비한 후 가죽과 뼈, 근육을 제거한다. 거기서 나온 질 좋은 고기를 따뜻한 물에 담가 핏물을 빼고 얇게 썬 뒤 좋은 바이주를 1리터가량 붓고 끓인다. 다 끓고 나면 다시 푹 쪄준 다음 양 골수와 용뇌를 약간 넣고 잘게 간다. 그리고 식힌 고기를 작은 단지에 옮겨 담고 술 생각이 날 때마다 한 숟가락씩 퍼서 술 주전자에 넣고 중탕해 마시면 보양주로 그만이다.

송나라 사람이 이처럼 정성껏 제조한 술의 이름은 '쉐화주雪花酒'다. 쉐화주는 총예주의 씁쓸하고 떫은맛을 제대로 잡고 진한 향은 그대로 느낄 수 있게 한 성공적인 칵테일이라고 할 수 있다. 그러나 술을 빚을 때 양고기와 용뇌가 들어가기 때문에 매우 비쌌다. 송나라 때 양고기는 말할 것도 없이 용뇌 또한 매우 귀했다. 이처럼 귀한 재료를 써서 만든 칵테일인데 비싸지 않을 수 있겠는가?

마지막 술은 노인들에게

중국에서 생산되는 술의 종류는 굉장히 많다. 마오타이茅臺, 우량예五糧液, 젠난춘劍南春, 싱화춘杏花春, 위삥샤오, 헝수이라오바이깔衡水老白乾, 훙싱얼궈터우紅星二鍋頭, 옌징피주燕京啤酒, 칭다오피주青島啤酒, 샤오싱화댜오紹興花雕, 쩐장산바이鎭江三白 등 시중에서 파는 바이주, 맥주, 황주, 포도주를 모두 합쳐 대략 수천 가지가 된다.

송나라 술도 오늘날과 마찬가지로 종류가 다양했다. 『무림구사·제색주명諸色酒名』에 따르면 남송 중엽에만 류샹주流香酒, 인광주銀光酒, 쉐페이주雪醅酒, 구이펑주瑰峰酒, 창웨이루薔薇露, 총화루瓊花露, 스탕춘思堂春, 펑라이춘蓬萊春, 친화이춘秦淮春, 푸위춘浮玉春, 펑허춘豐和春, 황두춘皇都春, 유메이탕有美堂, 쭝허탕中和堂, 칭바이탕淸白堂, 위엔쉰탕元勳堂, 쩐주취엔珍珠泉, 샤오사취엔瀟灑泉, 치윈칭루齊雲淸露, 베이푸삥추北府兵廚, 디이장산第一江山, 란차오펑위에監橋風月 등의 술이 있었는데, 모두 전국적으로 명성이 자자한 명주들이었다. 이 외에 그리 유명하지 않은 술까지 합치면 그 수는 상상을 초월한다.

주변朱弁[9]은 『곡유구문』에서 더욱 구체적인 통계치를 제시하고 있다. 궁정에서 만드는 어주와 조정의 특별 허가 아래 재상, 공신, 태감과 황친들이 개별적으로 만드는 술을 제외하고 송나라에는 300여 종에 가까운 지방 명주가 있었다고 한다. 예를 들면 광주廣州의 '스빠셴十八仙', 소주韶州의 '환구위취엔換骨玉泉', 호주의 '삐란탕碧瀾堂', 검주劍州의 '둥시주東溪酒' 등은 모두 전국적으로 유명한 술들이다. 그러나 당시에는 상표 관리에 대한 인식이 희박했기 때문에 지방 명주라 하더라도 상표 '이름이 중복'되는 현상이 벌어졌다. 예를 들면 임안의 양조장과 악루樂樓에서 만든 '총장주瓊漿酒'가 있는데 또 다른 양조장인 인화루仁和樓에서도 '총장주'를 생산했다. 하북 하간부河間府 양조장에서 만든 '찐뽀주金波酒'가 있는데 산서山西 대주代州, 강서 홍주, 절강 명주, 사천 합주合州에서도 '찐뽀주'를 생산했다. 아마 송나라 때에도 양조장 간에 상표 분쟁이 있었을 것으로 여겨지지만 확인할 수 있는 문헌 기록은 전하지 않는다.

이 외에 '란웨이주藍尾酒'라는 굉장히 특이한 이름의 술이 있었는데, 이것은 일종의 칵테일이었을 것이다. 이 술은 백거이의

---

[9] 1085-1144. 남송의 관리이자 문학가. 유학의 집대성자 주희의 종조부이다. 저서로는 『곡유구문曲洧舊聞』, 『풍월당시화風月堂詩話』가 있다.

시에도 나오는 것으로 봐서 최소한 당나라 때부터 있었다.

> 한 해를 보낼 때는 란웨이주를 끝에 권하고,
> 춘반을 먹기 전에 교아당을 먼저 올린다.[10]
>
> 歲盞後推藍尾酒,
>
> 春盤先勸膠牙餳.

즉 한 해를 보낼 때 란웨이주를 마셨다는 것이다. 소동파도 이렇게 노래했다.

> 란웨이주를 신화 후에도 마신다는 것이 놀라울 따름이다.
> 오두는 완화 전에 다녀와야 한다네.[11]
>
> 藍尾忽驚新火後.
>
> 遨頭要及浣花前.

---

10 란웨이주는 산초와 잣 등을 넣어 만든 술로 설날에 이 술을 마시면 악귀를 쫓고 사람들의 영혼을 깨어나게 한다고 여겨졌다. 춘반은 당송 시기 입춘날 막 나기 시작한 신선한 채소들을 큰 쟁반에 담아 나눠 먹었던 풍속이다. '교아당'은 맥아당으로 한 해의 끝 무렵에 조왕신에게 올리는 공물이다.

11 '신화'는 당송의 풍속으로 청명절(즉 한식) 전날에는 하루 동안 불을 피우지 않고 보내고 청명절이 되면 다시 불을 피웠다. '오두'는 '완화계浣花溪에 가서 놀기 좋은 때'로, '완화'는 청두의 전통 명절인 4월 19일이다. 이날 사람들은 두보가 살았던 완화계에 가서 야유회를 여는 풍속이 있다.

또한 한식이 지나고 나서도 한참 동안 란웨이주를 마셨다.

란웨이주는 상표가 아니다. 란웨이주라는 명칭은 고대인들의 음주 풍속에서 유래했다. 평소에 술을 마실 때는 연장자를 공경한다는 의미에서 나이든 사람에게 술을 먼저 권한 뒤 젊은 사람들이 마신다. 그러나 춘절이나 다른 주요 명절에는 순서를 바꿔 술을 권한다. 왜냐하면 명절이 지나면 노인들은 죽음에 더 가까워지기 때문에 그들이 늙어가는 것에 슬픔을 느끼지 않도록 젊은이들이 먼저 마시고 마지막에 연장자에게 술을 권하는 것이다. 바꿔 말하자면 노인들이 끝에 남는 술을 마시는 것이다. 당송의 속어에서는 말석까지 간 술을 '란웨이婪尾'라고 한다. 따라서 란웨이주婪尾酒[12]는 마지막에 남은 술을 말한다. 그렇지만 '婪尾酒'라는 말의 어감이 좋지 않아 후대에 '藍尾酒'로 바꿔 부르게 되었다.

---

[12] 일설에는 '란웨이주'라는 말이 술자리에서 술잔이 한 바퀴 돌 때 마지막 사람이 연속으로 3잔을 마셔야 하는 음주 규칙 또는 벌주놀이에서 유래했다고 한다. 또한 '란婪'은 '탐내다', '욕심내다'라는 의미가 있는데 끝자리에 앉은 사람에게는 술잔이 더디게 돌아와 술을 제대로 못 마시기 때문에 순서가 왔을 때 연거푸 마시는 경우가 많아 '탐욕스럽다'는 뜻이 생겼다고도 한다.

술잔 가득 채우고

예전에 나는 티베트 사람들의 다도 풍습에 관한 다큐멘터리를 본 적이 있는데, 그들은 차를 마실 때 왼손으로 찻잔을 들고 오른손 약지를 찻잔 속에 넣어 차탕을 찍어 하늘에 튕기기를 3번 반복한 후 비로소 차를 마셨다. 이런 과정은 매우 짧은 시간 안에 이루어지기 때문에 다른 사람들은 알아채지 못하는 경우가 많지만 나는 바로 알아차렸다. 왜냐하면 이 다큐멘터리를 볼 때 나는 후난에서 투자족土家族[13]을 취재하고 있었기 때문이다. 투자족도 티베트 사람들처럼 술을 마실 때 약지로 술을 찍어 하늘에 튕기기를 3번 반복한 후 손님에게 술을 권했다.

나는 이렇게 차와 술을 마시는 것이 당송시대의 '짠자離甲'에서 유래한 것으로 생각했다.

---

[13] 중국의 후난성과 후베이성, 쓰촨성, 꾸이저우성에 분포하는 소수민족. 고대 '파인巴人'의 후예로 중국 내 55개 소수민족 가운데 인구 규모가 여섯 번째로 크다.

백거이는 〈아침에 호주에서 술 마신 후 최사군에게 보내는 시早飮湖州酒, 寄崔使君〉에서 이렇게 읊었다.

독주 한 항아리
옥 술병에 가득 채워
손톱 적실 정도로 술을 따르니
은 술잔 가득 남실거리네.
一榼扶頭酒,
泓澄瀉玉壺.
十分瀝甲酌,
潋灩滿銀盂.

두목杜牧은 〈연못에 배를 띄워 왕십과 송별하며後池泛舟送王十〉에서 이렇게 노래했다.

서교에서 배웅할 때 저녁 풍경 평화롭고,
녹색 하늘 대나무 밖 찬 공기 둘러싸고 있네.
그대 위해 손톱 적실 정도로 술잔 가득 채워드리니,
이별의 아쉬움 얼마나 깊은지 알 수 있으리.
相送西郊暮景和,

青蒼竹外繞寒波.

爲君蘸甲十分飮,

應見離心一倍多.

신기질辛棄疾의 〈강가 선경에 이르러臨江仙〉를 보면 "손톱 적신 귀한 술잔 정이 깊고"라는 구절이 나오고, 오문영吳文英의 〈성성만聲聲慢〉에도 "손톱 적신 맛좋은 술도 저버렸네"라는 구절이 나온다. 남송의 청백리 서방좌舒邦佐는 폭설이 내린 날 "손톱 적실 정도로 술 한 잔 가득 채워 추위를 쫓아보네"라고 노래했다.

'짠자'는 당시唐詩와 송사宋詞에 자주 등장한다. 나는 티베트 사람들이나 투자족한테서 보았듯 원래 짠자가 일종의 풍습이고 예절인 줄 알았다. 그러나 나는 잘못 알고 있었던 것이었다. 짠자는 그런 것이 아니다.

티베트 사람들은 불교를 믿는다. 차탕을 3번 튕기는 것은 삼보(불佛, 법法, 승僧)를 공양하는 행동이다. 투자족은 신을 믿는다. 술을 3번 튕기는 것은 삼광三光(즉 일日, 월月, 성星)을 공양하는 행동이다. 약지를 사용하는 것은 티베트 사람들과 투자족이 손가락 가운데 약지가 제일 고귀하고 정결하다고 여기기 때문이다. 따라서 보통은 나쁜 손가락을 사용하지는 않는다.

당송 시사에 나오는 짠자는 신과 부처를 공양하는 것과 아무런 관계가 없다. 단지 술을 아주 가득 따르는 것을 비유할 뿐이다.

송나라 사람들의 표현대로라면 "술을 가득 채워 술잔을 들면 반드시 술에 손톱이 적셔져야 한다".(『의각료잡기猗覺寮雜記』 참조) 이것이 바로 짠자이다.

중국의 음주 풍속은 외국과 다르다. 외국에서는 술잔에 술을 가득 채우지 않는다(맥주는 예외다). 주로 고블릿goblet을 이용하는데 그렇게 큰 잔에 술은 아주 조금 채우고 홀짝홀짝 천천히 마신다. 중국 사람들은 손님을 접대할 때 신경을 많이 쓴다. "차는 7할만 따르고 밥은 8할만 채우고 술은 가득 채운다"고 할 정도로 술은 반드시 가득 따르고 술을 마실 때는 반드시 단숨에 들이켠다. 그러지 않으면 호기를 드러낼 수 없고 좋은 손님이 될 수 없다.

오불吳芾의 〈노계흠과 이별 후 부침和魯季欽別後寄〉을 보자.

언젠가 다시 만나 술 한잔 할 때,
손톱 깊이 담가도 사양 마시게나.
他日相逢重把酒,
莫辭醮甲十分深.

내가 당신을 위해 술을 가득 채울 테니 당신도 나를 위해 남김없이 마시라는 의미이다.

술고래 석만경, 별명은 석오두

송나라 개국 황제 조광윤은 술을 굉장히 좋아했다. 그는 사람들에게 이렇게 말했다. "짐은 매일 연회 때 취하도록 술 마시는 것을 좋아하지만, 다음날 후회하지 않은 적이 없었다."(『속수기문』 참조)

그는 매일 한 차례씩은 꼭 술을 마셨는데 마실 때마다 크게 취했다. 다음날이 되면 다시는 술을 마시지 않겠다고 굳게 다짐했지만 저녁이 되면 음주벽이 도져서 누구도 황제의 과음을 막을 수 없었다.

나도 조광윤과 다를 바 없어 매일 아침 스스로에게 이렇게 말한다. "리 선생, 한 방울도 마시면 안 돼!" 그러나 저녁 무렵 밥 먹자는 전화를 받으면 술 생각이 동해 견디기 힘들고 두 다리마저 말을 듣지 않는다. 술자리에 가면 마음속으로는 조금만 마시자고 결심하지만, 한잔 술에 좋아진 기분이 술잔을 더욱 높이 들게 만들어 결국 이성을 잃고 고주망태가 되고 만다. 술자리가 파하고 집에 오면 그때부터 위장은 뒤집어지고 다음날 아침 다시 술을 끊겠다고 결심하지만 저녁이 되면 또 부어라 마셔라 하게 된다. 여러 차례 술을 끊으려고도 해봤지만 길어야 일주일이 고작이었다. 며칠 금주하면 친구들이 찾아와 나의 태도를 칭찬하고 의지력에 존경심을 표하며 술을 권하니 다시 크게 취하고 마는 것이다.

술을 멀리하는 사람이라면 이런 상황을 이해하기 힘들겠지만, 이것이 바로 알코올중독이다. 사람이 쉽게 중독되는 다섯 가지가 있다. 흡연, 음주, 마약, 돈, 권력이 그것이다. 알코올중독은 마약이나 권력에 중독된 것보다 더 심각해서 쉽게 고칠 수 없다.

송나라 때에도 알코올중독자들이 굉장히 많았다. 조광윤 외에 후대의 황제들도 모두 술을 좋아했다. 예를 들면 태종, 진종, 인종, 휘종은 하루도 술을 마시지 않고 넘어가는 날이 없었다. 내 생각에 이것은 유전자와 관련이 있는 것 같다. 조씨 집안의 유전자에 술에 의존하는 인자因子가 내재되어 있지 않았을까?

『수호지』속의 양산호걸들도 술을 무척 좋아했다. 그중에서도 무송은 밥은 걸러도 술은 거르지 못했다. 그는 이런 명언을 남겼다. "내가 술에 취해 힘을 못쓸까봐 걱정인가? 오히려 나는 술이 없으면 힘을 못 쓴다. 한 잔 마시면 한 잔만큼의 힘이 나고 다섯 잔 마시면 다섯 잔만큼의 힘이 난다. 그러니 열 잔의 술을 마시면 얼마나 엄청난 힘이 나겠는가?" 아마 그의 신경계통은 일반 사람들과 달랐던 모양이다. 술이 자극하면 자극할수록 더욱 흥분된다니 말이다.

무송은 거짓말을 못한다. 그는 험준한 고개인 경양강景陽岡에 오르기 전 주점에서 술 열다섯 사발을 마시고 그 힘으로 호랑이를 맨손으로 때려잡았다. '금안표金眼彪' 시은施恩을 도와 장문신蔣門神을 손봐주는 과정14도 '무삼불과망無三不過望'과 관련이 있다. '망望'은 주점 바깥에 세워진 간판을 말한다. 무송은 주점 간판을 볼 때마다 술 세 사발을 마시지 않고는 지나가지 않았다. 결국 모두 서른 사발을 마시고 술이 거나해진 상태에서 장문신과 싸워 그를 때려눕힌다.

예전에 북송 정요定窯15에서 만든 술잔을 본 적이 있다. 술을 가득 채워도 약 200ml, 즉 반 근이 채 들어가지 않는 작은 크기의 잔이었다. 오늘날 식당에서 맥주를 마실 때 쓰는 일회용 플라스

---

14 금안표 시은은 맹주 옥리의 아들로 쾌활림이라는 유흥가에서 상인들에게 보호세를 받아 생활하는 인물이다. 그는 쾌활림에 새로 술집을 차렸는데 이 권을 노리는 장문신과 충돌해 된통 당하게 된다. 이에 시은은 마침 귀양 와 있던 무송을 극진히 대접한 뒤 복수를 부탁한다. 무송은 장문신에게 본때를 보여주고 시은은 다시 쾌활림의 주도권을 잡는다. 그러나 이 일로 인해 무송은 살인을 저지르게 되고 여기 연루된 시은도 양산박으로 떠나게 된다.

15 송대 6대 요 가운데 하나로 당시 정주定州에 있었기 때문에 정요라는 이름이 붙었다.

틱 컵보다 약간 큰 편이다. 무송이 경양강 아래에서 술을 마실 때 이런 잔으로 15잔을 마셨다면 도합 6근에 해당하는 것이요, 장문신을 때려눕히기 전 마신 30잔은 대략 12근에 해당한다.

21세기 애주가인 나의 주량은 중원 지역에서 중간 정도에 속한다. 50도짜리 백주로 치면 한번에 반 근 정도 마실 수 있고 컨디션이 좋으면 대략 8냥 정도 마실 수 있다. 더 마시면 완전히 취한다. 나는 '싼파오三炮'라는 별명의 술꾼을 본 적이 있다. 별명의 의미는 높은 도수의 백주를 3근까지 마실 수 있다는 것이다. 이 정도라면 오늘날의 기준으로 보더라도 술이 매우 센 것이다. 무송은 한번에 12근 정도의 술을 마셔도 별로 취하지 않았다고 하는데, 『수호지』에 나오는 그의 주량은 지나친 허풍일까?

아마 허풍은 아닐 것이다.

첫째, 송나라 때에는 증류주가 없었고 발효주만 있었다. 밥을 쪄서 식힌 후 누룩과 섞어 발효시킨다. 어느 정도 발효가 되어 밥이 술지게미로 변하면 이것을 체로 거른 뒤 단지에 넣어 밀봉하는데, 3개월에서 10년 정도 숙성시키면 술이 완성된다. 이런 발효주는 도수가 10~15도로 현재의 백주보다 훨씬 순하니 많이 마시는 것이 불가능한 일은 아니다.

전해 내려오는 송나라 가요에 이런 내용이 있다. 상해 쪽은 술값이 싸서 1관짜리 지폐 한 장이면 3되의 술을 살 수 있다. 혼자서 3되의 술을 사서 단숨에 마시면 바로 취해버리지만 얼마 지나지 않아 바로 깨어난다.(『수은만록隋隱漫錄』 참조) 송나라 때 3되라면 딱 현재의 3근이다. 그러나 송나라 때 1근은 600g에 가깝다. 일반인이라면 3되 정도의 술은 단숨에 마셔버릴 수 있다. 그러나 술에 취해도 바로 깨어나니 당시 술의 도수가 오늘날의 맥주 정도로 높지 않았다는 것을 말해준다.

둘째, 송나라 문헌을 보면 놀랄 만한 주량을 자랑하는 술고래들이 나온다. 어떤 이의 주량은 무송과 막상막하이고 어떤 이는 무송을 능가한다. 그들과 비교해보면 무송의 주량은 놀랄 만한 수준이 되지 않는다.

소동파의 문하생 장뢰는 자가 명도明道로 하남에서 관직에 있었다. 그는 이렇게 말했다. "지금까지 만나본 술꾼들은 대략 다섯 되 정도를 마셨다. 이보다 더 많이 마시는 사람은 없었다. ……조무구晁無咎는 나와 대적할 만하다. 그와 만날 때마다 같이 술을 마시는데 한 말은 마셔야 비로소 취기가 조금 올랐다."(『명도잡지明道雜誌』 참조)

조무구 역시 소동파의 학생으로 조보지晁補之라고도 부른다. 장뢰의 말에 따르면 당시 술을 잘 마시는 사람이라 해도 보통 5되 정도밖에 마시지 못한다. 1말을 마시는 경우는 대단히 드물었다. 그와 조보지의 주량은 비슷해서 둘이 술 1말씩은 거뜬히 마실 수 있었다는 것이다.

송나라 때 1말은 대략 6,000ml로 5kg에 해당한다. 장뢰와 조보지가 함께 술 1말씩 마셨다는 것은 각각 5kg씩, 다시 말하자면 10근씩 마셨다는 것이다.[16] 앞에서 말했듯이 무송이 장문신을 때려눕히기 전 마신 술이 대략 12근이다. 소동파의 두 학생에 비하면 주량이 그리 센 것이 아니다.

송 진종의 신하 가운데 석연년石延年이라는 사람이 있었다. 자는 만경曼卿이고 역사서에서는 그를 '희극음喜劇飮'이라고 불렀다.(『송사·석연년전石延年傳』 참조) 목숨 따위는 아랑곳하지 않고 술 마시는 것을 좋아한다는 의미이다. 그가 동경 변량에 있는 왕씨 주루王氏酒樓에서 술을 마신 적이 있는데 "종일토록 한마디 말도 없이…… 오로지 술만 마셨는데 저녁이 되어도 얼굴색 하나 변하지 않았다". 아침부터 밤까지 말 한마디 없이 오로지 술만 마

---

[16] 중국에서는 액체의 계량 단위로 무게 단위인 근과 부피 단위인 밀리리터(ml)를 함께 사용한다. 오늘날 중국 술은 거의 예외 없이 1병이 500ml다. 500ml면 500g, 즉 1근이다(과거에는 1근이 600g이었다). 술병은 1근이 기본 포장 단위인데, 엄밀한 계량법은 아니다. 근은 중량 단위라 원칙적으로는 액체의 부피 단위인 ml와 직접 환산할 수 없지만 중국에서는 전통적으로 술의 양을 '근'으로 표시해왔다. 순수한 물은 표준 상태에서 밀도가 1g/ml이므로 순수한 물 500ml와 500g은 동일하다. 그렇지만 순수 알코올의 밀도는 0.8g/ml로 물의 밀도 1g/ml보다 낮다. 술과 물이 혼합될 경우 밀도는 0.8g/ml~1g/ml이며, 500ml당 중량은 400g~500g이다. 그러나 그 차이는 크지 않기 때문에 관습적으로 500ml를 500g(즉 1근)으로 생각한다.

셨는데도 끝까지 취하지 않았다는 것이다. 북송의 대학자 심괄은 석연년의 일상에 대해 잘 알고 있었다. 그는 『몽계필담』에서 석연년의 특별한 음주 습관을 인상적으로 묘사하고 있다. 석연년은 나무 위에 올라가서 술을 마시는가 하면 때로는 족쇄를 차고 술을 마셨다. 또 집안 대들보에 올가미를 걸고 그 안에 머리를 넣은 채 술을 마셨는데 다 마신 뒤에야 머리를 빼냈다고 한다.

석연년은 왜 이처럼 기괴한 방식으로 술을 마신 것일까? 그의 주량은 워낙 세서 그저 술만 마시는 것으로는 별다른 자극이 되지 않았기 때문이다. 반드시 기괴한 행동을 하면서 술을 마셔야 비로소 흥분할 수 있었던 것이다.

석연년의 주량이 어느 정도였는지는 기록으로 전해지지 않는다. 그렇지만 그에게는 '석오두石五斗'라는 별명이 있었다. 술을 5말까지 마신다는 뜻이다. 송나라 때 1말이면 적어도 5kg에 상당하니 5말이면 50근이 넘는다. 따라서 이 별명은 지나치게 과장된 것이다. 왜냐하면 50근의 술을 마시는 것은 인류의 생리적 한계를 뛰어넘는 것으로 아무리 주량이 센 사람일지라도 불가능하기 때문이다. 그러나 이 별명은 석연년이 얼마나 술을 잘 마셨는지를 충분히 설명해준다. 사람들이 괜히 '석오두'라고 불렀겠는가?

송 인종은 황위에 오른 후 석연년을 재상으로 삼으려 했다. 그러나 그가 술을 많이 마시는 것이 마음에 걸렸던 인종은 신하들에게 이렇게 말했다. "석만경은 재능이 많지만 술을 지나치게 많이 마신다." 이 말이 석연년의 귀에 들어갔다. 석연년은 술을 끊기로 결심하고 결국 성공했지만, 얼마 안 가 죽었다.(『몽계필담·인사人事』 참조)[17]

옛말 가운데 틀린 게 없다. 사람이 평소대로 살지 않고 갑자기 다르게 생활하면 병이 들거나 목숨을 잃는다. 음주는 당연히 건강에 해롭다. 그렇지만 알코올은 마약과 같아서 천천히 끊어야지 갑자기 끊으려 하면 몸이 견뎌내질 못한다.

역사 속의 석연년이나 장뢰, 소설 속 무송이 송나라 사람의 주량을 대표하는 것은 아니다. 절대다수의 송나라 남성들은 우리보다 주량이 세지 않았다. 장뢰는 자신이 만나본 술꾼들의 주량이 평균 5되 정도였고 그보다 더 많이 마시는 사람은 없었다고 했다. 대다수 술꾼들은 많이 마셔야 10근 정도 마셨는데 연속으로 20근을 마시는 경우는 거의 없었다. 오늘날 위장이 큰 사람이라면 맥주 10근 마시는 것은 일도 아니다. 나는 대학을 졸업하던 해에 한 자리에서 맥주 9병을 마신 '영광스러운 역사'를 갖고 있다. 당시 맥주 한 병이 640ml였으니 9병이면 10근이 넘는 것이다.

한자리에서 맥주 10근을 마시는 것이 놀라울 수도 있겠지만

---

[17] 폭음으로 병을 얻어 죽었다는 설도 있다. 어찌 되었든 술로 인해 47세에 죽었다.

사실 그리 어려운 것은 아니다. 맥주는 도수가 낮아서 시간만 충분하다면 20근이라도 문제가 없다. 화장실 몇 번 다녀오면 반나절 만에 다 마실 수 있다.

주량은 사람마다 다르다. 천성적으로 술이 약한 사람은 하루 동안 맥주 1병을 못 마시기도 한다. 소동파가 바로 이런 유형의 사람이다. 그는 『서동고자전후書東皐子傳後』에서 이렇게 썼다. "나는 하루 종일 술을 마셔도 오 합을 넘지 못한다." 5합은 반 되에 해당한다. 도수가 낮은 술이라 해도 하루에 1근 마시기도 힘드니 "세상에 나보다 더 술을 못하는 사람은 없을 것이다"라는 넋두리가 나올 수밖에 없다.

송나라 때
술 한 근의 가격은 얼마였을까?

고시古詩를 자주 읽다보니 술값에 대해 알게 된 것이 있다.

두보의 시에 이런 구절이 있다.

어서 만나 한 말 술 마셔야 할 텐데,

마침 청동전 삼백 전이 있다네.

速宜相就飮一斗,

恰有三百靑銅錢.

술 1말에 300문이라는 말이다.

이백의 시에는 이런 구절이 나온다.

금 술항아리에 든 맑은 술 한 말에 만 냥이요,

옥 접시의 진수성찬은 만금의 값이 나간다.

金樽淸酒斗十千,

玉盤珍饈值萬錢.

술 한 말에 1만 문이라는 말이다.

왕안석의 시에는 이런 구절이 나온다.

백 전의 돈이면 술 한 말 남짓 살 수 있고,
토지신 제삿날이 아니더라도 북소리 항상 들을 수 있네.
百錢可得酒斗許.
雖非社日常聞鼓.

술 1말을 100문이면 살 수 있으니 이백과 두보가 살았던 시대보다 술값이 많이 싸진 것이다.

당나라 때 1말은 6,000ml였고 송나라 때의 1말도 6,000ml에 가까웠으니 차이가 크지 않다. 그렇다면 6,000ml의 무게는 어느 정도였을까? 대략 10근 정도이다(술은 물에 비해 가볍다. 물 6,000ml는 12근이지만 술 6,000ml는 10근밖에 안 된다). 두보는 300문으로 술 10근을 샀다. 1근에 30문꼴이다. 왕안석은 100문으로 술 10근을 샀다. 1근에 10문꼴이다. 이백은 '두주십천酒斗十千'[18]이

---

[18] '십천'은 1만 전으로, 이백이 쓴 〈장진주將進酒〉에 보면 "한 말 술에 만 전을 주고 맘껏 즐기고 농담하였다斗酒十千恣歡謔"는 구절이 나온다. '두주십천'은 술

라 했다. 이를 환산해보면 술 1근에 수천 문이나 하는 셈이니 이는 이백의 과장이거나 아니면 매우 진귀한 최상품 술이었을 것이다.

송나라에도 최상품 술이 있었다. 예를 들면 '창웨이루薔薇露'나 '류샹주流香酒' 같은 것들이다. 궁중에서 양조해 황가皇家에만 납품하는 것으로 절대 궁 밖으로 판매하지 않았다.(『무림구사·제색주명』참조) 만약 철없는 태감이 몰래 훔쳐 팔다 발각되면 "얼굴에 죄명을 새겨 북방 변경 지역의 감옥으로 유배 보냈다."(『송회요집고』참조) 따라서 이 두 종류의 술은 가치를 따질 수 없으니 한 말에 1만 문이 아니라 10만 문을 주더라도 살 수 없었던 것이다.

송나라 백성들이 마시던 술은 그다지 비싼 술이 아니었다. 북송의 국영 양조장에서 파는 술은 정가제였다. 봄에 빚어 가을에 파는 술은 '소주小酒'로, 26등급으로 나누어진다. 가장 저렴한 것이 1근에 5문이고 가장 비싼 것이 1근에 30문이었다(두보가 말한 술값과 비슷하다). 겨울에 빚어 여름에 파는 술은 '대주大酒'로, 23등급으로 나누어진다. 가장 저렴한 것은 1근에 8문, 가장 비싼 것은 1근에 48문이었다.(『송사·식화지食貨志·주酒』참조) 왕안석은 술 1근을 10문에 샀다. 그가 산 것이 대주인지 소주인지는 모르지

    1말에 1전이 나가는 좋은 술이라는 뜻으로, 진왕陳王 조식이 평락관平樂觀에서 연회를 베풀 때 이런 술을 썼다고 한다.

만 그렇게 높은 등급의 술은 아니었을 것이다. 좋은 술이었다면 1근에 30문 이상 줘야 했을 것이다.

설령 1근에 30문짜리 술이라 해도 송나라 시장에서 파는 술 가운데 비싼 편에 속하는 것은 아니었다. 『동경몽화록』에 따르면 송 휘종 때 개봉 국원가의 양조장에서 생산한 품질 좋은 술 가운데 인펑주銀甁酒는 1근에 72문, 양까오주는 1근에 81문으로 국영 양조장에서 생산된 최고급 대주보다 2배가량 비쌌다.

현대인의 시각으로 보면 1근에 81문인 양까오주는 그리 비싼 술이 아니다. 북송 때 쌀값이 1말에 30문이었으니 양까오주 1근은 쌀 3말 정도 가격이었던 셈이다. 당시 쌀 1말은 8~9근 정도 됐으니 3말이면 20여 근이고 쌀 1근을 3위안으로 잡으면 3말에 100위안도 안되는 것이다. 100위안도 안 되는 돈으로 좋은 술 1근을 살 수 있으니 결코 비싼 것은 아닐 것이다. 현재 보통 수준의 마오타이주도 일이천 위안에 육박하지 않는가!

제8장

주객 유의 사항

酒客須知

구양수와
연회의 즐거움

구양수의 〈취옹정기醉翁亭記〉 가운데 인구에 회자되는 구절이 있다.

> 술자리에는 현악기와 관악기가 없어도 충분히 즐겁다.
> 활 쏘는 자, 바둑 두는 자.
> 벌주 잔과 산가지가 어지럽게 뒤섞여 있고
> 일어났다 앉았다 시끌벅적한 분위기에 손님들 모두 즐거워한다.
>
> 宴酣之樂, 非絲非竹,
> 射者中, 弈者勝,
> 觥籌交錯,
> 起坐而喧嘩者, 衆賓歡也.

'굉주교착觥籌交錯'이라는 사자성어는 여기서 유래한 것이다. '굉'은 술잔, '주'는 산가지이다. 술잔은 술을 마시는 데 쓰지만 산가지는 무슨 용도로 사용될까? 술 안 마시는 사람을 산가지로 때리려는 것일까? 아니다. 수를 세고 벌주놀이를 할 때 사용된다.

예를 들면 갑과 을이 술자리에서 정해진 시간 내에 술을 누가 더 많이 마시는지 시합을 한다(송나라의 음주 풍습이 당나라보다는 교양이 있었지만 오늘날보다는 야만적이어서 어디에나 술내기를 하는 사람이 있었다). 술 시합을 할 때는 정확하게 술잔을 세는 것이 필요하다. 머리로만 기억했다가 서로 인정하지 않는 상황이 발생하면 주먹다짐까지 갈 수도 있다. 산가지는 반 척 정도 길이의 작은 것을 사용한다. 갑이 1잔 마시고 나서 막대기 하나를 자기 앞에 두면 을도 1잔 마시고 역시 자기 앞에 막대기 하나를 놓는다. 두 사람이 더 이상 마실 수 없게 되었을 때 서로 상대방의 산가지를 세어 승부를 가른다.

술자리에서 사용하는 산가지에는 글자가 새겨져 있다. 어떤 것에는 '공처가는 술 한 잔'이라고 새겨져 있고, 어떤 것에는 '공처가이지만 인정하고 싶지 않은 사람 술 한 잔'이라고 새겨져 있으며, 어떤 것에는 '키 작은 사람 술 한 잔'이라고 새겨져 있고, 어떤 것에는 '키 큰 사람 술 한 잔'이라고 새겨져 있다. 또 어떤 산가지에는 수수께끼가 새겨져 있어 답을 맞히면 통과, 못 맞히면 술 1잔을 마셔야 하는 경우도 있고, 어떤 산가지에는 당시가 새겨져 있어 뒷 구절을 외우지 못하면 술 1잔을 마셔야 하는 경우도 있다. 산가지에 새겨진 내용은 없는 것이 없을 정도로 매우 다양했다.

송나라 사람들은 술자리에서 특별히 다른 벌주놀이 방법이 떠오르지 않을 경우 짧은 글이 새겨진 산가지를 죽통 안에 넣고 술자리에 있는 사람들에게 순서대로 하나씩 뽑게 했다. 산가지를 뽑은 사람은 거기 새겨진 문장을 보고 좌중에 해당하는 사람이 있으면 그에게 술을 마시게 했다. 예를 들면 내가 산가지 하나를 뽑았는데 거기에 '돌싱 한 잔'이라고 쓰여 있다면 나는 안 마셔도 되지만 이혼 경력이 있는 사람은 마셔야 한다. 그리고 다음 순서 사람이 산가지 하나를 뽑았는데 '늦게 온 사람 벌주 세 잔'이라고 쓰여 있다면 길이 막혀 늦게 온 사람이 마실 가능성이 크다. 나는 술자리에 한 번도 늦은 적이 없으니 내가 걸릴 가능성은 전혀 없다.

송나라 연회에서 제일 간단한 벌주놀이는 산가지를 사용하는 놀이다. 머리를 쓸 필요도 없고 동작이 날쌔거나 반응이 민첩할 필요도 없다. 또한 학식에 관계없이 누구나 즐길 수 있다. 누구나 참여할 수 있기 때문에 분위기를 띄우는 데에는 산가지 벌주놀이만 한 것이 없다.

각양각색의 벌주놀이

송나라 때의 벌주놀이(주령酒令)는 대단히 다양했다. 운을 시험하는 주령, 기억력을 시험하는 주령, 역사 지식을 시험하는 주령, 시사격률詩詞格律을 시험하는 주령, 반응 능력을 시험하는 주령, 그리고 '투호'나 '구사격九射格'처럼 암살 무기暗器(은폐 무기) 다루는 능력을 시험하는 주령도 있었다.

투호는 굉장히 오래된 전통 주령으로 춘추전국시대부터 유행했다. 중간이 비어 있고 양쪽에 귀가 있는 구식 동 항아리를 멀찌감치 두고 한 사람씩 화살을 던져 항아리에 넣는 것으로, 한 번에 하나씩만 던질 수도 있고 연속으로 여러 개를 던질 수도 있다.

만약 한 번에 화살 1개씩만 던질 수 있다면 가장 먼저 항아리에 화살을 넣은 사람이 우승자가 될 것이다. 이럴 경우 우승자는 나머지 사람들에게 벌주를 1잔씩 마시도록 명령할 수 있다. 만약에 여러 번 던졌는데도 항아리 안에 넣지 못했다면 스스로 벌주를 1잔 마셔야 한다. 동시에 3개의 화살을 던질 수도 있는데

3개 모두 항아리 안에 들어갔다면 벌주를 면하게 된다. 2개만 들어가고 하나가 들어가지 않았다면 벌주 1잔, 3개 모두 들어가지 않았다면 2잔이나 3잔의 벌주를 마신다.

뛰어난 투호 고수는 강호의 암기 고수처럼 '만천화우滿天花雨'[1] 수법으로 한번에 3개의 화살을 던져 하나는 좌측 귀에, 하나는 우측 귀에, 나머지 하나는 항아리에 꽂아 넣기도 한다. 이런 고수는 만나고 싶다 해서 만날 수 있는 것이 아니라 우연히 만나는 것이다. 만약에 술자리에서 이런 고수를 만난다면 참석자들은 한 명도 빠짐없이 술을 마셔 그에 대한 존경의 뜻을 표해야 한다.

사마광은 투호에 대한 전문적인 소책자를 쓴 적이 있다. 그 내용에 따르면, 투호 전에 먼저 대청에 술상을 마련한다. 대청이 좁다면 정원에 술상을 준비하되 침실처럼 장소가 좁아 투호를 할 수 없는 곳은 피해야 한다.

술자리가 준비되면 참가자들은 동서 양쪽으로 늘어서는데 주인은 동쪽에 서고 손님은 서쪽에 선다. 먼저 서로 허리를 굽혀 예를 표한 후 주인이 손님에게 함께 놀이하기를 청한다. "제가 낡은 항아리 하나와 화살 한 묶음을 준비했으니 함께 투호를

---

[1] '온 하늘에 내리는 꽃비'라는 이름의 암기 발사법. 사람이 피할 수 없도록 모든 방위에서 시간차를 두어 암기로 공격하는 방법으로 암기술 중 가장 뛰어난 초식招式이다.

하는 것이 어떻겠습니까?" 관습에 따라 손님들은 한 차례 사양을 한다. "술과 안주를 이처럼 풍성하게 마련하시느라 수고가 많으셨는데 저희가 또 어찌 투호를 청할 수 있겠습니까?" 주인은 말한다. "괜찮습니다, 괜찮습니다. 모두 사양하지 마십시오." 손님들은 한 번 더 사양한다. "하지 않는 게 낫겠습니다. 저희 마음이 안 좋습니다." 이때 주인이 재차 청하면 손님들은 염치불구하고 주인의 뜻을 따르겠다며 자신들의 의견을 굽힌다. 인사치레가 끝나면 바로 투호를 시작한다. 사람마다 각각 5개씩 던지는데 다 던지고 나면 주인은 항아리 안에 들어간 화살 수만큼 산가지를 준다. 투호가 끝나면 산가지의 개수를 계산해서 가장 적은 사람이 벌주를 마신다.

투호에서 사용하는 항아리와 화살은 특별 제작된 것이다. 화살의 경우 전쟁에 사용하는 것보다 훨씬 가볍고 가늘다. 어떤 때는 가시를 제거한 싸리나무채를 사용하기도 한다.

투호는 춘추전국시대 때부터 명나라 중엽까지 줄곧 유행했다. 그러나 청나라에 들어와서는 투호를 즐기는 사람들을 더 이상 찾아볼 수 없다. 정확한 이유는 알 수 없지만 아마 투호의 절차와 예절이 지나치게 번거로운 것도 한 요인이 되었을 것이다. 주인과 손님 간의 번잡한 인사가 끝날 즈음이면 식탁에 차려져 있던 음식은 모두 식어버려 찬 음식을 먹게 되니 건강에도 좋지 않다. 또한 투호를 하려면 넓은 장소가 필요한데 지금과 같이 협소한 술집에서라면 놀이가 쉽지 않을 것이다.

구사격은 송나라 대문호 구양수가 발명한 신식 벌주놀이로 투호와 마찬가지로 암기 능력을 시험한다. 그러나 놀이 규칙은 투호에 비해 조금 복잡하다. 우선 대나무 가지에 '곰', '토끼', '호랑이', '물고기' 등 동물 이름을 써서 죽통에 꽂아둔다. 다음으로는 둥근 나무판 하나를 준비해 8개의 동심원을 그린 다음 중심에는 곰, 그 외의 칸에는 꽃사슴, 금붕어, 흰 토끼, 백조, 호랑이, 올빼미, 꿩, 원숭이 등 모두 9마리의 동물을 그려 넣는다. 준비가 끝나면 손님들에게 표창이나 매화침을 하나씩 나누어준다. 손님들은 순서대로 죽통에서 대나무 가지를 뽑는데 '곰'이 그려진 가지를 뽑은 사람은 표창으로 원반 위에 그려진 곰을 맞혀야 하고, '물고기'를 뽑은 사람은 표창으로 원반 위에 그려진 물고기를 맞혀야 한다. 제대로 명중시키면 통과하고 맞히지 못하면 벌주 1잔을 마신다. 만약 '곰'이 그려진 대나무 가지를 뽑았는데 표창으로 곰이 그려진 구사격의 중심을 맞혔다면 던진 사람을 제외하고 좌중의 모든 사람이 벌주를 마셔야 한다.

화찬과 오행

오늘날 술자리는 상당히 문명화되었다. 원하는 만큼 마시고, 마시고 싶어하지 않는 사람에게는 아무도 억지로 권하지 않는다. 과거에 굉장히 유행했던 화찬划拳[2]도 거의 볼 수 없다. 예전에는 친구들끼리 삼삼오오 모여 밥을 먹으면 반드시 술로 이어지고, 술을 마시면 틀림없이 화찬을 했다. 가게가 떠나가도록 외치는 고함소리는 손님들이 싸우는 소리처럼 들리며, 그 떠들썩함에 식당 기와장이 들썩일 정도였다.

위동에서 하던 화찬을 살펴보자. 두 사람이 동시에 손을 내밀며 각자 아무 숫자나 말한다. 만약 두 사람이 내민 손가락 숫자의 합이 어느 한쪽이 외친 숫자와 같다면 숫자를 맞힌 사람이 이긴 것이며 진 쪽은 벌주 1잔을 마신다. 예를 들어 갑이 손가락 2개를 내고 을이 손가락 3개를 냈다. 손가락을 내며 갑은 '다섯'이

---

[2] 술자리에서 흥을 돋우기 위해 하는 놀이로 가위바위보와 비슷하다.

라 외쳤고 을은 '여섯'이라 외쳤다면 갑이 이긴 것으로 을이 벌주를 마셔야 한다. 이런 화찬은 덧셈만 알면 되기 때문에 매우 간단하다. 이에 비해 인문학적 의의가 내재된 화찬도 있는데 송나라 사람이 발명한 '우싱촨五行拳'이 바로 그것이다.

우싱촨도 마찬가지로 양쪽이 동시에 손을 내밀어야 한다. 그러나 손을 낼 때마다 손가락은 하나씩만 펴야 한다. 놀이 규칙에 따르면 다섯 손가락은 오행五行을 대표한다. 엄지는 금金, 검지는 목木, 중지는 수水, 약지는 화火, 소지는 토土를 의미한다. 갑이 엄지를 내고 을이 검지를 내면 금이 목을 이길 수 있으므로 갑이 이기고 을이 진다. 갑이 엄지를 내고 을이 약지를 내면 화가 금을 이길 수 있으므로 을이 이기고 갑이 진다. 갑이 검지를 내고 을이 중지를 내면 비긴다. 왜냐하면 검지가 의미하는 목과 중지가 의미하는 수는 누가 누구를 이길 수 있는 관계가 아니기 때문이다.

현대인들이 잘하는 덧셈 화찬에 비해 우싱촨은 다음 두 가지 측면에서 의미가 있다. 첫째, 우싱촨은 철학의 오행 상생상극相生相剋에서 유래한 것으로 화찬의 위상을 철학의 수준으로 끌어올렸다. 둘째, 우싱촨은 손가락만 펴서 내면 되고 숫자는 말할 필요가 없으니 점잖게 놀이를 할 수 있다. 유학儒學에서는 '밥 먹을 때는 말하지 않는다'는 말이 있다. 우싱촨을 할 때에도 마땅히 조용히 해야 한다.

몇 년 전 일본 교토에 갔을 때 스님들과 이야기를 나눈 적이 있는데, 일본에도 송나라의 우싱촨과 유사한 '충권蟲拳'이라는 오래된 화찬이 있다고 했다. 충권을 하는 방법은 다음과 같다. 두 사람이 매번 한 손가락씩을 펴서 손을 내미는데 엄지와 검지, 소지 외에는 내면 안 된다. 엄지는 청개구리, 검지는 뱀, 소지는 달팽이를 의미한다. 달팽이는 뱀을 이기고 뱀은 청개구리를 이기며 청개구리는 달팽이를 이긴다. 그러므로 엄지는 소지를, 소지는 검지를, 검지는 엄지를 이긴다.

오늘날 일본에서는 충권을 자주 볼 수 없다. 우싱촨도 중국에서 거의 사라졌다. 우싱촨은 확실히 덧셈 화찬에 비해 함의가 깊다. 문제는 현재 각각의 손가락마다 새로운 의미가 생겼다는 것이다. 만약 누군가가 화찬을 하는 중에 중지를 낸다면 상대는 자신을 욕한 것으로 여겨 기분 상해할 것이다.

술자리의
관현악

예전에 양저우에서 있었던 일이다. 내가 친구와 셔우시후瘦西湖의 야시장 노점에서 음식을 먹고 있었을 때 갑자기 한 여자가 비파를 안고 우리 앞으로 오더니 〈춘강화월야春江花月夜〉를 연주했다. 함께 있던 친구는 추임새를 연발했고 연주가 끝나자 주머니에서 50위안을 꺼내 여자에게 주었다. 여자는 고맙다는 말을 하고는 자리를 옮겼다. 나중에 들은 얘기지만 그녀는 근처 예술학교에 다니는 학생으로 야시장에서 연주하고 받은 돈으로 학비를 충당한다고 했다.

또 한 번은 정저우의 식당에서 밥을 먹고 있을 때였다. 개업한 지 얼마 안 된 식당이었는데 주인이 산시 고향에서 친창秦腔[3] 극단을 불러와 연주를 시키고 있었다. 우리는 2층에서 술을 마시고 있었는데 아래층에서 "이이야아이" 하는 노랫소리가 들렸다.

---

3 중국 시베이西北 지방에서 유행하는 지방극의 일종.

물론 무료 공연이었고 팁도 받지 않았다. 아마 신장개업 기간 동안 고객 서비스 차원에서 공연하는 것이었으리라.

양저우의 노점상에서 들은 연주건, 정저우의 술집에서 들었던 친창이건 나에게는 모두 깊은 인상을 남겼다. 그것은 내가 기억력이 좋아서도 아니고, 그때 먹었던 음식이 맛있어서도 아니다. 현대 사회에서는 술을 마실 때 악사가 옆에서 비파를 타고 친창을 부르는 경우가 흔치 않은 일이었기 때문이다.

그러나 송나라 때에는 흔한 광경이었다. 송나라 사대부들의 술자리에는 악기 연주와 노래, 춤이 빠지지 않았다. 송나라 연회에서 악대는 술자리의 감초 역할을 했다. 손님이 원하는 곡은 무엇이든 연주하고, 듣고 싶어하는 가락은 무엇이든 불렀다.

그렇지만 송나라 연회에서 악대의 주된 역할은 술을 권하는 것이었다. 예를 들어 여러분이 집으로 손님을 초대해서 술을 대접한다고 치자. 그런데 술잔이 세 순배 정도 돌고 나자 손님은 더 이상 안 마시겠다고 한다. 이럴 경우 여러분은 가기家伎를 불러내어 손님을 위해 〈송주送酒〉라는 곡을 연주하게 할 수 있다. 만약 그래도 손님이 눈치 없이 술을 마시지 않는다면 예쁜 기녀에게 술을 따라 입 근처에 가져가며 낮은 목소리로 〈주신곡酒神曲〉을 부르게 한다. "이 술을 마시면 위아래로 기가 통해 기침이 없어지고, 음양이 조화로워져 입 냄새가 나지 않지요……." 이런 상황에서 술을 거부할 사람이 얼마나 되겠는가? 당연히 마실 수밖에 없다. 그러지 않으면 상대방의 체면을 깎는 것이 되기 때문이다.

송나라 때 일반 가정에서는 가기를 둘 수 없었다. 그렇지만 규모가 큰 식당에서 손님을 대접하면서 언제든지 악대를 부를 수 있었다. 고정적으로 부르는 악대가 없는 소규모 식당에서도 바깥을 지나가는 악대를 불러와 연주를 시킬 수 있었다. 손님은 주인에게 언제든지 악대나 가기를 불러달라고 요청할 수 있었고, 그러면 얼마 지나지 않아 비파를 연주하는 여자가 들어와서 〈춘강화월야〉를 연주해주었다.

즉석 가무와
시 짓기

당나라 때 이울李蔚과 위소도韋昭度라는 고관이 있었다. 어느 날 이울이 위소도를 찾아갔는데 문지기가 눈치 없이 주인어른이 집에 안 계시다고 거짓말을 하는 바람에 이울은 발길을 돌렸다. 그런데 돌아가는 길에 어떤 사람이 이울에게 이렇게 말했다. "사실 위소도 대감은 집에 계시오. 일부러 대감을 바람맞힌 겁니다." 이 말을 들은 이울은 위소도가 자신을 무시한다고 생각해 크게 분노하며 그와 절교해야겠다고 결심했다.

　나중에 이 사실을 안 위소도는 하인을 크게 꾸짖고는 사죄를 위한 연회를 준비하고 이울을 초대했다. 위소도의 집 앞에 도착한 이울은 문득 지난번에 바람맞은 일이 떠올라 들어가기를 망설였다. 이때 위소도가 문 밖으로 직접 나오더니 몸소 "'양류지楊柳枝'를 추며 들어오기를 청했다."(『남부신서南部新書』 참조)

　'양류지'는 원래 수나라 때의 시가였는데 당나라에 와서 칠언절구의 시로 변했고 여기에 악곡과 춤이 붙었다. 춤은 현재 전해지지 않지만 위소도의 동작에서 유추해보건대 손님을 초대할 때 추었던 춤이라는 것을 알 수 있다. 위소도는 손님을 부르듯 손짓하면서 어깨는 흔들고 좌우로 큰 발걸음을 내디디며 이울의 앞까지 왔다. 곁에 서 있는 하인들은 함께 발을 구르며 박자를 맞추었다. 이처럼 융숭한 영접에 이울은 마음이 풀어져 위소도의 초대를 받아들일 수밖에 없었다.

위소도는 관직이 재상에 이를 정도로 지위가 높은 사람이었다. 지금 생각하면 재상의 신분으로 직접 춤을 추며 손님을 맞이하는 것은 쉬운 일이 아니다. 그러나 당나라 때에는 매우 정상적인 행동이었다. 당나라의 대형 연회에서는 노래 부르고 춤추는 것이 필수불가결하고 마땅히 행해야 하는 예절이었다. 주인이 춤을 추며 손님을 자리로 안내했고, 춤을 추며 손님에게 술을 올렸다. 그러면 손님도 노래와 춤으로 주인의 호의에 감사를 표시했다. 다행히 당시의 춤 동작은 그다지 복잡하지 않았다. 춤을 못 출 경우 주인에게 양해를 구하는 것은 괜찮지만 상대가 춤을 추며 눈앞에 올 때까지 느긋하게 앉아 있어서는 안 된다. 최소한 자리에서 벌떡 일어나 미안함을 표시하고 벌주 3잔을 마셔야 한다. 이런 면에서 보면 현대인들은 당나라 연회에 참석하는 것이 고생스러울 것이다.

이와 비교해 송나라 연회는 그다지 부담스럽지 않다. 송나라 사람들은 대단히 점잖아서 노래하고 춤추는 것은 전부 가희歌姬나 악대에게 맡기고 주인과 손님은 앉아서 술만 마시면 되었기 때문이다. 송나라 문헌을 보면 연회에서 "시녀가 나와 술자리를 보좌"하고 "집안의 기녀가 술을 올리고", "기녀를 불러 악기를 연주"했다는 등의 기록이 나온다. 즉 가희가 노래 부르고 춤을 추었을 뿐만 아니라 주인을 대신해 손님에게 술까지 올렸다.

하루 종일 가희들의 고리타분한 노래만 들어 싫증날 즈음이면 주인은 손님 가운데 시를 잘 짓는 고수를 찾아 "즉석에서 시를 지어달라"고 요청한다. 송나라 때는 사詞[4]가 특별히 발달하여 유영柳永, 안수晏殊, 신기질, 소동파와 같은 작가들이 대단히 많은 작품을 남겼다. 아마 술자리에서 문인들에게 사를 짓도록 재촉한 가희들의 공헌도 적지 않았을 것이다.

---

[4] 당나라 말엽부터 송나라 때 완성되어 크게 유행한 운문으로 민간 가요에서 유래한 것으로 알려져 있다. 시의 일종으로 보기도 하지만 시가 음악과 완전히 분리된 뒤에 악곡의 가사로서 생겨난 것이므로 사라고 별칭한다.

분위기 띄우는 데는 활쏘기가 최고

옛 사람들은 활쏘기를 매우 좋아했다. 전시에도 활을 쐈지만 전시가 아닐 때에도 활을 쐈다.

천자가 조상에게 제사를 지낼 때 각 봉지의 제후들도 참석해야 했다. 그렇지만 제사는 절도 있게 진행되어야 하기 때문에 제후라고 무조건 참석할 수 있는 것은 아니었다. 천자는 제후들에게 활과 화살을 주고 과녁에 여러 차례 명중시키는 경우에만 제사에 참석할 수 있게 했다. 또는 천자가 신하들과 함께 술을 마실 때 그저 술만 마시면 재미가 없는데, 그렇다고 군신 간에 화환을 할 수는 없는 노릇이기 때문에 활쏘기를 해서 분위기를 띄웠다. 누구라도 과녁에 명중시키면 천자는 그에게 상으로 술 1잔을 하사했다.

『주례』에서는 제사에 참석할 사람을 가리기 위해 진행하는 활쏘기 시합을 '대사大射'라고 불렀다. 그리고 연회의 분위기를 고조시키기 위해 거행하는 활쏘기 시합을 '연사燕射'라고 했다.

연燕과 연宴은 발음이 서로 같기 때문에 연사燕射가 연사宴射의 의미를 갖게 되었다.

　남송의 두 번째 황제인 효종이 연사를 개최한 적이 있다. 순희淳熙 원년 음력 9월, 항주 남쪽에 있는 황실 정원 옥진원玉津園에 수십 개의 잔칫상을 차려놓고 신하와 태자, 재상, 추밀사, 한림학사翰林學士, 중서사인中書舍人, 각부 상서, 각부 시랑과 황성에 파견되어 업무를 보고 있던 지방관들을 모두 불러 연회를 개최했다.

　술이 세 차례 정도 돌고 나면 연사가 시작되었다. 효종은 용포를 몸에 붙는 옷으로 갈아입고 첫 번째로 사대射臺에 올랐다. 태감은 황제에게 활을 건네주고 시위侍衛는 고함을 질렀다. "황상의 화살을 보시오!" 뭇 신하들이 공손하게 자리에서 일어나 황제가 활을 쏘기만을 기다렸다. 효종은 태감에게서 화살 하나를 건네받아 시위에 메긴 다음 과녁을 향해 쏘았다. 하지만 화살은 과녁에 맞지 않았다. 효종이 다시 화살 하나를 받아 시위에 메긴 후 활시위를 당기자 이번에는 적중했다. 태자를 필두로 문무백관들이 일제히 만세를 외치며 효종을 향해 축하의 예를 표했다.

　효종이 자리에 앉자 이번에는 태자가 활을 잡았다. 태자는 네 번 만에 명중시켰는데 이때에도 역시 백관들은 만세를 외치며 태자에게 축하를 표했다. 효종도 기분이 매우 좋아 태자에게 술 1잔을 하사했다. 이어서 품계에 따라 재상, 부상, 추밀사, 추밀부사 등이 사대에 올라 4발씩을 쏘았다. 한 차례 활쏘기가 끝나고 나서 효종이 명중시킨 신하들에게 술을 하사했다. 이러한 규칙은 투호와 정반대이다. 투호는 화살을 던져 항아리에 넣지 못한 사람이 술을 마셨는데 활쏘기에서는 명중시킨 사람이 술을 마셨다.

연사에서 효종은 2발을 명중시켰으니 좋은 성적이라 할 수 있다. 그렇지만 효종의 활솜씨가 정말 뛰어났던 것일까? 그렇지 않다. 그가 활을 쏠 때 과녁의 양편에 시위들이 도열해 있다가 "황제의 화살이 날아오면 두건을 사용해 화살의 방향을 바꿀 수 있었다".(『무림구사·연사燕射』 참조) 즉 황제가 쏜 화살이 과녁 중심에서 멀리 벗어날 것 같으면 두건으로 화살을 튕겨서 방향을 바꾸었다는 것이다. 만약 내가 송 효종이었다면 과녁을 조준하는 대신 아예 과녁 옆에 있는 시위들을 믿고 그들에게 활을 쐈을 것이다.

제9장

궁중 음식 탐색

大內飮食探

황제의 수라

옛사람들은 생활이 풍족하지 않았기 때문에 연료와 식재료를 절약하기 위해 보통 하루 두 끼만 식사했다. 민국 시기에 들어와서도 가난한 백성들의 경우 이런 습관은 변하지 않았다.

백성들이 하루에 두 끼만 먹은 것은 그렇다 해도 황제는 어땠을까? 이상하게 생각할 수도 있지만 황제도 하루에 두 끼만 먹었다. 『송회요집고·방역지方域志』에 북송과 남송 시기 제왕들의 식사 습관에 대한 기록이 나온다. 어선방에서는 오전 8시나 9시 무렵 아침 식사를 준비하고 오후 5시나 6시에 다시 저녁 식사를 준비한다. 이처럼 매일 두 차례씩 정찬을 준비한다. 청나라 때 약간의 변화가 생겨, 오전 6시 반에 한 끼를 먹고 오후 12시 30분에 다시 한 끼를 먹는다. 저녁에는 원칙적으로 식사를 준비하지 않는다. 그렇지만 "원칙적"이라는 말에 주의하기 바란다.

강희제康熙帝[1]의 경우를 보면 잘 알 수 있다. 그는 이렇게 말했다. "짐은 하루 두 끼만 먹는다. 예전에 변경 바깥으로 전쟁에 나갔을 때에는 하루 한 끼만 먹었다. 지금 열네 명의 황자들도 병사들을 이끌고 전쟁에 나갈 때 역시 그러하다."(『청패류초淸稗類鈔·음식류飮食類』참조) 그는 다시 몇몇 한족 신하들에게 이렇게 말했다. "한족들도 이와 같이 한다면 하루 먹을거리로 이틀을 먹을 수 있을 텐데 어찌 그렇게 하지 않는가?"

강희제의 말을 그대로 믿으면 안 된다. 왜냐하면 하루 한 끼나 두 끼 식사는 그와 상관없는 일이었기 때문이다. 실제로 그는 아침 조회 전에 약간의 요기를 하고 조회 후에 아침 식사를 한 다음 점심때 다시 한 끼를 먹었다. 저녁에는 수라를 들지 않았지만 새로 맞이한 후궁이 관례에 따라 황제에게 특별식을 마련해주었다.(『청궁술문淸宮述聞』참조) 그러니 하루에 네 끼 식사를 한 것이나 마찬가지다.

송나라 황제의 경우 정찬은 하루에 2번밖에 없었다. 그러나 정찬 이외에 언제든지 식사를 할 수 있었는데 이것을 '범색泛素'이라고 불렀다. 먹고 싶을 때면 언제 어디서든 무엇이나 먹을 수 있었던 것이다.(『송회요집고』참조)

그렇다면 황제가 실제로는 하루에 여러 차례 식사를 했는데도 한두 끼만 먹었다고 강조한 이유는 무엇일까? 그것은 백성들

---

1 1654-1722. 청나라의 네 번째 황제. 청 제국의 영토를 크게 확장시켰으며 정치 체제를 공고히 해 옹정제, 건륭제로 이어지는 청의 번성기를 이끌었다.

에게 검소한 생활을 솔선수범하는 모습을 보여줌으로써 황제가 선왕의 좋은 전통을 계승한 성군이라는 인상을 심어주기 위해서였다.

황제가 서양 요리 먹듯

송나라 황제가 식사를 한번 하려면 여러 사람이 시중을 들어야 했다. 먼저 황제를 위해 각양각색의 미식을 조리하는 어선방의 '선공膳工'들이 있어야 하고, 다 만들어진 요리를 황제에게 날라다주는 '선도膳徒'들도 필요하다. 식탁을 닦고 식탁보를 펼치고 냅킨을 접고 요리를 진열하고 술을 따르는 사람도 있어야 하고, 황제가 먹을 음식에 독이 들었는지 기미氣味를 보는 사람도 필요하다. 여기서 선공과 선도가 보는 일을 제외하고 나머지 일들은 모두 궁녀들이 담당했다.

송나라 때 황제가 식사를 하기 전에 기미를 하던 궁녀는 수십 명에 달했는데, 교대로 일을 맡았고 통칭해서 '상식尙食'이라고 불렸다. 요리를 진열하고 술을 따르고 청소 등 위생을 담당하던 궁녀도 수십 명이나 있었는데, 이들도 교대로 일을 담당했고 '사선司膳'이라고 불렸다. 역사학자가 쓴 어떤 책에서는 사선이 황제를 위해 밥을 짓던 요리사라고 단언한 적이 있는데 사선은 기껏해야 시종에 불과하다.

송나라 궁정의 시종 가운데 공덕무량功德無量이라는 궁녀가 있었다. 본명은 알 수 없고 어느 황제를 모셨는지도 모른다. 다만 그 궁녀는 황제가 술을 마실 때 옆에서 시중 들며 아무도 모르게 황제가 먹던 음식의 목록을 기록해두었다고 한다. 이 목록은 '옥식비玉食批'라는 이름으로 오늘날까지 전해지고 있는데 송나라 어선방의 면모를 엿볼 수 있는 중요한 자료이다.

사선의 기록에 따르면 황제는 식사할 때 모두 15잔의 술을 마셨다. 송나라 때 술의 도수는 매우 낮았기 때문에 15잔이라 해도 취할 정도는 아니다. 그렇지만 술 15잔을 마시며 황제가 먹은 요리가 몇 가지인 줄 아는가? 30가지나 된다!

일반 식탁이라면 30가지 요리를 한꺼번에 차리는 게 힘들 것이다. 하지만 모든 요리가 한번에 다 올라오는 것이 아니다. 술을 1잔 마실 때마다 두 가지 요리가 나오고 새로운 요리가 나오면 앞의 요리는 치운다. 『옥식비』에 기록되어 있는 내용을 보자.

첫 잔 때는 '화추이안즈花炊鴨子'와 '리즈바이야오즈荔枝白腰子',

두 번째 잔 때는 '나이팡첸奶房籤'과 '싼추이껑三脆羹',

세 번째 잔 때는 '양셔첸羊舌籤'과 '멍야뚜셴萌芽肚胘',

네 번째 잔 때는 '쭌장첸肫掌籤'과 '안즈껑鴨子羹',

……

마지막 잔인 열다섯 번째 잔을 마실 때는 '하리셩蛤蜊生'과 '시에펀껑血粉羹'을 올린다.[2]

1,000년 전 송나라 때의 요리 이름을 보니 참으로 신기하고 이상하다. 뿐만 아니라 요리가 나오는 것이 마치 서양 음식, 특히 프랑스 요리와 비슷하다.

프랑스 요리는 식탁마다 시종이나 웨이터가 서비스를 해준다. 송나라 황제가 술을 마실 때도 상식과 사선이 시중을 든다. 프랑스에서는 요리 한 가지가 올라올 때마다 앞에 나온 요리는 물린다. 송나라 황제가 술을 마실 때도 새 요리가 나오면 앞서 나온 요리는 치운다. 프랑스 요리가 제일 중시하는 것은 요리와 술의 배합인데 송나라 황제도 술과 요리의 조화를 대단히 중요하게 생각했다. 이렇게 보니 송나라 황제의 식사법이 양식 요리를 먹는 법과 유사하지 않은가?

— 2 『옥식비』에 기록되어 있는 30가지 요리는 이름만 나와 있을 뿐 조리법에 대해서는 알려진 게 없다. 음식 문화학자들의 견해를 종합해보자면 대략 이런 요리였던 듯하다. '화추이안즈'는 식용 꽃을 넣어 만든 메추라기 요리, '리즈바이야오즈'는 돼지 콩팥을 리치 껍질처럼 칼집을 넣어 볶은 요리 또는 계란 흰자와 돼지 콩팥을 함께 볶은 요리이다. '나이팡첸'은 동물 유빙으로 만든 말이, '싼추이겅'은 죽순, 버섯, 구기자를 넣고 끓인 죽, '양셔첸'은 양 혓바닥 말이, '멍야뚜셴'은 콩 새싹과 소천엽 무침, '쭌장첸'은 닭똥집과 오리발로 만든 말이, '안즈겅'은 메추리죽, '하리셩'은 조개회, '쉐펀겅'은 양 선지죽이다.

위엔양우전콰이,
버킷 리스트

『사조영웅전』에서 서독西毒 구양봉歐陽鋒의 흉계에 빠져 내공을 모두 잃고 생사의 기로에 서 있던 개방 방주 홍칠공은 두 제자에게 이렇게 말한다. "나에게 마지막 소원이 있다. 이 늙은 거지의 숨이 아직 붙어 있을 때 꼭 이 청을 들어주길 바란다." 여제자 황용은 눈물을 흘리며 사부의 다음 말을 기다렸다. "마지막 소원은 대내大內 어주御廚에서 만든 위엔양우전콰이鴛鴦五珍膾를 먹는 것이다." 이 말을 듣고 노완동老頑童(늙은 장난꾸러기)이라는 별명의 주백통周伯通이 이렇게 말했다. "나에게 좋은 생각이 있소. 우리가 황제 어르신의 요리사를 잡아다가 음식을 만들게 하면 될 거 아니오." 홍칠공은 머리를 절레절레 흔들며 제대로 된 위엔양우전콰이를 먹으려면 직접 황궁으로 가야 한다고 말했다.

위엔양우전콰이가 도대체 얼마나 맛있는 음식이기에 홍칠공이 이처럼 먹고 싶어했던 것일까? 이 문제는 잠시 접어두고 우선 '대내 어주'에 대해서 얘기해보자. '대내'는 황궁이고 '어주'는 황궁 안의 주방이다. 송나라 황궁에는 주방이 굉장히 많았는데 이중에 황제의 수라간은 어디였을까?

이것은 매우 간단한 문제로 간판을 보면 바로 알 수 있다. 문 앞의 편액에 '당주堂廚'라고 쓰여 있으면 그곳은 왕공대신을 위해 음식을 만드는 주방이다. 만약 '한림사'라고 쓰여 있으면 한림학사를 위해 음식을 만드는 주방이다. 편액에 분명하게 '어주'라고 쓰여 있다면 그곳이 바로 황제를 위해 음식을 만드는 곳이다.

외관상으로는 어주가 결코 황궁에서 제일 큰 주방이 아니다. 그렇지만 주방에서 일하는 인원이 가장 많은 곳임에는 틀림없다. 요리사만 200명이나 되고, 음식 재료를 선별하고 음식을 안배하며 술을 긷고 청소를 하는 등 잡무를 담당하는 인원이 30명, 황제에게 올릴 차나 음식을 운반하는 시종이 30명, 황제의 메뉴를 짜는 영양사 4명 등 모두 264명이 이곳에서 일했다. 이들은 모두 황제의 식사 시중을 들기 위해 선발된 사람들로 황제의 하명이 없으면 황후라 해도 마음대로 이들을 부릴 수 없었다.

그렇다면 황후의 음식은 누가 만들었을까? 궁 안의 다른 빈첩들과 마찬가지로 황후 역시 스스로 식사를 해결해야 했다. 물론 후궁과 빈첩이 스스로 음식을 해결해야 했다 해서 그들이 직접 부엌에 들어가 음식을 만들었다는 것은 아니다(산둥 여극呂劇³ 〈하진주下陳州〉⁴에 이런 내용이 나온다. "포공包公이 황성을 떠난다는 소식을 듣자마자 동궁 황후는 따빙大餠을 굽고 서궁 황후는 대파를 벗기는 등 바쁘기가 이루 말할 수가 없구나······." 이것은 역사적 사실이 아니라 희곡 작품이다). 황후들은 솜씨 좋은 태감이나 궁녀를 시켜 요리를 하게 하거나 돈을 써서 궁 밖의 요리사를 불러들이기도 했다. 후궁들은 매달 정기적으로 급여를 받았는데(황제와 태자도 급여를 받았다) 그 안에 요리사 '고용' 비용이 포함되어 있었다.

후궁들의 입장에서 보면 어선방이 후궁들이 먹을 음식을 준비하지 않은 것이 다행이다. 왜냐하면 어선방의 요리사들은 사람을 보고 음식을 만들었기 때문이다. 황제에게 바치는 음식은 정성을 다해 만들었지만 황제 이외의 사람이 먹을 음식은 대충 만들었다. 송나라 황제가 신하들을 위해 연회를 베풀 때 가끔 어선방의 요리사들이 요리를 하는 경우가 있었다. 그러나 깨끗하지 않은 재료로 조리했거나 음식의 양을 지나치게 적게 한 경우가 많았다. 제대로 식재료를 구매했다면 연회를 몇 차례 열어도 모자라지 않았을 것이다. 그러나 연회상에 오른 음식의 양이 너무 적어 몇 젓가락 먹기도 전에 모두 떨어졌으니 "연회가 끝날 때가

---

3 산둥성, 허난성, 장쑤성, 안후이성 등지에서 유행하던 지방극.
4 송나라의 명재판관 포증包拯(포청천)의 활약을 소재로 한 『삼협오의三俠五義』의 일부 이야기를 각색한 것으로 포공包公이 진주陳州에서 창고를 열어 백성들에게 곡식을 나눠주는 내용이다.

되었는데도 여전히 배가 차지 않았다".(『송사·가례사嘉禮四·연향宴饗』 참조)

홍칠공은 어선방의 이런 상황을 잘 알고 있었다. 따라서 주백통이 황제의 주방장을 잡아와서 위엔양우전콰이를 요리하게 만들겠다고 했을 때 고개를 저은 것이다. 대충 만들까봐 그런 것이다. '위엔양우전콰이'는 황궁 안에만 있는 음식이다. 또한 궁 안에서도 자주 만들지 않아 홍칠공이 어선방 대들보에 3개월간 숨어 있을 때에도 단 두 차례만 맛봤을 뿐이다. 그가 중상을 입어 죽음을 눈앞에 두고도 마지막으로 위엔양우전콰이를 맛보고 싶다고 한 것은 이런 이유 때문이다.

그렇다면 이렇게 신비로운 음식인 위엔양우전콰이는 어떻게 만들었을까? 나는 송나라 때의 문헌을 조사해봤지만 조리법은 고사하고 위엔양우전콰이라는 이름조차 발견하지 못했다. 아마 김용 선생이 허구적으로 만들어낸 상상 속 요리가 아닐까.

저장성 저우산舟山에 있는 관광 지구 가운데 도화도桃花島[5]라는 곳이 있다. 거기 있는 식당 가운데 실제로 위엔양우전콰이라는 메뉴를 개발해 김용의 허구를 현실로 만든 곳이 있다. 다행히 내게 요리를 맛볼 기회가 있었는데 음식 맛은 그런대로 괜찮았

---

[5] 『사조영웅전』에서 동사東邪 황약사黃藥師(황용의 아버지)의 거처로도 유명한 섬이다.

지만 아주 만족스럽지는 않았고 요리의 형태도 상상과는 달랐다.

그 식당에서는 위엔양우전콰이를 길쭉한 백자 접시에 담아 냈는데, 위엔양鴛鴦(원앙)의 색깔과 형태를 본떠서 바닥에 냉채를 깔아두었고, '위엔양'의 등에는 구멍을 파서 고기볶음을 채워놓았다. 요리의 색깔은 아름답고 화려해서 시각적으로 꽤 훌륭했다. 그러나 '위엔양'은 있는데 '우전五珍'은 어디로 간 것일까? 또 '콰이(회)'는 어떻게 된 것일까? 아마 '우전'은 다섯 종류의 고기를 볶아낸 것으로 해결했다고 생각한 것 같다. 다섯 종류의 고기가 어떤 것인지 분간할 수 없었지만 물어보는 것은 예의에 어긋나 보였다. 어쨌든 다섯 종류의 고기를 사용했다 쳐도 그것은 '우전콰이五珍膾'가 아니라 '우전후이五珍燴' 아닌가? '위엔양'의 등에 놓인 고기는 '볶은 다음 끓인' 것이기 때문이다.

'콰이膾'는 생고기 육회를 가리키는데 만약 '膾' 대신 '鱠'라고 쓰면 생선회를 말하는 것이다. '膾'와 '鱠'는 송나라 때 아주 흔히 볼 수 있었던 음식으로 송나라 때 나온 식보를 통해 위엔양 우전콰이의 조리법을 짐작해볼 수 있다.

장준이 집에서 연회를 열어 송 고종을 대접할 때 올라온 요리 가운데 '우전콰이'라는 것이 있었다. 이 요리는 당나라 때의 '우성판五牲盤'에서 유래한 것으로 돼지고기, 소고기, 양고기, 사슴고기, 곰고기 등 다섯 종류의 고기로 만든 것이다. 다섯 종류의 고기에서도 지방이 제일 적고 연한 부위를 골라 껍데기와 뼈, 힘줄을 제거한 뒤 끓는 물에 데쳐 채 썰고 산초소금, 레몬즙, 식초, 겨자와 함께 가볍게 버무린다. 그런 다음 그것을 꽃잎 모양으로 배열해 매화 모양을 만들면 완성된다.

    내 생각에 위엔양우전콰이의 요리법은 우전콰이와 매우 흡사할 것이다. 먼저 접시에 채소를 원앙의 형태로 담은 뒤 잘 손질된 다섯 가지 고기를 생으로 썰어 위에 얹지 않았을까?

경축용 순커우류

송나라 황제가 생일을 맞았을 때에는 왕공대신들이 황제에게 축수를 한 다음 다함께 술을 마셨다. 술을 마실 때는 교방사敎坊司[6]가 노래와 춤, 악기 연주, 마술魔術, 잡극雜劇 등을 공연한다. 이와 동시에 황제에게 '치어致語'와 '구호口號'를 전한다.

치어는 치사致辭와 같은 것으로 공손하게 상서로운 말을 올리는 것이다. 예를 들면 이런 것이다. "황제의 복이 동해의 물처럼 길게 넘쳐나고 남산의 소나무보다 오래가길 축원합니다." '구호'는 현대어에서 사용하는 관용적인 의미의 단어가 아니라 시처럼 낭랑하고 또랑또랑하지만 다른 한편으로는 엄격한 율격을 가진 운문이다. 간단히 말하자면 순커우류順口溜[7]라고 할 수 있다.

명나라 때 『두편신서杜騙新書』라는 책이 있었다. 여기에 진전

---

[6] 고대 중국의 궁정음악 기구로 여악女樂을 맡아보던 곳이다.
[7] 음운에 맞추어 즉흥적으로 읊는 민간 시가의 일종.

陳全이라는 인물이 나오는데 "어떤 사물이건 보기만 하면 그 즉시 구호로 만들었다"고 한다. 진전이 기원妓院에 놀러갔을 때의 일이다. 그가 수박 껍질을 밟고 '우당탕' 미끄러져 넘어지자, 이 장면을 본 기녀가 그에게 "얼른 구호를 지어"보라고 재촉했다. 그는 곧바로 이렇게 읊었다. "진전이 급히 가려다 깔끔한 기원 안에서 수박 껍질 밟고 미끄러져 그대로 저세상 갈 뻔했네." 또 한 번은 그가 기녀와 함께 호수를 유람하는데 새로 만든 배 한 척이 눈에 들어왔다. 기녀는 다시 그에게 구호를 지어보라고 졸라댔다. 그는 늘 그랬듯이 조금도 주저하지 않고 이렇게 읊었다. "새로 만든 배 한 척, 붉은 연꽃 따는 줄 알았더니 다시 보니 사람들 건네주고 있네. 돈 있는 사람만 태워주고 돈 없는 사람 그대로 버려두네." 이것이야말로 제대로 된 구호라고 할 수 있다.

어느 해인가 나는 타이안泰安의 묘회廟會[8]에 간 적이 있었다. 그곳에서 거지 한 명을 만났는데 그는 누구를 만나건 순커우류 한 구절씩을 읊었다. 예를 들면 관리들에게 돈을 구걸할 때는 "좋은 지도자, 좋은 간부, 가난한 사람 좀 살펴주시오"라고 읊고, 상인들에게 돈을 구걸할 때는 "길을 가다 고개를 들어보니 으리으리한 사장님 가게. 장사는 끝내주고 돈은 쓸어 담네"라고 했다.

---

8 명절이나 정해진 날에 절 근처에 임시로 서는 장터.

철 막대기 2개로 박자를 맞춰가며 부르는 노래가 모두 즉석에서 만든 것이니 순발력이 대단하다고 할 수 있다. 이런 순커우류를 베이징에서는 '수라이바오數來寶', 위동에서는 '차오쭈이즈巧墜子', 송나라 때라면 구호라고 했을 것이다.

『무림구사』에는 교방사의 연기자가 송 효종에게 불러준 구호가 나온다. 송 효종이 술 몇 잔에 흥이 오르자 연기자 몇이 앞으로 나와 이런 구호를 바친다.

> 유덕하고 지혜로운 황제 폐하, 하늘에서 내려주신 분이네.
> 고귀한 운 받아 천년만년 기쁘고 경사로운 일 가득하시길.
> 상서로운 빛 천자를 비추어 귀한 옥체 드러내니,
> 궁실이 붉은 빛으로 가득하여 은은하게 빛나네.
> 황각은 태평하고 상서로운 풀들 하늘하늘,
> 궁전은 한가롭고 옥 술잔엔 봄기운 가득.
> 기주의 법으로 오복을 한데 모아,
> 황제께서 친히 백성들에게 베풀어주시길.
>
> 上聖天生自有眞,
> 千齡寶運紀休辰.
> 貫樞瑞彩昭璿象,
> 滿室紅光娚翠麟.

黃閣清夷瑤莢曉,

未央閒暇玉卮春.

箕疇五福咸敷斂,

皇極躬持錫庶民.

이처럼 고상하고 우아한 구호는 연기자의 작품이 아니라 아마 사전에 학자나 문인에게 부탁해 받아둔 것임에 틀림없다. 따라서 즉석에서 부르던 구호의 즉흥성이나 발랄함은 보이지 않는다. 만약 나에게 황제를 위한 구호를 생각해보라고 했다면 이렇게 읊었을 것이다.

"조 천자, 생신 맞으셨네. 올해 꼭 66세. 500년 더 사셔서 백성들 매끼마다 고기 먹게 해주세요……."

효종이 이 구호를 들었다면 희색이 만면하여 상으로 몇 푼이라도 던져주지 않았을까?

황실 연회가
고작 이 정도?

당나라 승려들이 불경을 가지러 인도에 가는 여정은 무수한 고난의 연속이었다. 그렇지만 다른 한편으로는 여러 나라를 거쳐가면서 그 나라의 공식 연회에 여러 차례 초대되어 환대를 받기도 했다. 예를 들면 주자국朱紫國[9]에서는 왕으로부터 다음과 같은 대접을 받았다.

> 귀하고 고운 빛깔의 비단 깔려 있고,
> 과일들은 맛좋고 향기롭다.
> 설탕 듬뿍 묻은 롱찬리에스셴,
> 산처럼 쌓아올린 퉈루바이펑뤼.
> 돼지, 양, 닭, 거위, 오리 등 갖가지 고기와 생선,
> 죽순, 목이, 온갖 버섯과 갖가지 채소들.

----
[9] 『서유기』에서 삼장법사가 불경을 가지러 가는 도중 들른 가상의 나라.

향기로운 탕빙, 바삭한 과자.

윤기 나는 황량밥, 신선한 버섯죽.

오색 당면국은 향기롭고 알싸하다.

각양각색의 음식들이 나오고 들어가니

군신들 모두 앉아 함께 잔을 들어

지위와 품계에 따라 술을 따르네.

寶妝花彩豔,

果品味香濃.

斗糖龍纏列獅仙,

餠錠拖爐擺鳳侶.

葷有豬羊雞鵝魚鴨般般肉,

素有蔬餚筍芽木耳並蘑菇.

幾樣香湯餠, 數次透酥糖.

滑軟黃粱飯, 淸新菇米糊.

色色粉湯香又辣,

般般添換美還甛.

君臣擧盞方安席,

名分品級慢傳壺.

이 단락의 묘사는 매우 뛰어나고 문장도 대단히 화려하다. 연회상에 차려진 각종 산해진미는 보통 사람이라면 평생 구경도 못할 음식처럼 보인다. 그러나 자세히 들여다보면 '롱찬리에스셴龍纏列獅仙'은 그저 동물 형상을 본뜬 사탕이고, '퉈루바이펑뤠拖爐擺鳳侶'는 높이 쌓아올린 샤오빙, '탕빙'은 수제비이며, '황량黃粱'은 좁쌀이라는 것을 알 수 있다. 또한 육류는 돼지고기, 양고기, 닭고기, 거위고기, 생선, 오리고기뿐이고, 채소는 죽순, 목이와 버섯 정도라는 것을 알 수 있다. 황실의 연회상이 이처럼 평범한 음식들로 채워졌다는 것이 사실일까?

처음에 나는 몰락한 관리의 집안에서 태어난 『서유기』의 작가가 세상 경험이 적다보니 황실 연회를 이처럼 초라하게 묘사해놓은 것이 아닐까 생각했다. 그렇지만 나중에 송나라의 공식 국가 연회에 대한 기록을 읽어보고 나서야 때로는 황실 연회가 이처럼 간단하기도 했다는 것을 알게 되었다.

『동경몽화록』에는 북송 황제의 성대한 생일 연회에 대한 묘사가 나온다. 황실의 친척과 문무백관, 외국의 사절들이 정전과 편전을 가득 메우고 있고, 교방사의 예인들이 단폐丹陛(궁전의 붉은색 계단) 아래에서 연주와 공연을 하는데, 그 규모가 어마어마하고 의식이 장엄하며 분위기가 시끌벅적하다. 그렇지만 식탁에 차려진 요리는 그다지 특별하지 않다.

북송 황제의 생일잔치에 차려진 요리를 나열해보자. 쉬펀素粉,

수이판水飯, 깐판乾飯, 뚜껑肚羹, 뤼러우껑纏肉羹, 빠오러우爆肉, 러우셴츠, 췬셴쯔群仙炙, 쯔진창炙金腸, 쯔즈구터우炙子骨頭, 톈화빙天花餠, 바이러우후빙, 롄화러우빙, 파이추이양후빙排炊羊胡餠, 두샤만터우, 쑹샤튀펑자오즈, 타이핑삐뤄 등 20여 가지에 불과하다.

쉬펀은 미젠이고 수이판은 반발효 초밥이다(일본 음식인 초밥과 비슷하다). 깐판은 찐 쌀밥, 뚜껑은 양 내장탕, 뤼러우껑은 육개장, 빠오러우는 튀긴 양고기, 러우셴츠는 미소시루에 삶은 양고기, 췬셴쯔는 사슴고기와 곰고기를 섞어서 구운 요리, 쯔진창은 계란 노른자를 발라 구워 익힌 양 내장이고, 쯔즈구터우는 절여서 구운 양갈비살, 톈화빙·바이러우후빙·롄화러우빙·파이추이양후빙은 모두 셴빙, 두샤만터우는 고기만두, 쑹샤튀펑자오즈는 가늘고 긴 형태의 만두, 타이핑삐뤄는 페르시아에서 당나라로 전래되었다가 송나라까지 이어진 서역 음식이다. 이름만 들으면 신비롭게 느껴지는 감도 없진 않지만 만드는 방법만 조금 독특할 뿐 모두 셴빙의 일종이다.

황실의 젓가락

초나라와 한나라가 서로 각축을 벌일 때의 일이다. 유방이 항우를 꺾지 못해 노심초사하고 있을 때 책사 하나가 유방을 위해 계책을 세웠다. 육국六國의 후예들을 제후로 봉해 그들이 항우를 치게 하자는 것이었다. 유방은 책사를 보내 제후 책봉을 처리하게 하려고 했는데, 책사가 출발하기 전에 장량이 왔다. 그는 자초지종을 듣더니 계획을 중단할 것을 청했다.

그때 유방은 식사 중이었다. 장량은 유방에게서 젓가락을 빌려 이것저것 그림을 그려가며 정세를 분석, 설명했다. 육국의 후예를 제후로 봉해서는 안 되는 이유를 하나씩 말할 때마다 식탁 위에 그림이 하나씩 생겨났다. 그는 여덟 가지 이유를 들어 설명했고, 식탁에도 여덟 개의 그림이 생겨났다. 장량이 설명을 마쳤을 때 유방은 완전히 이해하게 되었고 책사를 나무라며 이렇게 말했다. "멍청한 책사로 인해 대사를 그르칠 뻔하였다!"

결국 장량의 생각이 옳았다는 것이 입증되었다. 만약 유방이 책사의 건의대로 육국의 후예들을 제후에 봉했다면 그는 항우에게 크게 패해 한나라는 역사에 존재하지 못했을 것이다.

장량이 젓가락으로 정세를 설명한 이야기는 역사적으로 꽤 유명하다. 송나라 때 왕안석의 문하생이 쓴 〈젓가락 빌린 것을 노래함借箸賦〉에 장량과 젓가락에 대한 이야기가 나온다. 나중에 한세충이 금나라와의 싸움에서 큰 공을 세우자 송 고종은 그의 공로를 치하하는 편지를 보냈는데, 거기에도 이에 관한 내용이 나온다. 그대의 승전보를 듣고 "(장량이) 식탁 앞에 놓인 젓가락으로 계획을 세웠던 고사가 떠올랐다. 적들도 명성을 듣고 불안에 떨었을 것이다".(『송화요집고·직관지職官志』 참조) 장량의 이야기를 빌려 한세충의 책략이 장량에 뒤지지 않는다고 칭찬한 것이다.

그러나 고종은 입으로만 칭찬한 것일 뿐 한세충이 실제로 자신의 손에서 젓가락을 뺏어갔다면 불경죄로 다스리거나 제2의 악비로 만들었을 것이다. 송 고종과 유방은 다르다. 유방은 대사를 위해 사소한 일은 신경 쓰지 않았던 반면 고종은 일상적 예의범절 등 작은 것을 중시했다. 소흥 12년, 고종의 생일날 어떤 신하가 술을 따르려다 용포를 건드리는 바람에 황제가 젓가락을 떨어뜨린 일이 있었다. 고종은 그 신하를 궁벽진 곳의 미관말직으로 좌천시켜버렸다.

고종은 만년에 황위를 효종에게 넘겨주고 자신은 태상황으로 물러났다. 태상황이 된 후에도 고종은 항상 양자인 효종과 함께 식사를 했다. 효종은 태상황의 성격을 잘 알고 있었기 때문에 최대한 심기를 건드리지 않으려고 조심했다. 젓가락을 예로 들어 보자. 만약 효종이 식사를 마쳤는데 고종이 여전히 식사 중이라면 효종은 젓가락을 밥그릇 위에 횡으로 놓아 아직 식사가 끝난 것이 아님을 표시해야 했다. 그러지 않으면 태상황은 자신이 젊은 황제보다 밥을 많이 먹는 밥충이라고 생각할 수 있기 때문이다.

모든 황제가 이처럼 규율을 중시한 것은 아니다. 명 태조 주원장이 신하와 함께 식사를 한 적이 있다. 식사를 마친 신하가 아직 식사 중인 황제를 보고는 차마 젓가락을 내려놓지 못해 "젓가락을 횡으로 놓아 공손함을 표했다". 주원장이 그 까닭을 묻자 신하는 예절에 따른 것이라고 답했다. 이에 주원장은 불같이 화를 내며 그 자리에서 신하를 유배 보냈다. 아마 주원장은 이렇게 생각했을 것이다. 이처럼 예절을 강조하는 것은 농민 출신인 나를 예절도 모르는 촌놈이라고 무시하는 것이 아니고 무엇이겠는가.

당나라 선종宣宗에게는 11명의 딸이 있었다. 그 가운데 젓가락과 관련이 있는 인물이 있었는데 영복공주永福公主와 광덕공주廣德公主가 그 주인공이다.

아버지 선종은 영복공주를 싫어했고, 공주는 자매들 가운데 혼자만 출가하지 못했다. 선종은 항상 그녀가 시집가면 창피를 당하지 않을까 걱정했다. 선종은 이렇게 말했다. "영복공주는 식사할 때 지나치게 말이 많은 데다 말할 때 짐을 수저로 가리키기까지 한다. 이런 성정으로 어찌 사대부의 부인이 될 수 있겠는가?" 그러면서 원래 영복공주가 시집가기로 한 집에 광덕공주를 시집보낸다.

광덕공주는 영복공주에 비해 예법에 밝았다. 『신당서新唐書』를 보면 그녀가 부도婦道를 다하고 시부모를 잘 받들며 모든 일에서 남편의 뜻을 따랐다고 한다. 나중에 남편이 죄를 지어 광동 소관韶關에 유배되었을 때 그녀도 따라가서 남편과 함께 유배 생활을 했다고 한다. 광덕공주는 식사 예절에도 밝아 영덕공주처럼 식사 자리에서 함부로 젓가락을 휘두르거나 상대방을 가리키는 등의 무례한 행동을 하지 않았다.

이번에는 송나라 공주의 이야기를 해보자. 송 태종에게는 형국공주荊國公主가 있었다.

형국공주는 어려서부터 엄격한 밥상머리 교육을 받았다. "음식을 먹을 때는 반드시 젓가락을 놓은 뒤 숟가락을 들고, 숟가락을 놓은 뒤 젓가락을 들어야 한다. 식사를 마친 다음에는 수저를 탁자 위에 놓아야 한다." 절대로 한 손에 숟가락을 든 채 다른 손에 젓가락을 들어서는 안 되며, 음식들을 휘저어서도 안 되고, 식사를 마치면 수저를 식탁 위에 가지런하게 올려두어야지 함부로 휘둘러 사람을 가리키거나 제사상에 꽂아놓은 수저처럼 남은 밥 위에 꽂아두어서는 안 된다.

형국공주는 밥 먹는 자세만 봐도 가정교육의 수준과 사람의 성격을 알 수 있다고 생각했다. 그녀는 남편이 연회를 베풀 때면 병풍 뒤에 숨어 사람들이 어떻게 젓가락을 사용하는지를 관찰했다. 만약 젓가락을 멋대로 휘두르거나 영복공주처럼 젓가락으로 사람을 가리킨다든지 하면 연회가 끝난 후 남편에게 알려주었다. "그 사람은 별 볼일 없으니 앞으로는 가까이 하지 마세요." 남편도 부인의 말에 따랐는데 이로 인해 많은 손님들이 영문도 모른 채 그 집안과 멀어지게 되었다.

당연히 밥 먹는 자세는 매우 중요하다. 밥을 먹으며 그릇을 핥는다든지 아무 거리낌 없이 젓가락으로 사람을 가리키는 등의 행동은 눈살을 찌푸리게 만든다. 그러나 먹는 모습으로만 사람을 판단하는 것은 그다지 신뢰할 만한 것이 못 된다. 왜냐하면 사람에 따라, 문화에 따라 식습관은 다르기 때문이다. 대다수의 외국인들은 젓가락을 쓸 줄 모르는데 그렇다고 그들을 예의 없다고 말할 수는 없다.

도채연

2월 초이틀은 도채절挑菜節[10]로 황궁의 비빈들은 궁에서 나물을 캔 후 독창적인 '도채연'을 개최했다. 도채연에는 어떤 요리가 올라왔을까? 역사적으로 고증할 수는 없지만 당연히 비빈들이 캐온 나물이 주인공이었을 것이다. 인진, 냉이, 쑥갓, 아욱, 쇠비름, 맥병초, 지금초, 구기자 새싹, 털민들레 등 비빈들이 캐온 각종 야채는 비빈들이나 요리사(조정에서는 각 비빈들에게 주방 한 칸과 최소 한 명씩의 요리사를 배정해주었다)에 의해 다양한 요리와 탕으로 탄생했다.

도채연의 격은 매우 높았다. 황궁 안의 지위 높은 궁녀와 태감은 물론이고 황제와 황후, 황태자까지도 참가했다. 그렇지만

---

[10] '2월 초이틀'은 겨울의 한기가 물러나고 따뜻한 봄기운이 느껴지며 봄을 재촉하는 비가 내리는 때이다. 중국 민간에서는 이날을 '화조절花朝節', '답청절踏青節', '도채절挑菜節', '춘룡절春龍節', '청룡절青龍節', '용대두龍擡頭' 등으로 부르며, 종자 선물하기, 나물 뜯기, 풀 밟기 등의 활동을 해왔다.

이처럼 많은 사람이 참가하는 도채연은 야채를 먹는 것이 아니라 놀이를 즐기는 데 목적이 있었다.

도채연에서 했던 놀이는 오늘날의 행운권 추첨과 비슷하다. 먼저 비단을 똑같은 크기와 모양으로 길쭉하게 자른다. 각각의 조각에 채소 이름을 하나씩 적은 다음 같은 크기와 모양으로 돌돌 만다. 그리고 양쪽 끝을 붉은 끈으로 묶어 작은 통에 넣은 다음 그것들을 전부 큰 주머니 안에 넣는다. 큰 주머니 안에 여러 개의 작은 통들이 있고 통 속에는 채소 이름이 적혀 있는 비단 조각이 들어 있는 것이다. 이제 놀이 준비가 끝난 셈이다.

참석자들은 순서대로 주머니 속에서 작은 통을 하나씩 뽑아 안에 든 비단조각의 붉은 끈을 푼다. 만약 비단조각 위에 적힌 채소의 이름이 황제가 젓가락으로 집은 채소와 일치하면 당첨된 것이다. 예를 들어 황제가 젓가락으로 처음 집은 것이 냉이인데 비단조각 위에도 '냉이'라고 적혀 있다면 1등에 당첨된 것이다. 당첨될 확률은 채소의 종류에 따라 좌우되는데 채소가 많으면 당첨 확률이 낮아진다. 만약 식탁에 오른 채소가 네다섯 가지라면 당첨 기회는 1/4이나 1/5이다. 당첨이 되면 큰 상이 기다리고 있다. 황제는 당첨자에게 금은보화나 진귀한 향료 등을 상으로 하사했다.

남송 궁정에서는 매년 도채연을 거행했다. 황후가 제일 먼저 비단조각을 뽑고 태자가 그다음, 그리고 비빈과 지위 높은 궁녀가 그 뒤를 잇는다. 당첨되면 상을 받고, 당첨되지 않더라도 벌을 받지는 않는다. 마지막으로 궁녀와 태감들이 뽑는데, 이들은 당첨되지 못할 경우 노래를 부르거나 춤을 추거나 시를 읊는 등의 벌칙을 받는다. 만약 예능이나 문학에 재능이 없다면 냉수를 마시거나 생강을 먹는 등의 벌칙을 받기도 한다. 대체로 그들이 당첨될 확률은 낮아서 금은보화나 진귀한 향료를 받는 경우는 드물고, 사람들 앞에서 장기 자랑을 해야 할 때가 훨씬 많았다.

술 취한 귀비

〈술 취한 귀비貴妃醉酒〉라는 경극이 있다. 양옥환楊玉環(양귀비)이 당 명황明皇(당 현종)을 위해 주안상을 마련하고 기다렸는데, 명황이 바람을 맞히는 바람에 화가 나서 홀로 술잔을 기울이며 술주정하는 내용이다. 내가 좋아하는 경극 명배우 스이훙史依弘 선생이 언젠가 이 대목을 노래한 적이 있다. "인생이란…… 봄날의 꿈 같아라. 회포를 풀기 위해…… 몇 잔의 술을 마신다……." 나는 취한 듯 몽롱한 눈빛과 흐느적거리는 자태로 요염하게 노래 부르는 선생의 모습이 정말 멋있다고 생각했다.

나는 어렸을 때 텔레비전에서 〈술 취한 백 할머니白奶奶醉酒〉라는 월극越劇을 본 적이 있다. 자세한 줄거리는 잊었지만 백 할머니의 엄청난 주량은 기억에 남아 있다. 백 할머니는 먼저 작은 잔에 술을 따라 마시다 큰 잔으로 바꾸고 결국에는 사발을 가져와 따라 마신다.

고대 중국에서는 여성들도 술을 자주 마셨다. 적어도 당송

원명 때에는 술 한잔 할 줄 아는 부인들이 매우 많았다. 〈술 취한 귀비〉와 〈술 취한 백 할머니〉는 역사적 사실이 아니라 허구의 이야기이다. 다시 송나라 역사에 등장하는 두 가지 예를 들어보자.

첫 번째 여성은 송 철종哲宗의 황후로 성은 맹孟인데 이름은 전해지지 않는다. 그녀는 술을 대단히 좋아했다고 한다. 철종은 그녀가 술 마시는 것을 싫어하지 않았다. 그렇지만 언젠가 그녀가 술에 대취해서 이유 없이 궁녀를 매질하자 크게 노해서 그녀를 냉궁冷宮으로 보내버렸다. 나중에 북송이 망하자 맹 황후는 황실을 따라 남쪽으로 내려갔다. 새로 즉위한 송 고종은 그녀를 '태모太母'라 부르며 매우 공경했고, 그녀에게 매달 1만 관의 용돈과 좋은 술 100근을 보내주었다. 그녀가 죽자 고종은 신하들에게 이렇게 말했다. "태모께서는 본분을 잘 지키셔서 조정의 돈을 한 푼도 헛되이 쓰지 않으셨다. 특히 도수가 높은 월주越酒(소흥주)를 좋아하셔서 건강을 해칠까봐 다른 술을 빚어드리겠다고 말씀드렸는데 태모께서는 듣지 않으시고 당신 돈으로 직접 궁 밖에서 술을 사와서 드셨다."(『송회요집고·후비后妃』 참조)

다른 한 사람은 고종의 친엄마 위韋태후이다. 위태후는 금나라에 포로로 잡혀 20년 가까이 금나라에서 생활했다. 소흥 12년 송과 금이 강화조약을 맺고 나서야 태후와 고종은 비로소 상봉할 수 있었다. 상봉의 기쁨에 눈물을 흘리며 고종은 그녀가 무얼 좋아하는지 물었다. 그녀가 오랫동안 고향의 술맛을 그리워했다고 하자 고종은 그 자리에서 "임안부는 매달 황태후에게 술 한 석 다섯 말과 찹쌀 술 한 석씩을 올리라"(『송회요집고·후비』 참조)고 명을 내렸다. 매달 잘 빚은 술 25말이면 노부인이 마시기에 충분했을 것이다.

제10장

송나라에서 식당 열기

如何在宋朝開飯店

정점과 각점

『동경몽화록』에 따르면 개봉에는 술집이 셀 수 없을 정도로 많았다. 그 가운데 72개가 '정점正店'에 속했고 나머지는 모두 '각점脚店'이었다.[1] 둥베이 지역 학자 인용원伊永文 선생이 교주校注한 『동경몽화록』에서는 다음과 같이 해석하고 있다. 정점은 '시점市店'이고 각점은 '규모가 작은 주점의 속칭'이다.

사실 정점은 시점과 다르다(시점이 무엇을 의미하는지 이해하기 쉽지 않다). 각점도 소규모 주점이 아니다. 〈청명상하도淸明上河圖〉[2]에 술집 두 곳이 나오는데 하나는 '손양정점孫羊正店'이고 다

---

[1] '정점'은 관청에서 양조 허가를 받은 요식업소로 음식뿐만 아니라 술도 빚어 팔 수 있었다. 특히 '각점'에 술을 도매로 팔거나 관청의 주류 입찰에 참여할 수 있었다. 이에 비해 '각점'은 관청에서 주류 판매 허가를 받은 요식업소로 '정점'에서 도매가로 술을 떼와 손님들에게 판매했다.

[2] 북송의 한림학사였던 장택단張擇端(960-1127)이 그린 폭 24.8cm, 길이 528.7cm의 파노라마식 두루마리 그림이다. 청명절 때 북송의 수도 개봉의 풍속과 시정 풍경을 세밀하게 묘사해 12세기 개봉의 사회·경제·문화를 이해하는 데 대단히 중요한 자료이다. 중국 10대 명화 중 하나로 꼽힌다.

른 하나는 '십천각점十千脚店'이다. 전자는 2층 건물에 후원後院이 딸린 형태이고, 후자도 비슷한 2층 건물이지만 후원이 훨씬 크다. 즉 정점이 각점보다 반드시 커야 하는 것은 아니고, 각점도 규모가 작은 주점이라고 할 수 없다.

정점과 각점은 당연히 차이가 있다. 그 차이는 크기에 있는 것이 아니라 주류가 들어오는 경로에 있다. 송나라는 다른 왕조와 마찬가지로 주류 전매제도를 실시했다. 하지만 송나라 때의 전매 정책은 조금 특수했다. 특히 개봉의 조정에서는 징세의 편의를 위해 '조대방소抓大放小'[3] 정책을 원칙으로 삼았다. 또한 몇몇 주점을 지정해서 양조권을 주었지만 양조용 누룩은 반드시 관청에서 구매하도록 했다. 이처럼 직접 술을 빚을 수 있었던 주점이 바로 『동경몽화록』에서 말하는 정점이다.

북송 시기에는 정점 외의 다른 주점에서 직접 술을 빚는 것이 위법이었다. 그렇지만 영업을 위해서는 술이 필요했고, 따라서 대부분의 술집들은 국영 양조장이나 양조 허가가 있는 정점에서 술을 구매했다. 국영 양조장에서 술을 구매하는 주점은 '박호拍戶', 정점에서 술을 구매하는 주점은 각점이라고 불렸다. 동

---

[3] '큰 것은 틀어쥐고 작은 것은 풀어준다'는 뜻이다. 최근에는 '대형 국유 기업은 집중 관리하고 소형 국유 기업은 규제를 풀어 활성화시킨다'는 중국 정부의 경제정책을 설명할 때 자주 등장한다.

경에는 국영 양조장이 많지 않아(규모가 큰 양조장들은 주로 지방에 위치해 있었다) 박호는 적고 각점은 많았다. 『동경몽화록』에서 말하는 각점은 박호까지 포함하는 것이다.

동경의 정점 72개 가운데 규모가 가장 큰 곳은 번루樊樓였다. 원래 이곳은 민간 주점이었지만 나중에 조정에서 매입해 국영 주점이 되었고, 경쟁입찰을 통해 민간에 도급을 주었다. 따라서 높은 이익을 창출해낼 수 있으면 누구든지 번루의 주인이 될 수 있었다. 송 인종 천성天聖 연간에 번루의 주인이 가게 운영을 잘하지 못하자 조정에서는 도급업자를 바꾸려고 했다. 그렇지만 '매박買撲(경쟁입찰)'의 입찰자가 적을 것을 우려해 조정에서는 규정을 바꾸어 도성 안의 3,000개 각점이 모두 번루에서만 술을 구매하게 하였다.(『송회요집고·식화食貨·주국잡록酒麴雜錄』 참조) 이렇게 번루는 하루아침에 3,000개의 가맹점을 갖게 되었다.

밀주 제조의 죄

송나라는 영토는 작았지만 재정 수입이 매우 많았는데 조세의 상당 부분은 주류 전매를 통해 얻은 것이었다. 『송사』에 따르면 송 인종 황우皇祐 연간에 국가가 주류업에서 거둬들인 세금은 매년 평균 1,498만 관에 달했다. 당시 국가의 재정수입 총액을 알 수 없지만 송 진종이 막 즉위했을 때 전국적으로 1년 재정 수입이 2,224만 관이었던 것과 비교해보면 얼마나 큰 액수인지 알 수 있다.

재정적 측면에서 볼 때 송나라 조정의 주류 전매는 굉장히 성공한 정책이다. 그 성공 비결을 네 글자로 요약하면 '조대방소'이다.

조대방소의 첫 번째 세칙은 누룩은 관리하고 술은 풀어주는 것이다. 즉 정부로부터 누룩을 구매한 자들에게만 술 제조와 판매를 허가해주는 것이다. 누룩은 술보다 관리 감독이 용이하다. 누룩 구입량을 보면 그 주점에서 만들 술의 양을 짐작할 수 있으니 매출액을 유추할 수 있고, 그러면 징세의 규모가 나온다.

조대방소의 두 번째 세칙은 정점은 관리하고 각점은 풀어주는 것이다. 정점은 수가 적어 관리 감독이 편한 반면 각점은 수가 많아서 관리 감독이 어렵다. 따라서 조정에서는 각점의 양조를 허가하지 않는 대신 정점의 분점과 가맹점, 대리점이 되는 것은 가능하게 하였다. 만약 각점이 이를 무시하고 몰래 양조를 한다면 정점은 반드시 조정에 신고해야 한다(왜냐하면 정점의 이익에 손해를 끼치기 때문이다). 이런 규칙을 통해 상점과 상인들이 서로 견제하고 감독하게 함으로써 조정의 업무 부담이 경감되는 효과를 얻을 수 있었다.

조방대소의 세 번째 세칙은 관고官庫는 관리하고 박호는 풀어주는 것이다. 관고는 관에서 만든 양조장과 술 저장 창고를 말한다(조정에 상납할 돈을 확보하기 위해 대부분의 관고는 주점을 열었다. 따라서 남송 때 관고는 관에서 만든 주점의 대명사처럼 사용되었다). 박호는 관고에서 주류를 구매하는 식당이다. 조정은 관고에 매년 그해의 매출 목표와 상납해야 하는 목표치를 정해주었다. 그럼 관고는 다시 이 목표치를 박호에게 할당한다. 지난해 박호의 주류 매출액을 근거로 올해 관고에서 구매해야 하는 술의 양을 정해주는 것이다. 만약 박호가 관에서 정해준 양만큼 술을 구매하지 못하면 박호의 영업 자격을 박탈하거나 벌금을 물렸다.

관고는 법을 집행할 수 있는 권한과 집행 인원을 보유하고 있었다. 관고는 박호가 몰래 술을 제조한 경우에도 직접 박호의 재산을 압류하거나 몰수할 수 있었다.

    조방대소의 네 번째 세칙은 영업용 술은 관리하고 민간용은 풀어주는 것이다. 천하의 모든 사람들이 밀주를 만들지 못하게 하는 것은 불합리할 뿐만 아니라 불가능하다. 따라서 조정에서는 '은혜를 베풀어' 백성들이 결혼식이나 장례식 등을 치르거나 명절을 지낼 때 약간의 술을 빚는 것을 허용했다. 그렇지만 그 술을 절대 판매해서는 안 되었고 이를 어길 경우 엄중한 처벌이 뒤따랐다. 진회의 동생 진체秦棣는 자신이 다스리던 지방의 백성들이 밀주를 빚어 판매하자 그들을 잡아들여 그 가운데 세 사람을 사형에 처했다!

송나라
호화 주점

송나라 주점 가운데는 규모가 큰 것도 있었고 작은 것도 있었다. 가장 규모가 컸던 것은 동경 변량에 있던 번루이다. 번루는 3층 짜리 5동이 연결된 건물로 전체 높이가 30미터에 달하는, 당시 개봉에서 가장 높은 주점이었다. 얼마나 높았던지 황궁 동쪽에 위치하고 있는 이 주점의 꼭대기에서 서쪽을 바라보면 그네를 타고 있는 황궁의 궁녀들이 보일 정도였다고 한다.

번루 1층의 중앙홀은 전부 일반석으로 일반 손님들이 식사하는 곳이었다. 2층과 3층은 '각자閣子'라고 불리는 별도의 방들로 이루어져 있어, 돈 있는 고객들이 주로 이용했다.

원래 번루는 개인이 연 주점이었는데 북송 때 조정에서 사들여 나라에서 운영하는 국영 주점이 되었다. 국영 주점이라고는 하지만 정부에서 직접 경영자를 고용하거나 단일 기업에게 임대를 준 것이 아니라, 백화점처럼 수많은 판매상들에게 임대를 준 것이다. 예를 들면 1층 홀은 갑, 2층 방은 을, 3층은 병, 정과 무에게 임대해주고 정부는 매년 임대료를 받은 것이다.

따라서 송나라에서 고급 식당을 경영하고 싶다면 번루의 5개 동 가운데 한 동을 임대하는 것이 가장 좋은 방법이다. 만약 자금이 부족하다면 그중에 한 층만 임대할 수도 있다.

번루에서 식당을 임대하면 몇 가지 장점이 있다. 첫째, 인테리어가 필요 없다. 성부에서 대신 해주기 때문이다. 둘째, 주류를 구입할 필요가 없다. 왜냐하면 번루에서 판매하는 모든 술을 번루가 운영하는 양조장에서 공급받기 때문이다. 셋째, 광고가 필요 없다. 번루의 명성이 자자하기 때문이다.

이렇게 번루의 명성이 하늘을 찌르자 임대를 원하는 상인들이 늘어나 경쟁이 치열해졌다. 이에 조정에서는 수년에 한 번씩 정기적으로 경쟁입찰(북송 때는 이것을 '매박', '실봉투장實封投狀'이라고 불렀다)을 하도록 했다. 가장 높은 가격을 써낸 상인에게 임대를 주는 것인데, 만약 낙찰만을 바라고 높은 가격을 써냈다가는 자칫 본전도 못 찾을 수 있었다.

송 인종 재위 시에 번루는 이미 대형 술집 겸 양조장으로 이름을 날리고 있었다. 아울러 많을 때에는 3,000개 이상의 소규모 주점들을 가맹점으로 두고 주류를 공급했다.(『송회요집고·식화·주국잡록』 참조)

주류 도매업자 역할을 하는 번루는 '정점', 대리점은 '각점'

인데, 각점들은 모두 대외적으로 번루의 술을 가져다 판다는 간판을 내걸고 영업을 했다.

각점을 여는 데 드는 비용은 그다지 많지 않았고, 각점을 연 후에는 정점에 가맹비만 납부하면 되었다. 심지어 정점에서 술을 받아와 팔면 가맹비를 면제받았을 뿐만 아니라 정점의 대리점과 똑같은 혜택을 누릴 수 있었다.

만약 어떤 구속도 받기 싫고 가맹점이 되는 것도 원하지 않는다면 개별적으로 가게를 내면 됐다. 송나라 때 개인이 가게를 여는 방법은 오늘날과 크게 다르지 않았다. 우선 가게를 임대해 내부를 꾸미고 요리사와 점원을 고용한 다음 정부의 '상세원商稅院'에 신고하면 그것으로 끝이었다.

송나라 때는 민간 조직이 크게 발달해 상업협회도 대단히 많았다. 업종마다 의무적으로 그 분야의 협회에 가입해야 했는데, 식당도 마찬가지였다. 동경 변량과 남송 임안에는 모두 '주행酒行'과 '식반행食飯行'이 있었다. '주행'은 일종의 주류 협회로, 양조장을 열거나 주점을 개업하려면 반드시 여기에 가입해야 했는데 심지어 술을 지고 다니며 팔던 행상도 예외는 아니었다. '식반행'은 요식업소 협회로 조식을 파는 노점, 야시장에서 먹거리를 파는 상인, 식당 상인들뿐만 아니라 무대랑처럼 골목을 누비며 추이빙을 파는 사람들도 가입해야 했다. 제일 좋은 것은 앞에서 말한 두 협회에 모두 가입하는 것이다. 개업한 지 얼마 되지 않은 경우 협회의 '우두머리'를 통해 업계의 규칙을 배울 수도 있었고, 정부에서 하달된 새로운 정책에 대해서도 바로 알 수 있기 때문이다.

식당
인테리어 안내

송나라의 크고 작은 식당 입구에는 여러 가지 표지가 있었다. 작은 주점이라면 문 앞에 주점의 이름이나 '술酒'이라는 글자가 적힌 깃발이 걸려 있을 것이다. 대형 주점이라면 문 앞에 '환문歡門'[4]이 세워져 있고 환문 앞에 '거마차자拒馬杈子'가 놓여 있을 것이다. 거마차자는 일종의 바리케이드다.

환문은 화려한 색채의 문루門樓[5]로 대나무와 철사로 뼈대를 만들어 특정한 형태로 엮은 뒤 채색 리본을 묶거나 꽃으로 꾸며 놓았다. 중간에는 통로가 있어 손님들이 그곳을 통해 출입할 수 있다. 거마차자는 두 가지 종류로 나눌 수 있다. 하나는 오늘날의 난간과 흡사한 것으로 아랫부분을 땅 속에 묻어 고정시킨 뒤 정문과 측문 부분만 열어둔 것이다. 다른 하나는 통나무 2개를 짝

---

[4] 음식점이나 술집 등의 입구에 오색 비단으로 장식해 세워둔 문.

[5] 아래에는 출입문을 내고 위에는 망루를 지어 사방을 두루 살피는 기능을 가진 건축물.

으로 해서 사람 인 자 형태(人)로 교차해서 묶은 것이다. 통나무 2개의 중간 부분을 긴 막대기로 꿰어놓는데 이런 난간은 비교적 높이가 높다. 거마차자는 자칫 실수로 주점으로 돌진해 들어올 수도 있는 마차를 막을 수 있게 길가에 설치해둔다. 밤이 되어 가게 문을 닫을 때 이 난간은 해체해서 가게 안에 들여놓는다. 그러지 않으면 캄캄한 밤중에 행인들의 통행에 방해가 되기 때문이다.

환문과 거마차자에는 모두 색이 칠해져 있는데 주로 홍색과 녹색이 많다. 이 두 가지 색깔은 경사스러움을 상징할 뿐만 아니라 대비되는 색이라 눈에 매우 잘 띈다. 물론 다른 색깔을 선택해도 상관없지만 황색만은 피해야 한다. 상식적으로 생각해보면 황색이 훨씬 더 눈에 잘 띄는데 왜 피해야 할까? 전통적으로 황색은 황제를 상징하는 색깔이다. 따라서 나라의 특별 허가가 있기 전에는 지위 고하를 막론하고 누구도 사용할 수 없었고, 일반 상인들 역시 예외는 아니었다.

오늘날 식당들은 문 앞에 홍등을 걸어두는 것을 선호한다. 특히 춘절이나 중추절 같은 명절에는 거의 모든 주점이 홍등을 내건다. 홍등은 송나라 때에도 있었다. 만약 송나라로 간다면 다음 사항에 유의해서 등을 관찰하기 바란다.

첫째, 등롱의 형태가 오늘날과 다르다. 오늘날의 등롱은 호박과 비슷하지만 송나라 때의 등롱은 치자 열매처럼 생겼다. 윗부분은 넓은데 아랫부분은 좁고 길고 둥근 도란형倒卵形(달걀을 거꾸로 세운 형태)으로 중간이 육각형처럼 꺾여 있다. 형태가 독특하고 선조線條가 분명해서 당시에는 '치자등'이라고 불렸다.

둘째, 파리로 구워 제작한 치자등이 걸려 있다면 고급 주점임에 틀림없다. 파리등은 투명해서 빛이 잘 투과되어 매우 분위기 있게 만들어준다(송나라 때는 파리로 만든 제품이 사치품에 속했다). 철사로 뼈대를 만들고 얇은 천으로 겉을 싼 등을 내건 주점과는 비교할 수 없을 것이다.

셋째, 대부분의 등롱 위에는 뚜껑이 덮여 있지 않다. 만약 어떤 주점 앞에 걸려 있는 치자등 위에 대나무로 둥글게 엮은 뚜껑이 덮여 있다면 그곳은 퇴폐영업을 하는 주점이다.

요리사보다 종업원

어떤 시대건 식당을 개업할 때 가장 중요한 것은 요리사의 솜씨일 것이다. 그렇지만 송나라 때에는 요리사보다 훨씬 중요한 사람이 있었으니 시종侍從(종업원)이 그런 존재였다.

송나라 식당에도 메뉴판이 있긴 했지만 매일매일 식당에 어떤 요리가 가능하고 어떤 것이 불가능하며 어떤 요리를 추천할 만한지 가장 잘 알고 있는 사람은 바로 시종이었다. 물론 기억력만 좋다고 시종이 되는 것은 아니다. 손님이 어떤 음식을 원하는지 알아맞힐 수 있는 안목이 있어야 한다. 돈 많고 씀씀이가 시원시원할 것 같은 손님에게는 제비집이나 전복, 샥스핀, 불도장 등을 추천해야지 그러지 않으면 손님은 주점의 격이 떨어진다고 느낄 것이다. 해지고 남루한 옷을 입은 채 여자 친구를 대동하고 온 손님에게는 가성비 좋은 요리를 추천해야지 주문조차 못할 비싼 요리를 추천해서 남자의 체면을 상하게 만들어서는 안 될 것이다.

송나라 시종은 단순히 주문만 받는 것이 아니라 주문받은 요리 목록을 노래로 만들어 전달했다. 『동경몽화록』에 이런 구절이 나온다. "시종이 주문을 받으면 주방 앞에 가서 하나도 빠짐없이 노래로 불러 주방에 알려주었다." 즉 손님이 어떤 요리를 주문했는지 기억했다가 주방 앞에 가서 큰 목소리로 주문받은 요리들을 주방장에게 노래로 불러주었다. 이렇게 하면 손님도 자신이 주문한 것을 확인할 수 있고, 주방장도 듣자마자 요리를 시작할 수 있다.

그렇다면 왜 노래로 주문 내용을 전달했던 것일까? 노래가 말로 하는 것보다 느리기 때문에 노래로 주문을 넣으면 고객들이 자신의 주문 내용을 다시 한 번 확인할 수 있고, 노래가 말보다 낭랑해서 더 잘 들리기 때문에 아무런 메모 없이도 주방장이 재빨리 요리를 시작할 수 있었기 때문이다.

물론 노래가 말보다 훨씬 어렵다. 기억력이 좋지 않으면 수백 가지 요리 이름을 외울 수 없을 뿐더러 손님이 주문한 음식도 순간적으로 잊어버릴 수 있다. 또한 목소리가 좋지 않아서 깨지고 갈라지는 소리로 노래를 부른다면 손님들은 음식이 나오기도 전에 모두 가게를 떠날 것이다. 손님이 주문한 요리 이름으로 완만하고 곡절 있는 곡조를 만들어내기 위해서는 빠른 머리 회전도 필수적이다. 따라서 내 생각에 송나라 주점의 뛰어난 시종들은 대부분 유영柳永 같은 소리의 대가요, 소동파 같은 시작詩作의 고수였을 것이다.

　오늘날 식당 사장님들은 고액 연봉을 주더라도 좋은 요리사를 모셔올 궁리만 했지 유능한 시종을 구할 생각은 꿈에도 하지 않는다. 곰곰이 생각해보면 이는 사장님의 잘못이 아니라 시대의 잘못이다. 현대인들의 심리가 매우 경박하고 문화가 조잡해서 완만하고 곡절 있는 노래를 만들어낼 마음이 없어 보인다.

식욕을 돋우는 관상용 요리

홍콩의 명의 천춘런은 『은원시대생활사銀元時代生活史』에서 이런 일화를 소개하고 있다. 그가 젊었을 때 한커우漢口에 출장을 갔다고 한다. 그곳의 친구들이 몇 명의 의사들과 함께 그를 집에 초대해 식사를 대접했다. 주인은 식사 준비에 꽤 신경을 써서 고기 요리 네 가지와 채소 요리 네 가지, 모두 여덟 가지 요리를 대접했다. 주인과 손님 모두 즐거운 만찬을 즐겼는데, 식사가 끝날 무렵 주인이 마지막 요리 네 가지를 가지고 나왔다. 천춘런이 보니 통닭, 통오리, 훙샤오리위紅燒鯉魚(생선찜), 훙샤오쭈티紅燒豬蹄(족발)였다. 앉아 있던 손님들이 더 이상 먹지 못한다고 손사래를 쳤지만 대식가 천춘런은 다시 식욕이 동해서 젓가락으로 요리를 집으려 했다. 그런데 느낌이 이상해서 보니 접시 위의 닭과 오리는 모두 나무로 만든 것이고 잉어와 족발도 역시 나무로 조각해 그 위에 소스를 뿌린 것이었다. 그는 염치불구하고 어찌된 영문인지를 물었고, 이것이 한커우의 풍습이라는 것을 알게 되었다. 즉 연회의 마지막에 나오는 몇 가지 요리는 체면을 위한 것으로, 볼 수는 있지만 먹을 수는 없는 것이었다.

송나라 연회에서도 눈으로만 보는 관상용 음식을 몇 가지 찾아볼 수 있다. 이것을 '간채看菜' 또는 '간반看盤', 때로는 '식食'이라고 불렀다. 선부시찰膳部視察[6]을 지낸 적이 있는 육유가 이에 대해 묘사한 적이 있다. 남송 황제가 집영전에서 금나라 사신을 대접할 때 식탁마다 자오까오棗糕(대추떡), 수이빙髓餠, 후빙, 환빙 등 네 가지 관상용 음식을 차렸다. 자오까오는 설명할 필요가 없고, 수이빙은 소 골수로 만든 셴빙, 후빙은 샤오빙, 환빙은 마화麻花를 말한다. 자오까오, 셴빙, 샤오빙, 마화는 피라미드처럼 각각 4개의 쟁반에 여러 층으로 쌓여 있었고, 정식 연회가 시작되어 진짜 요리가 나올 때까지 식탁 위에 놓인다. 금나라 사신은 아무리 배가 고프다고 해도 관상용 음식을 먹어서는 안 된다. 먹으려 할 경우 실례를 범하는 것이다.

『동경몽화록』에 북송 황제의 생일 연회를 묘사하는 내용이 나온다. 생일을 축하하러 온 문무백관과 각국 사신들이 도열해 있는 대전 위아래로 수백 개의 식탁이 차려져 있다. 연회가 시작되기 전, 각 탁자마다 관상용 요리가 몇 가지씩 차려져 있는데 샤

---

[6] 제수용품이나 술, 얼음 등을 관장하던 직책.

오빙, 마화, 자오까오 등이 피라미드 모양으로 높이 쌓여 있다. 요나라 사신에게는 별도로 단독 식탁을 차려주었는데 식탁 위에 삶은 돼지, 양고기, 닭고기, 거위고기, 그리고 토끼고기 등 다섯 가지 요리가 차려져 있다. 물론 이것들은 관상용 요리이다. 잘 익은 고기는 대단히 부드러워 잘 부서지기 때문에 먼저 실로 묶은 다음 한 묶음씩 쟁반에 쌓아올렸다. 보기에 아주 먹음직스럽다고 실제로 먹었다가는 망신을 당하게 될 것이다.

  이 외에 남송의 관포灌圃 내득옹耐得翁의 회고에 따르면, 항주의 괜찮은 식당과 주점에는 이런 영업 규정이 있었다고 한다. 즉 손님이 음식을 주문한 후 요리가 나오기 전까지 식탁에 관상용 요리 몇 접시를 올려둔다는 것이다. 이 요리는 보기만 해야지 먹을 수는 없다. 궁 안에서 연회 전에 식탁 위에 관상용 요리를 차려두던 것과 같다. 이에 대해 다음과 같이 설명하는 학자도 있다. 즉 송나라 식당에는 메뉴판이 없었기 때문에 손님은 관상용 요리를 보고 이 식당의 특색 요리를 알 수 있다는 것이다. 하지만 사실은 그렇지 않다. 『도성기승』에 이런 구절이 나온다. "만약 주문을 하려면 식당의 메뉴판을 살펴봐야 한다." 즉 식당과 주점은 모두 메뉴판을 갖추고 있었기 때문에 먼저 시종에게 메뉴판을 가져다달라고 하면 된다는 것이다. 이런 점을 볼 때, 관상용 요리가 메뉴판을 대신하는 것이 아니라는 것을 알 수 있다.

그렇다면 송나라 연회에서는 왜 관상용 요리를 먼저 올렸을까? 앞에서 말한 한커우의 사례를 통해 그 이유를 짐작해볼 수 있다. 한커우의 가정에서 식사 마지막에 나무로 만든 관상용 음식을 내오는 것은 체면치레 때문이다. 송나라 연회에서 관상용 요리를 차려놓는 것은 장식적 효과를 위해서이기도 하지만 본 음식이 나오기 전에 썰렁한 분위기를 없애고 식욕을 돋우는 데 목적이 있다. 관상용 요리를 앞에 두고 군침만 삼키다가 본 요리가 나오면 그 요리가 얼마나 맛있게 느껴지겠는가!

박매

송나라 때 가난한 서생이 있었다. 이름을 알 수 없으니 소명小明이라고 해두자. 소명은 성 밖에 살았는데 집안 형편이 좋지 않아 돈을 벌기 위해 집에 딸린 작은 텃밭에 부추를 두 뙈기 심었다. 아침마다 텃밭에 가 한 묶음씩 베어서 시장에 갖다 파니 겨우 입에 풀칠할 정도는 되었다.

오늘날 채소 상인들은 장사하기 전에 가격을 먼저 정해둔다. 예를 들면 1근에 2위안인 채소가 있는데 여러분이 5근을 사고 싶다면 10위안을 줘야 한다. 만약 2근을 원한다면 4위안이 필요하다. 물론 많이 사면 가격을 깎을 수 있고 도매가로도 살 수 있을 것이다. 소명은 이렇게 장사하지 않았다. 그의 부추에는 가격이 매겨져 있지 않았다. 부추를 사고 싶다면 그와 내기 한 판을 해야 했다. 만약 상대가 내기에서 이기면 1위안으로 부추를 전부 가져갈 수 있는 반면, 내기에서 지면 부추는커녕 그에게 1위안을 줘야 했다.

내가 소명이고 여러분이 구매자라고 해보자. 여러분은 나에게 부추 1근에 얼마인지 묻는다. 나는 이렇게 대답한다. "손님, 내가 파는 채소는 가격이 정해져 있지 않습니다. 1근에 1위안이 될 수도 있고 10근에 1위안이 될 수도 있습니다. 오늘 당신의 운세가 어떤지가 제일 중요하죠." 그런 다음 나는 동전 한 닢을 꺼내어 여러분에게 던지라고 한다. 땅에 떨어진 동전의 방향에 따라 승부가 결정 난다. 여러분이 내기에서 이기면 채소를 가져갈 수 있지만 지면 그럴 수 없다. 물론 동전을 다시 던질 수는 있다. 그렇지만 동전을 던질 때마다 1위안씩을 줘야 한다. 여러분은 승률을 따져볼 것이다. 평균적으로 동전을 2번 던지면 1번은 이길 수 있다고 생각할 것이다. 이렇게 되면 부추 한 단을 2위안에 사는 것이니 이익이다. 따라서 내기를 받아들인다. 그러나 50번을 던져도 계속 지기만 하면 머리끝까지 화가 나서 집으로 돌아갈 것이다. 그렇다면 나는 어떤가. 부추를 팔지도 않았는데 50위안이나 벌었다. 물론 한 번 만에 여러분이 이길 가능성도 있다. 그러면 여러분은 즐거운 마음으로 부추를 가지고 가고 나는 1위안을 바라보며 눈물을 삼킬 것이다. 그러나 결코 이런 결과는 쉽게 나오지 않는다. 왜냐하면 그 동전은 내기 좋아하는 사람들을 속이기 위해 특수 제작된 것이기 때문이다.

송나라에서는 이런 방식으로 물건을 파는 것을 '박매撲賣'라고 했는데 송나라 시장에서 대단히 유행했다. 멜대를 메고 골목을 돌아다니며 절인 고기를 팔거나 잔술을 파는 행상들도 동전을 손에 쥐고 운수를 시험해보라고 호객 행위를 했다. 동전 내기 외에도 추첨, 제비뽑기, 주사위 던지기, 뱅글뱅글 도는 과녁에 표창 던지기, 가위바위보 등 방법은 얼마든지 있었다. 그러나 마찬가지로 구매자가 내기에서 이길 확률은 그다지 높지 않았다. 그렇지 않다면 판매자는 매번 손해만 볼 것이다.

이런 이야기가 있다. 남송의 어떤 젊은이가 집 앞에 감귤 장수가 와 있다는 말을 듣고 운을 시험해보러 나왔다. 그리고 10위안을 잃을 동안 감귤 하나도 사지 못했다. 그는 화가 나서 씩씩거리며 이렇게 말했다. "만전을 쓴다 해도 감귤 하나 입에 넣지 못하겠네!"(『이견지본夷堅志補·이장사李將仕』 참조)

매박

부처님이 속세에 계실 때 인도에서는 한창 경매가 유행했다. 만약 인도에서 사람이 죽었는데 그에게 자식이 없다면 그의 재산은 공개적으로 경매에 붙여졌다. 경매 과정은 오늘날과 대단히 흡사했다. 물품에 번호를 매긴 뒤 경매사가 시작 금액을 부르면 경매에 참가한 사람들이 시작 금액에 돈을 더해 가격을 높인다. 더 이상 높은 가격을 부르는 사람이 없으면 경매사는 의사봉을 내리쳐서 거래가 성립되었음을 알린다.(『비니모경毗尼母經』참조)

중국에 불교가 전래되면서 경매 방식도 함께 들어왔다. 당나라 선승 백장회해百丈懷海[7]가 편찬한 『백장청규』를 보면 입적한 승려의 유품은 반드시 '창매唱賣'의 방식으로 나누도록 규정하고 있다. 창매는 일종의 경매이다. 다만 경매 전에 게송偈頌 한 단락, 불경 한 단락을 읊음으로써 경매에 참가한 승려들이 세상사

---

[7] 720?-814. 당나라 때의 선종 고승으로 마조도일馬祖道一의 법통을 이어받았다. 최초의 선원禪院 규칙인 『백장청규』를 제정했다.

의 덧없음과 만법무상萬法無常의 도리를 깨닫도록 한다는 점이 다를 뿐이다.

송나라 때에도 불교가 흥성했다(송 휘종 때는 예외적으로 도교를 숭상하고 불교를 억압했다). 따라서 북송과 남송 모두 불교의 영향 때문에 국유 자산을 처분할 때는 경매 방식을 사용했다. 이로써 국가 자산의 소실을 방지하고 사람들 간의 공평한 경쟁을 보장한 것이다. 그러나 송나라 때의 경매는 불교식과는 달리 경쟁 입찰 방식이었다.

예를 들어보자. 송 인종 재위 시에 국유 기업의 수익성이 악화되자 조정에서는 전국에 있는 국영 양조장과 국영 주점에 관리를 파견해 일제 조사를 실시했다. 그리고 조사 결과를 토대로 각 고을의 관청을 통해 입찰을 공지했다. 입찰 과정은 다음과 같다. 우선 입찰자들은 정해진 날짜에 관청에 모인다. 모인 사람들은 관청에 일정 금액의 보증금을 내고 입찰표 한 장을 받아 이름과 주소, 담보인, 담보금과 입찰 가격을 적는다. 이 표를 뽕나무 종이로 만든 봉투에 잘 넣어 밀봉한 후 철함에 넣는다. 그리고 집으로 돌아가 통지가 올 때까지 기다린다.

2, 3개월 후 주현의 장관은 모든 입찰자들이 입회한 가운데 철함을 개봉한다. 그리고 밀봉한 봉투를 꺼내어 찢은 다음 거기 적혀 있는 가격을 큰 소리로 발표한다. 최종적으로 가장 높은 가

격을 써낸 입찰자에게 구매권이나 도급권이 낙찰된다.

송나라 조정에서는 이 같은 경쟁 입찰 방식을 '매박買撲' 또는 '청사請射', '실봉투장實封投狀'이라고 불렀다. 이 말들은 모두 같은 의미를 갖고 있지만 이 가운데 실봉투장이 가장 구체적이고 이해하기 쉽다. 매박이나 청사라고 하면 알아듣기 힘들 것이다.

당송 시기의 '박撲'과 '사射'라는 글자에는 모두 수수께끼라는 의미가 있었다. 경매인이 경매장에서 직접 가격을 높여가며 경매를 진행하는 것이 아니라 입찰자들이 써낸 가격표를 밀봉했다 마지막에 개봉해 발표하기 때문에 그 전까지는 누가 얼마를 써냈고, 누구에게 낙찰될지 알 수 없다. 이런 입찰 방식이 마치 수수께끼 같다 하여 매박 또는 청사라는 이름이 붙은 것이다.

외부 식품
반입 환영

외지 손님이 개봉에 오면 나는 보통 노점에 데려가 식사를 대접한다.

노점에서 식사를 대접한다는 말에 대부분 독자들은 의아하게 생각하거나 헛웃음을 터뜨릴지도 모른다. 노점이 얼마나 더러운 곳인데 거기서 손님을 대접한다는 말인가? 노점에서 파는 음식이 그리 위생적이지 않다는 것은 나도 인정한다. 그러나 술집에서 파는 음식은 깨끗할까? 5성급 호텔에서 폐식용유를 사용하지 않는다고 누가 보증할 수 있겠는가?

나는 노점에서 음식 사먹는 것을 좋아한다. 노점은 훨씬 자유롭고 시끌벅적하고 서민적이기 때문이다. 담배 피우고 싶으면 피우고 화찬을 하고 싶으면 하는 등 전혀 다른 사람의 눈치를 볼 필요가 없다. 노점의 또 다른 장점은 어딜 들어가 앉건 거기서 다른 노점의 음식을 주문해 먹을 수 있다는 것이다. 예를 들어 손님 몇이 노점에 앉아 양순대를 먹는다고 가정하자. 양순대만으로는 부족해 고개를 돌려 탁자 너머 동쪽의 노점상에게 다른 음식을 주문한다. "사장님, 콩국 두 사발만 주세요!" 그리고 다시 서쪽의 노점상에게도 주문한다. "콩팥구이 네 개요!" 만약에 노점에서 파는 생맥주가 물을 섞은 듯 묽게 느껴진다면 맞은편 마트에 가서 맥주를 몇 병 사와도 전혀 문제가 되지 않는다. 만약 노점이 아니라 식당이었다면 불가능한 일일 것이다. 대부분 식당 문 앞에는 이렇게 쓰여 있기 때문이다. "외부 음식 반입 금지. 주류 휴대 사절."

송나라 때의 식당들은 비교적 융통성이 있었다. 식당에 주류를 가져갈 수 있었는지는 알 수 없지만 외부 음식을 시키는 것은 분명 가능했다. 손님이 직접 주문하지 않아도 수많은 행상들이 식당에 들어와 각종 먹을거리를 추천해줄 것이다. 남송의 유신 주밀의 말을 들어보자. "임안의 큰 주점에서 식사할 때 종업원에게 잡상인을 들이지 말라고 말해두지 않으면 밥 먹는 내내 여러 무리의 행상들을 만나게 될 것이다. 사슴고기, 전복, 게, 양 족발 등을 파는 행상들은 바로 술안주로 삼을 수 있는 따끈한 음식들을 식탁 위에 펼쳐놓을 것이며, 술이 오를 때쯤이면 또 다른 행상이 들어와 아몬드, 반하半夏,[8] 올리브, 박하 등 갖가지 해장약을

---

8 천남성과에 속한 다년생 풀.

팔 것이다."

송나라의 백화소설 『정 절도사가 신궁으로 공을 세운 이야기鄭節使立功神臂弓』에는 이런 내용이 나온다. "벼슬아치 여럿이 술을 마시는데 어깨에 광주리를 멘 행상 하나가 들어왔다. 두 손을 맞잡고 노래 세 곡을 뽑고는 광주리에서 도마와 칼을 꺼내 소고기 한 접시를 썰어 주안상 위로 올린다. 벼슬아치 몇이 그에게 수고비를 주었다."

오늘날 식당 주인들은 행상이 마음대로 가게에 들어와 호객하는 것을 용납하지 않는다. 그것은 마치 호랑이 입에서 먹이를 빼앗는 것과 같다. 그러나 송나라 사람들은 그것을 일종의 공생관계로 생각했다. 식당은 행상에게 영업장소를 제공해주고 행상은 식당에 별미 간식을 가져다주는 것이다. 여기서 제일 이득을 보는 것은 당연히 고객이다.

송나라
총포사

중국에는 '촌연주사村宴廚師'(타이완의 '총포사總鋪師'와 비슷하다)가 있다. 말 그대로 조리 기구 일체를 갖고 다니며 주로 농촌 지역의 잔치를 담당하는 요리사이다. 위동 지역에도 마을마다 촌연주사가 한두 명씩 있었다. 그들은 다른 마을에 결혼식이나 장례식 등이 있으면 그곳에 가서 음식 솜씨를 뽐냈으며 행사가 끝나면 합당한 보수를 받았다. 그러나 그들의 직함은 촌연주사가 아니었다. 외지인들에게는 이상하게 들리겠지만 사람들은 그들을 국장局長이라고 불렀다.

여기서 말하는 국장은 당연히 공안국 국장이나 재정국 국장과는 다르다. '국局'의 발음은 '염국계鹽焗雞'[9]의 '국焗(찌다)'과 똑같다. 실정을 잘 모르는 어떤 민속학자는 위동에서 촌연주사를 국장으로 부르는 것에 대해 그들이 찌고 익히는 것을 잘하기 때

---

9 '소금을 친 찜닭'으로 '국焗'은 '찌다'라는 뜻이다.

문에 그런 별칭이 생겼다고 했는데 이는 완전히 잘못된 견해다.

국장이란 말은 원래 송나라 때 연회를 준비하던 사람에 대한 존칭으로 생겨났다. 송나라는 시민사회로 상업이 대단히 발달했다. 사회 분업이 매우 잘되어 있어 수많은 직종이 존재했다. 그중 하나가 연회를 총괄하는 사람으로 오늘날로 말하자면 촌연주사이다. 관청이나 대갓집의 연회를 담당하는 부서는 '과자국果子局', '미젠국蜜餞局', '채소국菜蔬局', '유촉국油燭局', '향약국香藥局', '배판국排辦局' 등으로 세분화되어 있었다. 과자국은 연회에서 과일을 담당하고, 미젠국은 디저트, 채소국은 각종 채소, 유촉국은 조명과 난방, 향약국은 향로와 해장약, 배판국은 꽃꽂이와 장식, 식탁 및 걸상 등의 청소를 담당했다. 이상에서 말한 부서를 합쳐서 육국六局이라 하는데, 육국을 맡고 있는 각각의 책임자가 바로 국장인 것이다.

육국 외에 사사四司도 있다. 사사는 주사廚司, 다주사茶酒司, 장설사帳設司, 대반사臺盤司를 말한다. '주사'는 주방에서 재료 배합과 조리를 담당하며, '다주사'는 손님 초대와 배웅을 담당한다. '장설사'는 천막이나 병풍, 카펫의 설치 및 탁자, 의자의 배치를 담당하며, '대반사'는 접시와 사발 나르는 것을 담당한다.

내가 고증한 바에 따르면 사사육국은 원래 수양제隋煬帝가 황실에 설치한 것이었다. 그래서 당나라 때 황제의 생활을 모방

하는 절도사들이 늘어나면서 황실에만 있던 사사육국이 절도사들의 집에도 생겨나기 시작했다. 평민 문화가 발흥한 송나라 때 사사육국은 궁정과 권문세가의 상설 기구가 되었을 뿐만 아니라 여기서 한 발 더 나아가 비용만 지불하면 누구나 서비스를 받을 수 있는 독립적인 노동조직으로 변모하였다.

예전에 내가 입이 닳도록 읊었던 시구가 떠오른다.

> 그 옛날 왕씨, 사씨 세도가 집에 깃들어 살던 제비,
> 지금은 아무 집이나 무시로 드나드네.[10]
>
> 舊時王謝堂前燕,
>
> 飛入尋常百姓家.

송나라 때 일반 백성 집으로 날아들었던 사사육국이라는 제비가 지금은 촌연주사라는 제비로 남게 된 것이다.

---

[10] 유우석劉禹錫(772-842)의 〈오의항烏衣巷〉에 나오는 구절.

찻집 가서
된장국 마시기

남송 때는 차관茶館이 굉장히 성행했다. 많을 때는 임안성에만 300~400곳의 차관이 있었다. 그 가운데 유명한 곳으로 청악다방淸樂茶坊, 팔선다방八仙茶坊, 주자다방珠子茶坊, 반가다방潘家茶坊, 연이다방連二茶坊, 연삼다방連三茶坊 등을 들 수 있다. 모두 2, 3층의 건물들로 1층에는 대통포大通鋪[11]가 깔려 있고 2, 3층에는 별도의 작은 방들이 있었다. 벽에는 대가들의 글과 그림이 걸려 있고 문 앞에는 말을 매는 말뚝과 거마차자가 놓여 있는데, 아침부터 밤까지 손님들의 왕래가 끊이지 않았다.

이런 큰 규모의 찻집에서는 차만 파는 것이 아니라 악사들이 노래도 팔았다. 손님들도 단순히 차만 마시러 오는 것이 아니라 다양한 일을 처리하기 위해 왔다. 찻집에 와서 사무를 보는 사람도 있는데, 이는 마치 무료 와이파이가 잘 터지는 카페에 매일

— 11 나무판자로 만든 대단히 길고 큰 침상. 수십 명이 함께 사용할 수 있다.

같이 출근해 작업하는 오늘날의 프리랜서와 다를 바 없다. 남송 때 내득옹의 표현을 빌리면, 큰 규모의 찻집에는 용과 물고기가 어지러이 뒤섞여 있다. 아마추어 배우가 공짜로 경극을 관람하기 위해 오기도 하고, 예인들이 설서를 하기도 한다. 중매쟁이들이 중매를 서고 거간꾼이 사업을 벌이며 장사꾼들이 모임을 갖기도 한다. 때로는 노래하는 사람, 꽃 파는 사람, 간식 파는 사람과 뚜쟁이들까지 위층에 올라와 돈 있는 고객을 유혹한다.

오늘날 광둥과 쓰촨의 오래된 차관 몇 곳을 제외하고 대부분의 찻집은 고가의 음료를 파는 카페로 변해버렸다. 남송의 찻집은 비교적 평민적이었다. 따라서 저잣거리의 사람들도 적은 돈으로 찻집에 들어와 하루 종일 죽치고 앉아 있거나 츠탕豉湯(된장국) 한 사발에 허기를 채울 수도 있었다.

남송의 풍습에 따르면 겨울이 되면 모든 찻집에서는 츠탕을 팔았다. 츠탕은 무엇일까? 떠우츠에 여러 가지 식재료를 섞어 끓인 된장국이다. 송나라 사람들은 주로 검은콩을 사용해서 떠우츠를 만들었다. 만드는 방법은 다음과 같다. 우선 검은콩을 껍질이 벗겨질 때까지 볶는다. 껍질이 벗겨진 콩을 물에 불려 부드럽게 만든 다음 햇볕 아래 건조시킨다. 콩이 반쯤 말랐을 때 햇볕이 들지 않는 방으로 옮겨 잘 쌓은 뒤 위에 무거운 것을 올려 세게 눌러준다. 이 위에 다시 피마자 잎이나 큰 연잎을 여러 겹 덮고 그 위에 벽돌 2개를 올려놓는다. 7, 8일 정도 기다렸다가 검은 콩에 노란색 옷이 한 겹 덮이면 콩을 다시 펼쳐 햇볕에 말린다. 콩이 충분히 마르면 온수로 잘 세척한 후 소금, 유채기름, 산초, 후추, 생강가루 등을 넣어 버무린다. 이것을 항아리에 넣고 밀봉해 보관하면 된다. 츠탕을 만들 때는 떠우츠를 찧어 부순 다음 뜨거운 물에 넣고 끓인다. 끓는 중간에 사인, 고량강高良姜, 귤피橘皮, 파, 산초, 회향, 목이, 죽순, 버섯, 쇠비름 또는 돼지고기나 양고기 등을 넣는다. 재료가 다 익으면 다시 떠우츠를 조금 넣어 신선도를 높여준다. 일본 요리를 좋아하는 사람이라면 아마 미소시루가 떠오를 것이다. 그렇다. 남송의 찻집에서 팔던 츠탕은 미소시루와 흡사하다.

    송나라 사람들이 떠우츠를 좋아했던 것은 일본 사람이 미소시루를 즐겨먹던 것과 비슷하다. 탕을 끓이든 재료를 볶든 닭을 고든 생선을 찌든 떠우츠는 어떤 음식과도 궁합이 잘 맞는 조미료였다. 송나라 연회에서 자주 볼 수 있었던 '러우셴츠'는 사실 떠우츠를 푼 물에 양고기를 넣고 국물이 좔 어들어질 때까지 끓여 익힌 것으로, 그 어떤 조미료로 조리한 양고기보다 훨씬 맛이 훌륭하다.

간추린 송나라 음식 사전
宋朝飮食簡明辭典

각자閣子: '각아閣兒'라고도 한다. 송나라 사람들이 주점의 독립된 방, 속칭 룸을 부르던 말이다. 『수호지』에 노달魯達이 손님을 대접할 때 '깨끗하고 화려한 호화룸' 한 칸을 고르는 장면이 나온다.

각점脚店: 직접 양조는 할 수 없는 대신 정점으로부터 술을 사와 판매하던 주점.

간채看菜: 손님에게 음식을 대접하기 전에 식탁에 차려두었던 요리들. 본 요리가 나오면 가져간다. 이 요리들은 볼 수만 있을 뿐 먹을 수 없기 때문에 '간채'라고 불렸다.

거마차자拒馬杈子: 나무토막 두 개씩을 X자로 묶어 길게 배열한 뒤 그 위에 횡으로 막대기를 끼워 고정시킨다. 마차가 돌진해 사람을 다치게 하는 것을 방지하기 위해 식당 앞에 설치해두었다.

건잔建盞: 건요建窯에서 만든 작은 다완으로 태가 두꺼운 흑유黑釉 자기이다. 송나라 사람들이 투차(차의 우열을 겨루는 놀이)를 할 때 많이 사용했다. 건잔 흑유 자기 가운데 세맥細脈이 균등하게 비치는 것을 '토호잔兎毫盞'이라고 불렀는데 송나라 때 최상급의 다완 중 하나였다.

경병經瓶: 매병梅瓶이라고도 하는데, 배 부분이 볼록하고 주둥이가 작다. 전체적으로 좁고 길쭉한 형태의 술병으로 술을 1리터 이상 담을 수 있다. 송나라 때 가장 흔한 술병이었다.

골돌榾柮: 장작. 옛날에는 Y자 형태의 나뭇가지를 '골돌'이라고 했다. 육유의 〈눈 오는 밤雪夜〉에 이런 구절이 나온다. "장작 모두 타고 나니 화로가 차갑고, 꼬끼오 닭 울고 나니 창밖이 밝아오네."

공주公廚: 송나라 때 각급 행정기관에 설치되어 있던 취사장과 구내식당. 『송회요집고』에 따르면 공주에서 식사하는 관원들은 식비를 둘 중 한 가지 방식으로 처리했다. 하나는 식권 구매 없이 마음대로 먹는 것이고, 다른 하나는 조정으로부터 매월 식비 보조금을 받는 것이다.

구둬餶飿: 송나라 때의 주식 가운데 하나. 네모난 밀가루 피에 고기소를 올린 뒤 꽃봉오리 모양으로 빚은 것으로 오늘날의 훈툰과 흡사하나 크기가 더 크다.

구사격九射格: 구양수가 발명한 기구로 벌주놀이 때 사용한다. 둥근 나무판과 표창으로 구성되어 있다. 나무판 위에 같은 간격으로 동심원 여덟 칸(원의 중심까지 하면 모두 아홉 칸이다)을 그린 다음 칸마다 동물을 하나씩 그린다. 표창을 던져 정해진 동물을 맞히지 못하면 벌주를 마셔야 한다.

구호口號: 송나라 황제가 연회를 베풀거나 순행을 할 때 교방사 배우들이 외치는 말. 주로 길상吉祥이나 축복, 칭송의 의미를 담은 순커우류로 후세의 수라이바오와 유사하다.

국내局內: 북송 때 요식업계에서 사용하던 말로 식당의 주방을 가리킨다.

권배勸杯: 옛날에 술을 권할 때 쓰던 잔으로 손잡이가 달려 있다. 잔 받침과 한 세트이다.

권잔勸盞: 권배와 같지만 손잡이가 없다.

깐차오탕甘草湯: 감초를 넣고 오래 끓인 다음 차갑게 식힌 냉음료이다.

깐첸肝籤: 일종의 샹형 음식으로 돼지나 양의 간, 돼지 왕유로 만든다. 끓는 물에 간을 데친 다음 가늘게 썰어 돼지 왕유에 둥글게 말아서 전분을 묻혀 기름에 튀겼다.

꿍빙供餅: 조상이나 신령께 제사를 올릴 때 사용하던 큰 만터우.

나이팡첸奶房籤: 양의 유방으로 만든 상형 식품. 깨끗이 씻은 양 유방을 잘 삶아 채 썬 뒤 돼지 왕유로 돌돌 말아 튀기거나 지지면 완성된다. 송나라에서는 양이 부족했기 때문에 양의 내장까지도 식재료로 사용했다. 그 가운데 '유방'도 중요한 요리 재료였다. 궁정 연회에도 '나이팡첸', '나이팡쉔자'奶房旋鮓, '나이팡위뤼껑'奶房玉蕤羹' 등의 요리가 오르곤 했다.

남방 음식南食: 주로 강남 지역의 요리를 가리킨다. 북방 음식北食, 사천 요리川飯와 함께 송대의 3대 요리로 불렸다.

남번 파리기南番玻璃器: 남송 때 유럽, 아프리카와 원양무역을 했는데, 중간 기착지 역할을 한 동남아시아를 '남번'이라고 불렀다. '남번 파리기'는 바로 동남아시아를 통해 유럽에서 수입된 파리 그릇들을 말한다. 송나라에도 파리가 있기는 했지만 불순물이 많아 투명도가 떨어지고 디자인 또한 수입품에 미치지 못했다. 따라서 남번 파리기는 송대에 인기가 매우 높았다.

누장화반가차鏤裝花盤架車: 송나라 때는 행상을 '매영식'賣零食'이라고 불렀다. 그들은 손님들의 눈길을 끌기 위해 화려한 꽃무늬가 새겨져 있고 황동으로 상감된 소형 수레에 음식을 싣고 다녔는데, 이런 수레를 '누장화반가차'라고 한다.

다방茶坊: 송나라 때 찻집을 부르던 말. 『도성기승』에 따르면 남송의 찻집은 괘패다방掛牌茶坊, 시두다방市頭茶坊, 수다방水茶坊 등으로 구분된다. 괘패다방은 전통극 배우들이 즐겨 가는 곳이었고, 시두다방은 상업협회 사람들이 주로 갔으며, 수다방은 범죄자들을 숨겨주거나 퇴폐영업을 하던 곳이다.

단자패면單子牌面: 송나라 식당의 메뉴판. '식패食牌'라고도 한다.

당상糖霜: 송나라 때에는 백설탕을 만들 수 없었다. 당상은 시럽을 끓이는 과정에서 얻은 백색 결정을 말한다.

당주堂廚: 공공 주방. 조정에서 재상이나 참지정사參知政事 등 고관들을 위해 만든 작은 주방이다.

덩샤퇀즈澄沙團子: 남송 임안에서 원소절 때 먹던 음식으로 떠우샤탕위엔처럼 팥앙금으로 소를 만들어 넣은 탕위엔이다.

도정역都亭驛: 송나라 때 제일 컸던 역관으로 황성에 있었다. 주로 외국에서 온 손님들이 머물렀으며, 황제가 외국 사신들을 위해 여는 연회 장소였다.

도채挑菜: 채소 캐기.

도채연挑菜宴: 매년 2월 2일 비빈들이 갓 캐온 각종 채소로 거행하던 연회.

디쑤빠오뤄滴酥鮑螺: 일종의 상형 간식. 크림으로 굴처럼 만든다.

따껑大羹: 제사용으로 끓이는 고깃국. 소금이나 어떤 조미료도 넣지 않는다.

떠우즈兜子: 일종의 상형 식품. 오늘날의 샤오마이와 비슷하지만 크기는 좀 더 크다. 펀피나 라이스 페이퍼를 넓게 펴고 소를 올리되 투구 모양으로 주둥이는 막지 않는다. 송나라 때 투구를 떠우즈라 불렀기 때문에 이런 명칭이 붙었다.

라자오즈辣脚子: 절인 겨자.

란웨이주藍尾酒: 당송 시기 명절 때 연장자에게 올리던 술로 고대인의 음주 풍속에서 유래했다. 평소에는 어른에 대한 공경심을 나타내기 위해 나이순으로 술을 올리지만 춘절이나 다른 주요 명절 때에는 일부러 순서를 바꾼다. 명절이 지나면 노인들은 죽음에 더 가까워진다고 생각해 슬퍼하기 때문에 술 권하는 순서를 바꿔 최연장자에게 가장 마지막으로 술을 따르는 것이다. 당송시대의 속어 가운데 '란웨이婪尾'라는 말이 있는데 '마지막에 남은 술과 남은 밥'이라는 뜻이다. 따라서 마지막에 남은 술을 란웨이주婪尾酒라고 했는데 나중에 란웨이주藍尾酒로 순화되었다.

량수이리즈까오涼水荔枝膏: 송나라 때 팔던 리치 향의 냉음료. 오매를 오랜 시간 동안 끓여 펙틴으로 만든 후 얼음물에 넣어 마신다.

량장涼漿: 송나라 때의 냉음료. 발효된 미즙에 얼음을 넣어 마신다.

러우센츠肉鹹豉: 송나라 궁정 음식으로 미소시루에 푹 곤 양고기이다.

러우유빙肉油餅: 돼지기름과 양의 골수로 소를 만든 일종의 샤오빙.

롱빙籠餅: 쩡빙이 만터우와 흡사하다면 소가 있는 롱빙은 빠오즈에 가깝다.

롼양軟羊: 푹 고아 찐 양고기. 흐물거릴 정도로 부드러워 이런 이름이 붙었다.

롼양몐軟羊麵: '롼양수이화몐軟羊水滑麵'이라고도 한다. 양고기를 넣은 넓적한 면이다.

루빙乳餅: 나이떠우푸奶豆腐(가축의 젖으로 만들어 두부처럼 응고시킨 식품)를 말한다.

루탕위엔즈乳糖圓子: 백설탕으로 소를 만들어 넣은 탕위엔.

루푸鹿脯: 사슴고기 육포.

리탸오梨條: 배를 이용해 만든 미젠. 배의 껍질과 씨를 제거한 다음 과육을 길게 썰어 향을 첨가해 건조시키면 완성된다.

마오산茅鱓: 송나라 때 영남 사람들은 지렁이를 잘 먹었는데 당시에는 지렁이를 '마오산'이라고 불렀다.

마이판麥飯: 밀을 물에 불려 껍질을 제거한 뒤 찜기에 쪄서 채소와 함께 비벼 먹는 음식이다. 오늘날 허난 푸양에서는 '마이런판麥仁飯'이라고 부른다.

만터우饅頭: 송나라 때 만터우라 부르던 것은 밀가루 피에 소를 올려 싼 것으로 오늘날의 빠오즈와 같다.

매박買撲: 송나라 때 국유 기업과 국유 농장을 민간에 도급 주던 방식으로 오늘날의 경쟁입찰 방식과 비슷하다. 입찰자가 기간과 납입금 등을 적은 종이를 함에 넣으면 관청에서는 지정한 날짜에 함을 개봉해 가장 높은 가격을 써낸 입찰자에게 도급을 준다. 왕안석의 변법 때 '매박' 방식으로 경영 상태가 좋지 않던 국영 양조장과 국영 식당을 민간에 도급 주었다.

박호拍戶: 국영 양조장에서 술을 사오는 소규모 주점.

번루樊樓: 송나라 최대의 주점이자 요식업 그룹. 본점은 황궁 동남쪽에 있었는데, 원래 번루, 백반루白礬樓 등으로 불리다 북송 후기에 번루로, 북송 말기에 다시 풍악루豊樂樓로 바뀌었다.

범색泛索: 황제가 정찬 외에 수라간과 내시에게 분부해 만들어 먹던 음식.

북방 음식北食: 북송 때 회하 이북(특히 경성 일대)의 음식을 가리키는 말로 분식과 돼지고기, 양고기 요리가 중심을 이루었다. 북방 음식 전문 식당은 북식점北食店이라고 불렸는데 북송 때 동경의 번루 앞에 있던 이사가李四家, 남송 때 임안 후시가後市街에서 과자를 팔던 하가賀家는 모두 전형적인 북방 음식점이다.

분차分茶: 송나라 때에는 두 가지 의미가 있었다. 하나는 숟가락이나 기타 기구로 차탕을 빠르게 저어 순간적으로 그림을 그리는 다예 기술을, 다른 하나는 홍콩의 차찬탱茶餐廳처럼 차와 식사를 같이할 수 있는 소규모 서양 음식점을 가리키는 말이었다.

빠오위鮑魚: 굴. 오늘날의 전복이 아니다.

빠오즈包子: 송나라 때 '빠오즈'는 오늘날의 보쌈과 비슷했다. 고기나 채소로 된 소를 채소 잎으로 싸서 찜통에서 쪄낸 것을 '빠오즈'라고 했다.

뽀위얼撥魚兒: 송나라 때의 분식. 밀가루 반죽을 큰 국자로 떠서 숟가락이나 작은 국자로 가장자리의 반죽을 뜨거운 냄비 속으로 떠 넣는다. 머리는 크고 꼬리가 작은 반죽의 모양이 마치 작은 물고기가 솥 안에서 헤엄치는 것처럼 보인다. 다 익으면 건져내서 찬물에 씻은 후 양념해서 차갑게 먹는다. 오늘날 북방 지역에서 여전히 유행하는 음식이다.

삐뤄饆饠: '삐뤄畢羅'라고도 한다. 장방형이나 타원형으로 생긴 셴빙이다. 당나라 때 중앙아시아에서 전래된 샤오츠로 장안성長安城에서 흔히 볼 수 있었다. 송나라 때는 민간에서 거의 만들지 않고 궁정 연회에서만 가끔 볼 수 있었다.

사사육국四司六局: 전문적으로 황실에 음식을 제공하는 업무를 맡고 있던 기구로 수

양제가 만들었다. 당나라에 와서는 고관대작들도 집 안에 사사육국을 두었다. 송나라 때에는 민간에도 보급되어 대도시라면 어디서든지 쉽게 볼 수 있었다. 주로 결혼식이나 생일잔치 등을 치르는 사람들에게 돈을 받고 서비스를 제공했다.

사선司膳: 황제를 위해 요리를 차리고 술을 따르던 궁녀.

삽산揷山: 송나라 때의 찬구로 신선이 산다는 봉래산의 모양을 본떠 만든다. 연회 시에 음식이 담긴 접시들을 층층이 올려두어 입체감을 만들어낸다.

삽식揷食: 송나라 때 음식을 장식하던 방식으로 철사나 대나무로 골격을 만들고 비단과 꽃으로 단장해서 산이나 짐승, 신선 등을 표현했다. 여기에 주식과 각종 딤섬들을 걸어두어 손님들이 자유롭게 가져다 먹게 하였다.

상국사 묘회相國寺廟會: 북송 후기의 상국사에서는 매월 초하루, 초닷새, 초열흘, 보름, 그리고 25일에 묘회를 열었다. 이날 상인들은 사원의 공터를 빌려 난전을 차려놓고 옷이나 노리개, 골동품, 서화나 음식 등을 팔았으며 강호의 예인들은 설서와 서커스 공연으로 흥을 돋우었다.

상식尙食: 황제를 대신해 음식의 맛을 보던 궁녀. 기미상궁.

색공索供: 손님이 식당에서 주문하는 것을 말한다. '점공點供'이라고도 한다.

샤이주篩酒: 옛날에는 술을 빚을 때 여과 과정을 제대로 거치지 않으면 술지게미나 불순물이 술에 포함되는 경우가 있었다. 따라서 술을 따르기 전에 불순물을 깨끗하게 걸러주어야 했다. 원래 '샤이주'는 '불순물을 거른 술'을 의미했지만, 나중에는 여과 여부와 상관없이 단순히 술을 따르는 것을 의미하게 되었다.

선공膳工: 황제의 요리사.

선도膳徒: 수라간에서 허드렛일을 하는 사람들.

셔우탕獸糖: 사자, 호랑이, 개, 표범 등 동물 모양의 틀에 설탕시럽을 부어 만든 사탕.

셰냥청蟹釀橙: 오렌지의 가운데를 파서 게살을 집어넣은 뒤 찜기에 쪄서 만든다.

셰황만터우蟹黃饅頭: 셰황탕빠오를 말한다.

소식분다素食分茶: 채식 전문 식당.

송주送酒: 술을 사양하는 손님에게 주인이 술을 권하던 방식. 송주의 방식은 다양해서 가기를 보내거나 시 외우기, 시 짓기, 유머 얘기하기 등을 통해 손님이 술을 마시도록 했다.

쇄아자刷牙子: 송나라 때 사람들이 칫솔을 지칭하던 말. 칫솔 파는 상점은 쇄아포刷牙鋪라고 했다.

수이무과水木瓜: 일종의 청량음료로 모과의 껍질과 씨를 제거하고 과육을 적당한 크기로 자른 후 얼음물에 넣어 만든다.

수이징콰이水晶膾: 질 좋은 피둥皮凍을 얇게 썰어 만든 음식이다. 돼지 껍질이나 생선 껍질 또는 족발을 솥에 넣고 오랫동안 끓여 콜라겐을 얻는다. 콜라겐을 냉각시킨 후 찌꺼기는 제거하고 다시 물을 부어 끓인다. 불순물을 걸러내어 적당히 투명해지면 차갑게 식혀 얇게 썬 다음 조미료로 간을 해 완성한다.

수이화몐水滑麵: 『오씨중궤록·수활면水滑麵』의 설명에 따르면 수이화몐은 "잘 반죽한 밀가루 덩어리를 길게 늘여 넓적하게 뽑는다"고 한다. 오늘날의 후이몐燴麵(허난 지역의 넓적한 국수)과 흡사하다.

쉬빙索餠: 국수.

쉬펀索粉: 굵은 쌀국수.

쉬엔자旋鮓: 샤오츠 노점에서 즉석에서 만들어 팔던 짜차이를 말한다. '자鮓'는 원래 소금에 절인 후 수분을 뺀 생선을 가리키던 말이었는데, 송나라 때에는 모든 종류의 '짜차이'를 '쉬엔자'라고 불렀다.

쉬엔주玄酒: 옛날 제사 때 쓰던 맑고 깨끗한 물.

쉬엔체旋切: 샤오츠 노점에서 즉석에서 썰어 파는 것을 말한다. '쉬엔旋'은 칼 쓰는 법을 말하는 것이 아니라 '신속하고 민첩하다'는 뜻이다.

슈수이熟水: 침향, 목향, 감초 등의 향료와 약재를 함께 넣어 오랜 시간 달여 만든 음료.

스까오柿膏: 감을 오랜 시간 끓여 펙틴 형태로 만든 미젠. 오늘날의 곶감과는 다르다.

스젠事件: 송나라 사람들은 식용 가능한 동물의 내장을 모두 '스젠'이라고 칭했다. 예를 들면 '뤼스젠驢事件'은 당나귀 내장, '양스젠羊事件'은 양 내장을 가리킨다.

시셔우셰洗手蟹: 송나라 때 유행하던 게 요리. 깨끗하게 세척한 게를 잘게 다져 조미료를 넣고 고르게 양념한 후 익히지 않고 날것으로 먹는다. 찌거나 끓이거나 튀기지 않아서 조리 시간이 매우 짧다. 손님이 손 씻고 올 정도의 시간이면 요리가 식탁에 오른다 해서 '시셔우셰'라는 이름이 붙었다.

식반행食飯行: 남송 임안의 요식업계에서 자발적으로 만든 요식업 협회.

식병食屏: 찬구의 일종으로 대형 연회 때 사용한다. 병풍처럼 생겼지만 병풍보다 훨씬 작다. 요리 접시 사이에 두어 고기, 채소, 냉채, 익힌 요리 등 서로 다른 음식을 구분해주는 역할을 한다.

쏸셜酸䭉兒: 송나라 사람들이 '야채 빠오즈'를 통칭해서 부르던 말.

쏸탸오즈算條子: 일종의 상형 식품. 소, 양, 돼지고기로 만드는데 모양이 산가지와 비슷해서 '쏸탸오즈'라고 불렸다. 약칭해서 '탸오즈條子'라고도 한다.

쑹커탕送客湯: 감초, 사인에 죽엽, 연밥, 박하, 행인, 벌꿀, 인동꽃 등 약재를 넣어 오랫동안 끓인 음료로 남송 시기에 손님을 배웅할 때 많이 쓰였다.

아오야爊鴨: 북송 때 중원에서 사용하던 방언 가운데 '아오爊'라는 말이 있었는데 약한 불에 오랫동안 삶는 것을 뜻했다. '아오야'는 '둔야燉鴨', 즉 오리 백숙이다.

아향牙香: 각종 귀한 향료를 섞어 만든 치약.

아향주牙香簌: 아향으로 만든 칫솔로 이를 닦을 때 치약이 따로 필요 없다.

안주按酒: '안주案酒'라고도 한다. 술안주를 말한다.

양진仰塵: 간이 천장. 수숫대로 골격을 만든 뒤 대나무 자리를 위에 올려 덮는다. 야외에서 연회를 할 때 설치해두면 먼지가 음식 안으로 떨어지는 것을 막아준다.

야오무과藥木瓜: 모과와 향료를 함께 넣고 절여 만든 청량음료.

양까오주羊羔酒: 송나라 때의 진귀한 미주. 미주米酒가 발효되기 시작할 때 푹 익혀 흐물흐물해진 새끼 양고기를 넣는다. 양고기의 지방과 단백질이 술의 떫은맛을 중화시켜준다.

양터우첸羊頭籤: 양 머릿고기와 돼지 왕유로 만든 왕유첸.

어다상御茶床: 송나라 황제가 대형 연회 때 사용하던 작은 식탁. 원래는 차 탁자를 가리키는 말이었다.

연사燕射: '연燕'은 '연宴'과 통한다. '연사'는 연회 때 하는 활쏘기 시합으로 과녁에 명중시킨 사람은 상을 받거나 벌주를 면한다.

요자燎子: 송나라 때 물을 끓이던 기구. 아랫부분은 삼발이로 되어 있고 윗부분에는 쇠로 된 가림막이 있다. 금속으로 만든다.

우양사牛羊司: 궁정 어선방과 각급 관청의 식당에 소, 양, 돼지 등을 공급하는 일을 담당하던 궁정 기구로 광록사光祿司에 속해 있었다. 양이 부족했던 송나라는 거란과 서하, 금나라 등에서 새끼 양을 구입해오거나 경기京畿 지역에 양을 방목하고 병사로 하여금 관리하게 했는데 이를 관장하던 곳이 '우양사'였다. 방목량이 많을 때는 한 해에 3만 3,000마리에 이르기도 했는데, 이를 관리하기 위해 '목양군두牧羊群頭', '순양사신巡羊使臣', '순양원료巡羊員僚', '고양절급估羊節級' 등의 관직을 두기도 했다.

워뤄倭螺: 북송 때 시인들이 일본 전복을 지칭하던 말.

유모우蝤蛑: 꽃게.

자루家鹿: 장사정이 쓴 『권유잡록』에 따르면, 송나라 때 영남 사람들은 들쥐를 즐겨 먹었는데 이름을 '자루'(집에서 기르는 사슴)라고 불렀다고 한다.

자오두이焦䭔: 탕후루와 모양이 비슷하다. 반죽한 밀가루 덩어리에 설탕이나 자오니棗泥(대추 으깬 것)로 소를 넣고 경단 모양으로 빚은 후 기름에 넣고 튀겨 대나무 꼬챙이에 꽂으면 완성된다. '유구두이油骨䭔'라고도 한다.

자오자오膠棗: 산둥에서 나는 굵은 대추로 황성에 오는 것은 모두 마른 대추다.

자오즈角子: 발음이 물만두를 의미하는 '자오즈餃子'와 같다. 그렇지만 물만두는 아니다. 갸름하고 길쭉한 형태의 빠오즈로 양쪽에 각이 잡혀 있어 그런 이름이 붙었다.

자오췐棗圈: 붉은 대추의 씨를 빼고 얇고 작은 원형으로 썰어 꿀과 흑설탕에 절인 미젠.

자위엔위假鱨魚: 송나라 때 채식 전문점에서 팔던 가짜 고기 요리. 버섯, 펀피, 목이버섯으로 만든다.

자즈夾子: 연근이나 가지 등 덩어리 야채에 칼집을 넣어 안쪽에는 고기나 야채 소를 넣고 바깥쪽에는 전분을 발라 기름에 튀기거나 지진 음식이다.

자쯔야假炙鴨: 송나라 때 채식 전문점에서 팔던 가짜 고기 요리. 두부피로 만든다.

장위떠우즈江魚兜子: 펀피와 생선살을 이용해 투구 모양으로 빚은 샤오마이.

점심點心: '점심'은 송나라 때 두 가지 의미를 갖고 있었다. 하나는 정식 식사 외에 무언가를 먹어서 허기를 채운다는 동사적 의미를, 다른 하나는 아침과 저녁 식사 이외에 먹는 간식이라는 명사적 의미를 갖는다.

점차點茶: 전차磚茶에서 긁어낸 차 가루를 뜨거운 물에 넣고 빠르게 차탕을 저어 걸쭉한 우유 형태가 될 때까지 충분히 섞어주는 것을 '점차'라고 했는데 송나라 사람들이 차를 마시던 주요 방법 중 하나이다.

정점正店: 조정의 허가를 얻어 나라에서 누룩을 구매해 양조한 뒤 도매 영업을 하던 주점.

제라과얼芥辣瓜兒: 겨자 장에 절인 오이.

조시朝時: 옛날에 아침 식사를 하던 시간으로 보통 오전 9시를 말한다.

종식從食: 부식품이 아니라 빠오즈, 만터우, 수이쟈오, 훈툰, 셴빙 같은 주식을 말한다. 북송 때 동경에서는 주식 전문점을 '종식점從食店'이라고 불렀다.

주별酒鱉: 송나라 사람이 납작한 술병을 부르던 말. 주둥이가 좁고 몸통이 둥글고 편평하며 뚜껑이 있다. 모양이 자라를 닮아 '주별'이란 이름이 붙었다. '주주자酒注子'라고도 한다.

주서롱찬諸色龍饌: 일종의 상형 사탕으로 맥아당으로 만든다. 맥아당을 잘 저으면서 오랫동안 달여 시럽을 만들어 가는 실처럼 길게 늘어질 때까지 계속 저어준 후 손에 찬물을 찍어 빠른 시간 내에 용이나 봉황의 형태를 만든다.

주주酒籌: '영주令籌'라고도 한다. 옛날 술자리에서 벌주놀이를 할 때 마신 술잔을 세던 도구이다. 대나무나 금속으로 만들며 윗면에는 글자가 새겨져 있다. 10개에서 수십 개가 한 세트를 이룬다.

주준酒樽: 술통. 송나라 때 '주준'은 대부분 나무나 자기로 만들었다. 나무로 만든 것은 썩기 쉬우며, 오늘날 출토되는 것은 모두 자기로 만든 것이다.

주행酒行: 주류업 협회를 말한다. 이 외에 주인과 손님이 건배하는 것도 '주행'이라고 했다. 엽몽득이 쓴 『피서녹화』에 이런 구절이 나온다. "건배가 끝나니 글 쓰는 것도 끝난다(酒行旣終 紙亦書盡)." 이때는 '주항'이 아니라 '주싱'이라고 발음해야 한다.

중궤中饋: 옛날에는 집에서 밥 하는 것을 '중궤'라고 불렀다. 때로는 여성을 지칭하는 말로 쓰이기도 했다.

줴밍떠우즈決明兜子: 송나라 때는 전복을 푸위鰒魚, 또는 줴밍決明이라고 불렀다(한약재로 쓰는 결명자와는 다른 것이다). 줴밍떠우즈는 전복으로 만든 투구 형태의 샤오마이이다.

지저止箸: 남송 때 등장한 찬구로 식사 때 젓가락을 올려두는 데 사용한다. 일반적으로 나무로 만들며, 젓가락이 굴러 떨어지지 않도록 윗면을 반달 모양으로 움푹 파서 깎는다. 오늘날은 '수저받침'이라고 부른다.

집영전集英殿: 북송의 황궁. 황궁 내 서남쪽의 대경전大慶殿은 규모가 굉장히 커서 1만여 명을 수용할 수 있을 정도였다. 황제는 이곳에서 공연을 보거나 책문策問을 하거나 연회를 베풀기도 했다. 남송 때에도 집영전이 있었지만 규모가 조금 작았다.

징순京筍: 북송 때 상추를 부르던 말.

짠자𰢂甲: 당송 시사에 자주 등장하는 단어로, 술을 권할 때 손톱이 적셔질 정도로 술잔을 가득 채워 따르는 것을 말한다.

짱바獐耙: 노루 고기 육포.

쩡빙蒸餠: 만터우를 말한다. '쩡蒸'의 발음이 송 인종 조정趙禎의 이름과 비슷해 송나라 중후기부터 '추이빙炊餠'으로 바꿔 불렀다.

쯔지炙雞: 구운 닭.

찐밍줘콰이金明斫鱠: 북송 시기 동경에서는 매년 3월이 되면 사람들이 조리도구를 휴대하고 성곽 서쪽의 금명지金明池에 가서 낚시를 하는 풍속이 있었는데 물고기를 낚으면 바로 회를 떠서 술안주로 먹었다.

채원자菜園子: 채소밭을 관리하는 일꾼. 『수호지』에 나오는 인물인 모야차 손이랑의 남편 장청은 식당을 열기 전에 채소밭을 관리하던 일꾼이었다.

천반川飯: 사천 요리. 도성에 올라와 장사하거나 벼슬을 하던 수많은 사천 사람들의 입에는 북방 음식이 잘 맞지 않았다. 따라서 동경과 임안에는 전문 사천 요리점이 생겼는데 이런 식당을 사람들은 천반점川飯店(촨판뎬), 천반분다川飯分茶라고 불렀다.

첸진차이千金菜: 오대십국 및 북송 때 상추를 부르던 별칭.

총예주瓊液酒: 기장으로 빚은 청주.

충양까오重陽糕: 남송 사람들이 중양절을 지낼 때 친한 이웃들과 나누어 먹던 축하 음식. 쌀가루로 만들어 붉은색으로 물들인 후 꼭대기에 작은 깃발을 꽂는다.

츠탕豉湯: 떠우츠에 여러 식재료를 넣고 오랫동안 끓인 탕. 일본의 미소시루와 비슷하다.

치자등梔子燈: 송나라 때 주점 문 앞에 걸어두었던 긴 등롱. 위는 넓고 아래는 좁으며 중간 부분이 육각의 형태로 치자 열매를 닮았다.

커더우펀蝌蚪粉: 송나라의 상형 음식. 밀가루 반죽을 가마솥 위의 구멍 난 시루에 퍼 옮긴 후 손으로 눌러 끓는 물속으로 떨어뜨린다. 찰기 있는 반죽이 가늘게 꼬리를 늘이면서 떨어지기 때문에 둥근 머리에 꼬리가 가는 올챙이 형태가 된다. 여기서 '커더우펀(올챙이국수)'이라는 이름이 생겼다. 커더우펀은 뽀위얼과 모양은 비슷하지만 만드는 방법은 약간 다르다.

커수이渴水: 송나라 때의 냉음료로 오늘날의 펙틴에 가깝다. 마실 때 얼음물에 녹여 마신다.

타횡打橫: 여러 사람이 모여 식사할 때 상석의 맞은편 자리를 가리키는 말이다. '타횡상배打橫相陪'라고도 한다. 송나라 때 상석의 맞은편은 무조건 말석이었다.

탕과러우糖瓜蔞: 잘 익은 하눌타리의 껍질을 벗겨 씨를 제거하고 과육을 토막토막 자른 다음 꿀과 설탕에 절여 만든 미젠의 일종이다.

탕병湯甁: 뜨거운 물을 저장하는 보온병. 안쪽에는 물을 담는 용기가 있고 바깥은 외피로 둘러싸여 있다. 용기는 주로 자기나 유리로 만들었다.

탕빙糖餠: 꿀, 흑설탕, 맥아당, 유채유와 돼지기름을 넣고 밀가루를 반죽해 얇은 병餠으로 만든 후 반복해서 치대다가 네모난 덩어리로 만들어 찜통에 넣고 쪄서 완성한다.

태학만두太學饅頭: 남송과 북송의 도성에서 유행했던 빠오즈. 북송 중후기에 유명세를 떨친 후(태학의 학식은 맛있는 것으로 유명했다. 그중에 특히 식당에서 만드는 빠오즈가 명성이 자자했는데 송 신종도 먹어보고 칭찬했을 정도이다) 북송 말년에 대표적 거리 음식이 되었다.

투차鬥茶: 차 애호가들 사이에서 유행하던 놀이. 참가자들이 직접 찻잎과 다구를 가지고 와서 시합에 참가하는데, 탕이 맑고 향이 깔끔하며 형태가 흐트러지지 않게 차를 우린 사람이 승리한다.

투호投壺: 아주 오래전부터 이어져 내려오는 벌주놀이. 송나라 때까지 성행하다가 명청대에 자취를 감추었다. 투호를 하려면 양쪽에 손잡이가 달린 특수 제작 항아리와 전용 화살이 필요하다. 항아리를 바닥이나 대들보에 고정시킨 후 화살을 던져 항아리 안에 들어가면 벌주를 면한다. 송나라 때 투호는 굉장히 다양한 방식으로 진행되었다. 예를 들면 한 손으로 던지기, 두 손으로 던지기, 한 번에 하나씩 던지기, 한 번에 여러 개씩 던지기, 항아리 중앙에 넣기, 항아리 손잡이에 넣기 등이다. 던지는 방법에 따라 점수 계산법도 달랐다. 일반적으로는 참여자가 화살을 모두 던지고 난 후 획득한 산가지의 총수가 가장 많은 사람이 이긴다. 이긴 사람은 다른 모든 사람들에게 벌주를 마시라고 명령할 수 있다.

파눠주法糯酒: 궁정의 레시피에 따라 빚은 감주.

파주法酒: 궁정의 레시피에 따라 빚은 황주黃酒.

푸위鰒魚: 오늘날의 전복.

포시晡時: 옛날에 저녁 식사를 하던 시간으로 보통 오후 5시 정도를 말한다.

행로行老: 상업협회 회장.

행주行酒: 주인이 초대한 손님 모두에게 술 1잔씩을 올리는 것. 술잔을 가득 채워 한 바퀴 도는 것을 일행一行 또는 일순一巡이라고 한다.

행채行菜: 북송 요식업계에서 사용하던 말로, 주방에서 완성된 요리를 종업원이 손님의 식탁으로 내가는 것을 말한다. 오늘날에는 '저우차이走菜(주채)'라고 한다.

향음鄕飮: 송나라 때 해시를 통과한 수험생은 도성에 올라가 성시를 봐야 했는데, 시험에 응시하기 전에 지방관이 마련한 연회에 반드시 참석해야 했다. 이를

'향음'이라고 했다.

훙뤼차즈紅綠杈子: 송나라 때 대형 술집이나 식당 문 앞에 놓여 있던 난간. 삼면三面으로 정문을 둘러싸고 있으며 난간은 보통 홍색과 녹색으로 칠한다.

환문歡門: 송나라 때 대형 주점과 식당 문 앞에 설치해둔 채색 문루.

환빙環餠: 튀김 음식. 남북조시대에는 원래 동그랗게 반죽해 튀긴 빵이었다. 이것이 수당대에 오면 한쥐寒具로 변했다가 송나라 때 마화와 산즈가 되었다.

환시톤歡喜團: 인도에서 중국으로 불교가 전래될 때 함께 들어온 달콤한 간식으로 튀밥과 시럽을 섞어 경단 형태로 만들었다.

회식會食: 『양문공담원楊文公談苑』에 다음의 글이 나온다. "장거화가 전운사를 맡아 강을 순시할 때 수십여 명이 모여 잉어회로 회식을 하고 있는 것을 보았다."

후빙胡餠: 원래는 중앙아시아 음식이었는데 수당시대에 중국으로 전래되었다. 초기에는 신장 지역의 낭(난饢)과 흡사했으나 당말에 오면 카오셴빙烤餡餠, 쯔마샤오빙芝麻燒餠 등 여러 종류로 분화한다. 송나라 때의 후빙은 주로 쯔마샤오빙이었다.

후포탕琥珀餹: 송나라 때 흔했던 당과로 맥아당으로 만든다. 오랫동안 끓여 식힌 설탕을 길게 늘여 비튼 후 경단 모양으로 빚었다. 호박琥珀처럼 반투명하고 겉에는 주름 무늬가 있다.

훈툰餛飩: 송나라 때 '훈툰'은 동그란 피에 소를 얹어 반달형으로 빚은 것을 의미했다. 오늘날의 자오즈에 해당한다.

옮기고 나서

중국 역사에서 송 왕조는 성리학性理學의 창시자인 대학자 주희 朱熹의 이름과 함께 학술과 사상의 위대한 시대로 기억된다. 그렇 지만 요遼·금金 등 이민족의 끊임없는 침입과 정치적 혼란으로 인해 백성들은 가난하고 고단한 삶을 이어갈 수밖에 없었다. 흥 미로운 것은 이런 송나라가 경제적인 면에서는 크게 번영을 구 가했다는 점이다. 도시와 상업 문화가 발달하면서 음식 문화에 도 변화의 바람이 불어 식습관과 식사 예절이 형성되고 오늘날 중국 음식점에서 흔히 볼 수 있는 다양한 요리와 음식 재료 등이 갖추어진 것도 바로 송나라 때이다.

『송나라 식탁 기행』은 이처럼 음식 문화에서 새로운 풍조를 만들어낸 송나라로 떠나는 미식 여행 안내서이자 궁정부터 시정 市井까지의 풍습을 엿볼 수 있는 풍속 만화경이다. 책의 원제는

『송조반국 - 흥미로운 송나라 연회吃一場有趣的宋朝飯局』으로 저자가 《남방도시보南方都市報》에 연재했던 글을 모아 2014년에 출간한 것이다. 여기서 "반국飯局"은 중국어로 "판쥐"라고 읽는데, 원래는 연회, 회식, 식사 자리 등을 뜻하는 말이지만 단어의 이면에는 중국만의 독특한 교제 문화가 담겨 있다. 중국인들은 체면을 목숨보다 중히 여기고 꽌시關係를 사회생활의 바탕으로 생각하는데, 상대방의 체면을 세워주고 인맥을 형성하는 데 식사 자리만 한 것이 없다. 중국에서 "판쥐"는 사업과 정치, 사회 영역에서 꽌시를 맺고 인맥을 도모하기 위해 갖는 중요한 식사자리로, 사람들은 "판쥐"를 통해 상대방의 비위를 맞추고 체면을 세워주며 은밀한 속내를 확인함으로써 자신의 지위를 굳건히 하고 권익을 보장받았던 것이다.

『송나라 식탁 기행』은 『오씨중궤록吳氏中饋錄』, 『동경몽화록東京夢華錄』, 『무림구사武林舊事』, 『몽계필담夢溪筆談』, 『송사宋史』 등 고대의 식보食譜와 문집, 사서史書 등에 기초해 연회 혹은 식사자리와 관련된 일화들을 생동감 있게 풀어낸 송나라 생활사이다. 점심點心의 유래, 양치의 시작, 고대인들의 주량, 식재료의 전래 과정, 고대 연회에서의 술과 요리의 수준 등 음식 문화에 관심이 있는 독자들이라면 누구라도 흥미로워할 주제들로 가득하다. 이 책이 중국 음식 문화의 중요한 전환점이 된 송나라 식탁으로 흥미로운 가상 여행을 떠나는 독자 여러분들에게 도움이 되길 기대하며, 끝으로 꼼꼼한 교열과 편집을 맡아주신 오영나 편집장님과 책을 출판할 수 있도록 애써준 여러분께 감사의 마음을 전한다.

지은이   리카이저우李開周

1980년 허난 카이펑에서 태어났다. 〈남방도시보南方都市報〉의 청년 칼럼니스트로 〈신경보新京報〉, 〈중국경영보中國經營報〉, 〈세계신문보世界新聞報〉, 〈양성만보羊城晩報〉, 〈중국팽임中國烹飪〉, 〈만과주간萬科週刊〉 등에도 칼럼을 썼다. 저서로는 『역사 교과서에서 맡을 수 없는 돈 냄새歷史科本聞不到的銅臭味』, 『선조들의 생활祖宗的生活』, 『부동산의 역사: 고대 부동산 시간여행千年樓市: 穿越時空去古代置業』, 『송나라 음식 생활: 혓바닥 위의 송나라 풍경食在宋朝: 舌尖上的大宋風華』 등이 있다.

옮긴이   한성구

성균관대학교 동양철학과를 졸업하고 중국 북경대학 철학과에서 석박사 학위를 받았다. 현재 성균관대학교 동양철학과 연구교수로, 중국 사상과 문화에 대한 강의와 연구에 매진하고 있다. 주요 저서로는 『생태미학과 동양철학』(공저), 『중국 6세대 영화, 삶의 진실을 말하다』(공저), 역서로는 『과학과 인생관』 등이 있다.

송나라 식탁 기행

초판 1쇄 펴낸날 2020년 4월 10일
초판 2쇄 펴낸날 2021년 2월 10일

지은이	리카이저우
옮긴이	한성구
펴낸이	문정원
펴낸곳	도서출판 생각과종이
기획	가경고고학연구소
편집	오영나
디자인	이새미
등록	제 566-25100-2014-000004호
주소	충청남도 천안시 서북구 충무로 155, 301호
전화	070-4191-0610
전송	0303-3441-7503
전자우편	jw9408@naver.com

ISBN 979-11-955977-3-03900

* 이 책은 가경고고학연구소의 학술연구지원을 받아 출간되었습니다.
* 잘못 만들어진 책은 바꿔드립니다.
* 책값은 뒤표지에 쓰여 있습니다.
* 이 도서의 국립중앙도서관 출판시도서목록(CIP)은 e-CIP 홈페이지(http://www.nl.go.kr/ecip)와 국가자료공동목록시스템(http://www.nl.go.kr/kolisnet)에서 이용하실 수 있습니다.
   (CIP 제어번호: CIP2020007422)